中国式现代化进程中
数字经济服务区域经济
同步发展研究

陆凤娟 廖若凡 ◎ 著

ZHONGGUOSHI XIANDAIHUA JINCHENGZHONG
SHUZI JINGJI FUWU QUYUJINGJI
TONGBU FAZHAN YANJIU

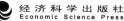

Economic Science Press

·北 京·

图书在版编目（CIP）数据

中国式现代化进程中数字经济服务区域经济同步发展
研究／陆凤娟，廖若凡著. --北京：经济科学出版社，
2024. 12. -- ISBN 978 - 7 - 5218 - 6517 - 2

Ⅰ. F127. 8

中国国家版本馆 CIP 数据核字第 2024V4Z955 号

责任编辑：顾瑞兰　武志强
责任校对：李　建
责任印制：邱　天

中国式现代化进程中数字经济服务区域经济同步发展研究

陆凤娟　廖若凡　著

经济科学出版社出版、发行　新华书店经销
社址：北京市海淀区阜成路甲 28 号　邮编：100142
总编部电话：010-88191217　发行部电话：010-88191522
网址：www. esp. com. cn
电子邮箱：esp@ esp. com. cn
天猫网店：经济科学出版社旗舰店
网址：http://jjkxcbs. tmall. com
固安华明印业有限公司印装
710×1000　16 开　15.5 印张　240000 字
2024 年 12 月第 1 版　2024 年 12 月第 1 次印刷
ISBN 978 - 7 - 5218 - 6517 - 2　定价：69. 00 元

前　言

　　在探讨中国区域经济发展路径时，数字经济的作用日益凸显。随着中国式现代化的深入推进，经济社会发展面临着前所未有的机遇与挑战。以其独特魅力和强大驱动力著称的数字经济，正在为区域经济注入发展的新活力。本书旨在深入分析数字经济的发展现状、趋势及其对区域经济的贡献，进而提出数字经济助力区域经济实现同步发展的实现路径。

　　长期以来，由于地理位置偏远、基础设施相对滞后等因素，部分地区在经济发展上处于劣势。然而，随着信息技术的飞速发展，特别是云计算、大数据、物联网等新兴技术的广泛应用，数字经济正在打破地域限制，为这些地区的经济发展带来千载难逢的机遇。数字经济的普及，不仅能够促进这些地区与全国乃至全球市场的深度融合，还能推动其产业结构的优化升级，显著提升经济发展的质量和效益。

　　本书深入剖析数字经济时代下面临的基础设施建设需求、技术创新需求以及人才培养需求等关键课题。通过扎实的实证研究，本书揭示了数字经济如何助力区域经济实现跨越式发展，探讨其在促进区域经济一体化、提高社会经济包容性等方面的重要作用。同时，本书还立足区域经济的实际情况，提出了切实可行的政策建议和实施路径，力求为数字经济的发展提供科学的指导和有力的支持。

目 录

第一章

引 言

第一节　数字经济在中国式现代化
进程中的战略地位

一、数字经济的定义与发展历程

数字经济，作为近年迅速崛起的新型经济形态，已经在全球范围内产生了深远且广泛的影响。作为一种依托数字化知识和信息等关键生产要素的经济模式，数字经济通过数字技术的不断创新与应用，借助现代信息网络这一至关重要的载体，实现了数字技术与实体经济的完美融合。简言之，数字经济是基于数字技术的经济活动，其核心价值在于数据资源的有效获取、精确处理以及广泛应用。然而，数字经济的定义并非一成不变，其随着技术的进步和社会的发展而不断拓宽其流域。早期，数字经济主要被理解为与电子商务、网络交易等直接相关的经济活动。如今，随着大数据、云计算、物联网、人工智能等尖端技术的飞速发展，数字经济的疆界已经远远超越了这些初始的领域，延伸到了智能制造、智慧城市、无人驾驶、远程医疗以及在线教育等多个层面。

在中国，数字经济的发展历程可以被大致划分为以下四个阶段。

第一，起步阶段。大约从 20 世纪 90 年代开始，互联网技术刚刚被引入并开始得到初步应用，中国也因此初次接触到数字经济这一概念。这一时期，主要是一些具有前瞻视野的大型企业开始尝试利用互联网进行商业活动的探索，如网上购物平台的搭建、信息发布等。虽然当时的规模还相对较小，但正是这一阶段的勇敢尝试与实践，为数字经济的后续发展奠定了坚实的基础。

第二，蓬勃发展阶段。跨入 21 世纪后，随着互联网技术的日益精进和智能手机的广泛普及，数字经济开始在中国大地上生根发芽，茁壮成长。电子商务、社交媒体、在线支付等新兴业态如雨后春笋般迅速涌现。阿里巴巴、京东等电商巨头的迅速崛起，不仅标志着中国数字经济正式驶入了发展的快车道，更显示了数字经济在中国所具有的巨大潜力和无限可能。这一阶段，数字经济不仅极大地促进了商品和服务的快速流通，还深刻地改变了人们的生活方式和消费习惯，使得网络购物、在线支付等成为日常生活中不可或缺的一部分。

第三，深度融合阶段。在近年来大数据、云计算、人工智能等技术的重大突破下，数字经济开始与传统产业进行深度融合与交汇。无论是制造业的智能化改造，还是服务业的数字化转型，都充分展示了数字经济强大的渗透力和改造力。此外，数字政府、智慧城市等新型社会治理模式的出现，也使得数字经济在公共服务领域发挥着越来越重要的作用，为人们提供了更加便捷、高效的服务。

第四，创新引领阶段。如今，数字经济已经成为推动中国经济高质量发展的强大引擎。在 5G、物联网、区块链等新一代信息技术的有力支撑下，数字经济正在引领着新一轮的科技革命和产业变革。从无人驾驶汽车的研发到远程医疗的实现、从虚拟现实技术的应用到增强现实技术的创新，数字经济的创新应用层出不穷，为人们的未来生活描绘出一幅充满无限可能的壮丽蓝图。当然，我们也要清醒地看到，数字经济的发展过程也面临着诸多挑战和问题。尤其是在数据安全和隐私保护方面，数字经济面临着前所未有的严峻挑战。如何在推动数字经济发展的同时，确保个人数据的安全和隐私不被侵犯，已经成为政府和企业必须共同面对和解决的重大问题。此外，数字经济的蓬勃发展也对传统经济模式产生了不小的冲击和影响。如何在新旧经济形态之间找到平衡点，实现经济的平稳转型和过渡，也是未来发展中需要高度关注和深入研究的重要课题。

总的来说，数字经济作为当今世界经济发展的重要趋势和潮流之一，其定义和发展历程始终处于动态变化之中。从最初的起步探索到后续的飞速发展，再到如今的深度融合与创新引领，数字经济在中国的发展历程无疑充分展示了其强大的生命力和广阔的发展前景，然而面对未来的各种挑战与机遇，我们需要始终保持清醒的头脑，以敏锐的洞察力不断探索和创新，以推动数字经济能够持续健康地向前发展。只有这样，我们才能充分发挥和利用数字经济的独特优势，为社会的繁荣与进步贡献出我们更多的智慧和力量。

二、数字经济对中国经济增长的贡献

数字经济作为新时代的重要经济形态，近年来在中国的发展势头异常迅猛，犹如一股不可阻挡的潮流，为中国经济增长注入了前所未有的强劲动力。它不仅催生了新的经济增长点，更在优化经济结构、提高生产效率、扩大就业机会以及推动创新等多个方面，发挥了至关重要的作用。

第一，数字经济为中国经济增长贡献了新的增长点，这一点不容忽视。随着互联网的广泛普及和技术的不断进步，电子商务、大数据、云计算等新兴产业如雨后春笋般崛起，它们以崭新的姿态，成为拉动经济增长的一股重要力量。特别是在新冠疫情期间，人们更多地选择线上购物、在线教育、远程办公等数字化服务，使得数字化服务需求激增，这无疑为数字经济的飞速发展提供了更为广阔的舞台。这些新兴产业的增长不仅为中国的 GDP 贡献了重要份额，更为经济结构调整和产业升级指明了新的方向。可以说，数字经济已经成为中国经济增长的一股新势力，其潜力和影响力不容忽视。

第二，数字经济在提高生产效率、推动产业转型升级方面的作用也日益凸显。通过大数据、云计算、人工智能等先进技术的应用，企业能够进行更为精准地进行市场分析、生产计划制订以及供应链管理，从而大幅度提升生产效率并降低运营成本。同时，数字经济还在积极推动着传统产业的数字化转型，使它们能够更好地顺应市场的脉动，提升竞争力。这种数字化转型不仅令企业的生产效率得到了质的提升，更促进了整个产业链的协同进步和优化。例如，在制造业中，通过引入智能化设备和数字化管理系统，企业可以实现生产流程的自动化和精细化控制，从而提高产品质量和生产效率。在农业领域，数字技术的应用也可以帮助农民实现精准种植和养殖，提高农产品的产量和品质。

第三，数字经济在拓宽就业渠道、创造就业机会方面也发挥了举足轻重的作用。随着数字经济的持续繁荣，越来越多的行业开始与科技紧密融合，这为就业市场注入了新的活力。例如，电子商务的异军突起，拉动了物流、客服、运营等多个岗位的增加；大数据和人工智能的广泛应用，则催生了数据分析师、算法工程师等新型高端职业。这些新兴职业如同璀璨的星辰，在就业市场中熠熠生辉，为年轻人提供了更多的职业选择和发展空间。同时，数字经济的灵活性也使得越来越多的人能够选择自主创业，通过互联网平台实现自我价值。这不仅有助于缓解就业压力，更为社会的稳定和繁荣作出了不可磨灭的贡献。

第四，数字经济除了在直接的经济层面作出杰出贡献外，更在推动创新方面扮演了关键角色。在数字经济的驱动下，企业纷纷将技术创新和产品研发视为重中之重，以应对市场的风云变幻。这种创新氛围如同沃土，不仅有助于企业核心竞争力的提升，更为整个社会的科技进步和产业升级提供了源源不断的动力。从5G通信技术的研发到物联网的应用推广，再到人工智能技术的不断创新突破，数字经济正引领着中国乃至全球科技创新的潮流。同时，数字经济还如同一位巧妙的编织者，促进了不同行业之间的跨界融合和创新合作。例如，在医疗、教育、交通等领域，数字技术的应用正在推动行业间的深度合作与交流，打破传统行业壁垒，为经济发展注入前所未有的活力。这种跨界融合不仅有助于提升行业整体竞争力，更为消费者带来了更为便捷、高效的服务体验。

值得一提的是，数字经济在推动区域经济均衡发展方面也发挥了不可替代的作用。在一些相对落后的地区，通过大力发展数字经济，可以有效地突破地理环境的限制，实现资源的优化配置和高效利用。例如，一些偏远地区可以借助电子商务平台将当地特色产品销往全国各地甚至海外市场；通过远程教育平台，孩子们可以享受到优质的教育资源；数字技术的引入，也使得农村地区的医疗服务水平得到了显著提升。这些举措无疑有助于缩小地区间的经济发展差距，促进全国范围内的经济协同发展。

然而，正如一枚硬币有两面一样，数字经济的发展也面临着一些挑战和问题。数据安全与隐私保护问题日益凸显出来，如同隐形的幽灵一般令人不安。这需要政府和企业携手合作共同筑起个人信息安全的坚固防线；同时加大监管力度确保数据合法合规使用，并严厉打击侵犯个人隐私的违法行为。数字鸿沟问题也不容忽视，我们必须确保每个人都能享受到数字经济带来的便利和机遇，实现真正的普惠发展。为此，政府需要加大对偏远地区和弱势群体的投入力度，推动数字基础设施的普及和完善；企业也应承担起社会责任，积极参与数字鸿沟的消除工作。

数字经济对中国经济增长的贡献是多维度的、深层次的，它不仅为中国经济注入了新的活力，更在提升生产效率、扩大就业、引领创新以及促进区域经济均衡发展等多个方面发挥了举足轻重的作用。面对蓬勃发展的数字经济，我们应该深刻认识到其重要性和巨大潜力，积极推动数字经济的发展与应用，为中国的经济增长注入更多的智慧和动力；同时，我们也要保持清醒的头脑，防范和解决数字经济发展过程中可能出现的风险和问题，确保其健康、可持续的发展，如同一棵参天大树根深叶茂，生生不息地为中国经济的繁荣发展贡献着力量。

三、数字经济在全球竞争中的作用

随着科技的飞速发展，数字经济已经成为全球竞争中的一个核心要素，它的崛起彻底改变了传统经济模式的格局，并为世界各国带来了前所未有的发展机遇。特别是在当前这个信息化、全球化的时代背景下，数字经济的作用日益凸显，其在全球竞争中所占据的地位也越发重要。

第一，数字经济为全球市场竞争塑造了一个全新的舞台。在传统的经济模式下，市场竞争主要集中在实体产品和服务上，企业之间的较量更多地依赖于物理资源和实体渠道。然而，随着数字技术的广泛普及，这种传统的竞争格局正在被逐渐打破。数字经济的兴起，特别是互联网技术的飞速发展，已经极大地加剧了市场竞争，并使得市场边界变得越发模糊。数字经济借助互联网技术打破了传统的地域限制，使得企业能够更加便捷地进入全球市场，与来自世界各地的竞争对手展开激烈的商战。这种全球化的市场竞争格局，不仅为企业提供了更多的商业机会，同时也给它们带来了前所未有的挑战。为了在这场全球竞争中脱颖而出，企业必须不断进行技术创新和模式创新，努力提升自身的核心竞争力，以应对日益激烈的市场竞争。

第二，数字经济正在成为推动全球经济增长的重要引擎。近年来，尽管全球经济面临诸多挑战，增长乏力，但数字经济却以其独特的魅力和强大的活力，呈现出蓬勃发展的态势。数字技术的广泛应用，如大数据分析、云计算、人工智能等，已经使得生产效率得到了显著的提高，同时也催生了诸多新的经济增长点。例如，电子商务的迅速崛起就极大地促进了全球贸易的便利化，使得商品和服务能够更快速地流通到全球各地。而大数据和云计算等先进技术的应用，则为企业提供了更为精准的商业智能和决策支持，帮助企业更好地把握市场动态和消费者需求。这些创新技术的广泛应用，不仅提升了企业的运营效率和市场竞争力，也为全球经济的持续增长注入了新的动力。

第三，数字经济在全球产业链整合中也扮演着举足轻重的角色。随着全球化的不断深入，产业链条的整合已经成为企业提升竞争力的重要手段。数字经济通过互联网技术实现了全球范围内的信息共享和资源整合，使得企业能够更加高效地协调全球的采购、生产和销售等环节。这种全球化的产业链整合不仅优化了资源配置，降低了运营成本，还提高了生产效率，从而为企业创造了更大的商业价值。

第四，数字经济也加速了全球创新体系的形成。在数字经济的推动下，全球范围内的创新资源得以更加高效地流动和配置。企业可以借助互联网和大数据技术迅速获取到全球最新的科研成果和创新理念，从而加快自身在技术研发和产品创新方面的步伐。这种全球创新体系的形成，为世界各国提供了更多的发展机遇，也进一步加剧了全球竞争中的创新竞赛。

然而，尽管数字经济在全球竞争中发挥着积极的作用，但它也带来了一些新的挑战和问题。数据安全、隐私保护以及数字鸿沟等问题日益凸显，成为制约数字经济发展的重要因素。在数字经济时代，数据已经成为一种重要的资源，但同时也面临着泄露和被滥用的风险。因此，企业需要加强数据安全管理，切实保护用户隐私，以建立良好的商业信誉和消费者信任。数字鸿沟也是一个亟待解决的问题。虽然数字经济为全球范围内的发展提供了新的机遇，但不同国家和地区在数字经济发展水平上仍然存在着显著的差异。这种差异可能会导致全球竞争中的不平等现象加剧，因此需要采取有效的措施来缩小数字鸿沟，促进全球数字经济的均衡发展。

为了充分发挥数字经济在全球竞争中的积极作用并有效应对相关挑战，各国政府和企业需要共同努力采取一系列切实可行的措施。政府应制定和完善相关的法律法规和政策措施，以规范数字经济的发展秩序并保障数据安全与隐私权益；应加大对数字经济发展的支持力度，包括资金投入、人才培养等方面，以推动本国数字经济的快速发展并提升其在国际上的竞争力水平；同时也应加强与其他国家和地区的合作与交流，以实现互利共赢推动全球数字经济的共同发展进步。而企业则需要不断创新以提高自身在数字经济领域的核心竞争力。

我们可以清晰地看到数字经济在全球竞争中正发挥着越来越重要的作用，它不仅为全球经济增长提供了新的动力来源，也为世界各国带来了新的发展机遇和挑战，面对数字经济的浪潮，各国应积极参与其中并加强彼此之间的合作与交流，共同推动全球数字经济的繁荣发展。

第二节 区域经济同步发展的重要性

一、缩小区域发展差距，实现全面小康

在追求国家繁荣和人民幸福的道路上，缩小区域发展差距、实现全面小康是一个重要而紧迫的任务。这一目标的实现，不仅关乎经济层面的平衡发展，更涉及社会公平与正义的体现，是构建和谐社会、实现可持续发展的关键一环。

首先，我们要深刻理解缩小区域发展差距的重要性。区域发展差距的存在，不仅会影响经济的整体效率，更可能引发社会不公和地区间的矛盾。当某些地区由于历史、地理等因素导致发展相对滞后时，其居民可能难以享受到与其他地区同等的公共服务和发展机会。这种不平衡不仅制约了滞后地区的潜力释放，也阻碍了国家整体经济实力的进一步提升。为了实现全面小康，我们必须正视并努力缩小这些差距。全面小康意味着不仅仅是经济总量的增长，更是人民生活水平的全面提升。它要求我们在保障基本生活需求的基础上，进一步满足人民群众对美好生活的向往和追求，这包括更好的教育、更优质的医疗服务、更便捷的交通设施，以及更丰富的文化生活等。在缩小区域发展差距的过程中，政府应发挥主导作用，通过制定科学合理的区域发展政策，优化资源配置，加大对滞后地区的扶持力度。这包括但不限于财政转移支付、税收优惠、基础设施建设、人才引进和培养等方面的措施。同时，还应鼓励和支持各地区之间的合作与交流，促进资源共享和优势互补，形成区域协调发展的良好格局。除了政府的努力，社会各界的参与也是不可或缺的。企业可以通过投资设厂、提供就业机会等方式，为滞后地区注入经济活力；教育和研究机构则可以通过人才培养、科技创新等途径，为这些地区提供智力支持和技术保障；媒体和公众也应关注并宣传滞后地区的发展需求和潜力，吸引更多的资源和

关注。

其次，在实现全面小康的过程中，我们还应注重可持续性和公平性。可持续性意味着我们要在推动经济发展的同时，保护好生态环境和自然资源，确保子孙后代也能享受到发展的成果。公平性则要求我们在分配发展机会和成果时，尽可能做到公平公正，避免让部分人因为地域、身份等因素而受到歧视或排斥。

值得注意的是，缩小区域发展差距、实现全面小康是一个长期而艰巨的任务。它需要我们持续不断地努力和创新，克服各种困难和挑战。但只要我们坚持目标导向和问题导向相结合的方法论，充分发挥政府、企业、社会和个人的积极作用，就一定能够逐步缩小这些差距，让全体人民共享改革发展的成果。

最后，我们要认识到缩小区域发展差距、实现全面小康不仅是一个经济问题，更是一个社会问题。它关系到国家的长治久安和人民的幸福安康。因此，我们必须将其作为一项重要的战略任务来抓紧抓好，为实现中华民族的伟大复兴奠定坚实的基础。在具体实践中，我们还需要不断探索和创新。例如，可以通过建立有效的区域合作机制，促进不同地区之间的资源共享和优势互补；通过优化产业结构，推动滞后地区的产业升级和经济发展；通过加强教育和人才培养，提高这些地区的人力资本水平；通过完善社会保障体系，确保全体人民的基本生活需求得到满足等。这些措施的实施，将有助于我们逐步缩小区域发展差距，实现全面小康的宏伟目标。

总之，缩小区域发展差距、实现全面小康是一项艰巨而复杂的任务，但只要我们坚定信心、齐心协力、持续努力，就一定能够攻克这一难题，让全体人民共同迈入全面小康社会的美好未来。

二、同步发展对民族团结的促进作用

同步发展，作为一种均衡、协调的发展理念，对于民族团结具有深远的促进作用。在中国这样一个多民族的国家里，民族团结是国家稳定和繁荣的重要基石，而同步发展则为实现这一目标提供了有力的支撑。

第一，同步发展有助于消除各地区间的经济差距，这是促进民族团结的物质基础。经济发展不平衡往往会导致民族间的心理落差，进而影响民族团结。通过同步发展，各地区能够共享国家发展的成果，享受到公平的发展机会和资源分配。当各地区的经济水平逐渐趋同，人们的基本生活需求得到满足，就会减少因经济差异而产生的矛盾和冲突，从而为民族团结创造有利的物质条件。

第二，同步发展能够促进各地区间的文化交流和融合，增进相互理解和尊重。在同步发展的过程中，各地区的文化特色和价值观得以充分展示和交流。通过这种交流和融合，地区之间能够更加深入地了解彼此的文化传统、风俗习惯和生活方式，从而增强认同感和尊重。这种文化上的交流和融合有助于打破民族隔阂、促进民族团结。

第三，同步发展还能够提升各地区的公共服务水平，为民族团结提供社会保障。在同步发展的推动下，政府会加大对各区域发展的投入，提升教育、医疗、交通等公共服务的质量和覆盖面。这些公共服务的改善不仅能够提高各地区人民的生活水平，还能够增强他们对国家的认同感和归属感。当各地区的人民都能享受到优质的公共服务时，他们就会更加愿意支持和参与国家的各项事业，从而巩固民族团结。

第四，同步发展也有助于培养各地区间的共同利益和目标。在共同发展的过程中，各地区会形成紧密的经济联系和利益共同体，共同致力于实现国家繁荣和民族复兴。这种共同利益和目标的形成，能够增强各地区的凝聚力和向心力，促进民族团结。值得注意的是，同步发展对团结的促进作用并非一蹴而就，而是需要长期、持续的努力。为了实现这一目标，政府应制定科学合理的区域发展政策，确保各地区能够公平地参与国家发展进程并分享发展成果。同时，还应加强团结教育，培养公民意识和国家意识，增强对民族团结重要性的认识。

综上所述，同步发展对民族团结具有显著的促进作用。通过消除经济差距、促进文化交流与融合、提升公共服务水平以及培养共同利益和目标等方式，同步发展能够为民族团结创造有利的条件和环境。为了实现这一目标，我们需要持续不断地努力和创新，推动各地区的同步发展进程，共同构建一个团结、和谐、繁荣的多民族国家。

三、保护和传承民族文化

在区域经济同步发展的过程中，保护和传承民族文化显得尤为重要。民族文化是一个民族在长期历史演进中形成的独特精神财富，它包含了民族的传统、习俗、语言、艺术、信仰等多个方面，是民族认同感和凝聚力的源泉。因此，在推进区域经济同步发展的同时，必须高度重视民族文化的保护和传承。

保护和传承民族文化是维护民族团结和社会稳定的重要基石。民族文化是一个民族历史的记忆和精神的寄托，它蕴含着民族的智慧和创造力。当民族文化得到妥善保护和传承时，能够激发民族成员的归属感和自豪感，进而增强民族的凝聚力和向心力。这种凝聚力是民族团结的基石，有助于减少民族间的矛盾和冲突，维护社会稳定和谐。

保护和传承民族文化有助于促进各地区的经济发展。民族文化是一种独特的资源，具有丰富的旅游开发价值。通过挖掘和传承民族文化，可以吸引更多的游客前来体验和了解，从而推动各地区旅游业的发展。同时，民族文化也可以成为文化创意产业的重要素材，通过开发具有民族特色的文化产品和服务，为区域经济带来新的经济增长点。

保护和传承民族文化是传承人类文明的重要组成部分。每一个民族的文化都是人类文明的瑰宝，它们共同构成了丰富多彩的世界文化。保护和传承民族文化，就是保护人类文明的多样性和丰富性，让后人能够继续学习和借鉴各民族文化的精髓，推动人类文明的进步和发展。为了实现民族文化的保护和传承，我们需要采取多种措施。首先，政府应制定相关政策，明确民族文化保护和传承的目标、原则和措施，通过立法手段，为民族文化的保护提供法律保障。其次，政府还应加大对民族文化保护和传承的投入，支持相关的研究、教育和推广活动，教育部门和学校应将民族文化纳入教育体系，通过课程设置、教材编写和实践活动等方式，让学生了解和学习民族的文化传统。最后，还可以通过举办民族文化节庆活动、建设民族文化博物馆等方式，为民众提供了解和体验民族文化的机会。

我们也需要借助现代科技手段来保护和传承民族文化。例如，利用数字化技术对民族文化资源进行采集、整理和存储，建立民族文化数据库和数字博物馆，让更多人能够通过网络平台了解和欣赏到各民族的优秀传统文化。而且，还可以利用虚拟现实（VR）和增强现实（AR）等技术手段，为民众提供更加沉浸式的民族文化体验。在保护和传承民族文化的过程中，我们还应注重创新和发展。民族文化不是一成不变的，它需要与时俱进，与现代社会相适应。因此，在保护和传承民族文化的同时，我们也应鼓励创新和变革，让民族文化在新的时代背景下焕发出新的活力和魅力。

民间组织和社区也应在保护和传承民族文化中发挥积极作用。他们可以通过组织各种文化活动、培训和文化交流等方式，促进民族文化的传承和发展，还可以鼓励民间艺人、文化传承人等积极参与民族文化的保护和传承工作，为他们的创作和传承提供必要的支持和保障。

保护和传承民族文化在区域经济同步发展中具有不可替代的重要性。它不仅是维护民族团结和社会稳定的重要基石，也是促进各地区经济发展的重要推动力，更是传承人类文明的重要组成部分。为了实现民族文化的保护和传承，我们需要政府、教育部门、民间组织和社区等多方面的共同努力和合作，共同推动民族文化的繁荣发展。

第三节　研究目的与意义

一、主要目标和预期成果

在中国式现代化进程中，数字经济已逐渐成为推动区域经济同步发展的重要力量。本书旨在深入探讨数字经济如何更有效地服务区域经济的发展，揭示其内在机制，并提出实现路径。以下将详细阐述本书的主要目标和预期成果。

(一) 主要目标

本书的主要目标集中在以下三个方面。

目标一：全面解析区域经济数字经济的发展现状。随着数字技术的飞速发展和普及，数字经济已在全球范围内展现出强大的生命力和影响力。然而，各地区在数字经济发展方面仍存在诸多挑战和机遇。本书首先致力于全面了解各地区数字经济的发展现状，包括基础设施建设、数字技术应用、数字产业发展等多个方面。通过深入剖析各地区在数字经济领域的优势和劣势，我们期望能够为后续的政策制定和产业发展提供有力的数据支持和理论依据。

目标二：探究数字经济促进区域经济同步发展的内在机制。数字经济作为一种新兴的经济形态，其对区域经济发展的推动作用日益凸显。然而，数字经济如何具体作用于区域经济的发展？其内在机制是什么？这些问题尚未得到充分的解答。本书将深入探究数字经济促进区域经济同步发展的内在机制，揭示数字经济与区域经济发展之间的内在联系和互动关系。通过深入研究，我们期望能够明确数字经济在区域经济发展中的关键作用，为区域经济实现经济转型升级提供理论支撑。

目标三：提出数字经济服务区域经济同步发展的实现路径。在明确数字经济对区域经济发展的重要作用和内在机制的基础上，本书将进一步提出数字经济服务区域经济同步发展的实现路径。我们将结合各地区的实际情况和数字经济的发展趋势，提出具有可操作性的政策建议和实施路径。这些建议将涵盖政策支持、技术创新、人才培养等多个方面，旨在为区域发展数字经济的发展提供科学的指导和支持。

(二) 预期成果

本书期望通过深入探讨和实证分析，达到以下预期成果。

成果一：形成对各区域发展数字经济发展的全面认识。通过本书，我们将形成对各地区数字经济发展的全面认识，包括其发展水平、主要特点、面临的挑战以及存在的机遇等。这将有助于政府、企业和学术界更准确地把握各地区数字经济的发展状况，为后续的政策制定和产业发展提供有力的支撑。

成果二：揭示数字经济与区域经济发展的内在联系。本书将深入剖析数字经济与区域经济发展之间的内在联系，明确数字经济在区域经济发展中的关键作用。这将有助于我们更深入地理解数字经济对区域经济发展的影响，为区域经济实现经济转型升级提供理论支撑。

成果三：提出具有可操作性的政策建议和实施路径。结合各地区的实际情况和数字经济的发展趋势，本书将提出具有可操作性的政策建议和实施路径。这些建议将涵盖政策支持、技术创新、人才培养等多个方面，旨在为各地区数字经济的发展提供科学的指导和支持。这些政策建议和实施路径将具有针对性和实用性，有助于推动各地区数字经济的发展。

成果四：推动各地区数字经济的发展实践。本书不仅关注理论分析，更致力于推动各地区数字经济的发展实践。通过本章提出的政策建议和实施路径，我们将积极推动各地区在数字经济领域的发展实践，促进各地区经济的转型升级和可持续发展。

成果五：为学术界和政策制定者提供有价值的参考。本书将形成一系列高质量的学术论文和专著，为学术界和政策制定者提供有价值的参考。这些研究成果将有助于推动相关领域的研究进展，为政策制定者提供科学的决策依据，促进各地区数字经济的发展和繁荣。

基于此，本书的主要目标和预期成果旨在全面解析各地区数字经济的发展现状，探究数字经济促进区域经济同步发展的内在机制，并提出具有可操作性的政策建议和实施路径。通过本书的深入探讨和实证分析，我们期望能够为各地区数字经济的发展提供科学的理论支持和实践指导，推动中国式现代化的全面均衡发展。

二、现实意义与社会价值

在中国式现代化进程中，数字经济以其独特的魅力和巨大的潜力，正在逐步改变着传统经济格局。数字经济的发展不仅具有深远的现实意义，还蕴含着巨大的社会价值。以下，我们将从现实意义和社会价值两个方面，深入探讨数字经济服务区域经济同步发展的重要性。

（一）现实意义

第一，促进各地区经济发展。数字经济为区域发展带来了前所未有的发展机遇。随着互联网的普及和数字技术的革新，各地区的企业和个体可以更加便捷地接入全球市场，打破地域限制，拓展销售渠道。这不仅有助于提升各地区的经济发展水平，还能增加就业机会，提高居民收入，从而缩小与发达地区的经济差距。此外，数字经济还推动了各地区的产业升级和转型。传统的农业、畜牧业等产业在数字技术的赋能下，实现了智能化、精准化管理，提高了生产效率和质量。同时，数字经济也催生了新的产业形态，如电子商务、智能制造等，为各地区经济发展注入了新的活力。

第二，提升各地区公共服务水平。数字经济的发展也极大地提升了各地区的公共服务水平。通过数字化手段，各地区可以更加高效地提供教育、医疗、社保等公共服务，满足居民多样化的需求。例如，远程教育、远程医疗等新型服务模式，让各地区的居民能够享受到更加便捷、高质量的服务资源。同时，数字经济还推动了各地区的政府治理现代化。通过大数据、云计算等技术手段，政府可以更加精准地了解社情民意，提高决策的科学性和有效性。这不仅有助于提升政府的公信力和执行力，还能进一步增强各地区的社会稳定与和谐。

第三，加强民族团结与文化交流。数字经济为区域经济的文化交流提供了新的平台。通过互联网和数字技术，各地区的文化和特色可以更加广泛地传播出去，增强各民族之间的了解和认同。这不仅有助于增强民族团结，还能促进不同文化之间的交流与融合，丰富中华民族的文化内涵。

（二）社会价值

第一，推动社会公平正义。数字经济的发展在一定程度上推动了社会的公平正义。由于历史、地理等因素，各地区间经济发展水平参差不齐，通过数字技术的普及和应用，各地区可以更加公平地参与市场竞争，分享经济发展的成果，这不仅有助于减少贫富差距，还能促进社会的和谐稳定。

第二，培养创新人才。数字经济是创新驱动的经济形态，它的发展离不开创新人才的培养和集聚。在各地区推动数字经济的发展，可以激发当地年轻人的创新意识和创业精神，培养出一批具备数字技能和创新能力的优秀人才。这些人才将成为推动各地区经济社会发展的重要力量，为社会的可持续发展提供源源不断的动力。

第三，引领绿色发展。数字经济作为一种新型的经济形态，具有绿色、低碳的特点。发展数字经济，可以推动当地产业的绿色转型和升级，减少对传统能源的依赖和消耗，这不仅有助于保护生态环境、实现可持续发展目标，还能为民族地区带来更加清洁、健康的生活环境。

第四，增强国家竞争力。数字经济已成为全球经济发展的重要引擎之一。大力发展数字经济，不仅可以提升当地的经济发展水平和社会福利水平，还能增强国家的整体竞争力。通过数字技术的创新和应用，各地区可以更加深入地融入全球经济体系，拓展国际合作与交流的空间，这对于提升国家在国际舞台上的地位和影响力具有重要意义。

综上所述，数字经济服务区域经济同步发展具有深远的现实意义和巨大的社会价值。它不仅在有助于促进各地区的经济发展、提升公共服务水平、加强民族团结与文化交流等方面取得实质性进展，而且还能在推动社会公平正义、培养创新人才、引领绿色发展以及增强国家竞争力等方面发挥积极作用。因此，我们应该充分认识并发挥数字经济的优势潜力，为区域经济的全面发展和繁荣作出积极贡献。

三、创新点与学术贡献

在数字经济迅猛发展的时代背景下，各地区如何借助数字经济的力量实现同步发展，是一个值得深入探讨的课题。本书在这一领域进行了深入的研究，并提出了一系列创新点与学术贡献，为各地区的数字经济发展提供了新的思路和方法。

（一）创新点

创新一：整合性框架的提出。本书创新性地提出了一个整合性框架，用于指导各地区数字经济的发展。该框架不仅涵盖了基础设施、技术应用、产业发展等多个方面，还融合了各地区的文化、社会和经济特点。这一框架的提出，为各地区在数字经济发展过程中提供了全面的指导和参考，有助于实现经济转型升级和可持续发展。

创新二：多维度数据分析方法。为了更准确地评估各地区数字经济的发展状况，本书采用了多维度的数据分析方法。通过综合运用统计学、计量经济学等多种分析工具，对各地区数字经济的发展进行了深入剖析，这一方法不仅提高了研究的准确性和可信度，还为后续的政策制定和产业发展提供了有力的数据支持。

创新三：政策与实践相结合的研究路径。本书不仅关注理论分析，还注重政策与实践的结合。通过实地考察、访谈等多种方式，深入了解了各地区数字经济发展的实际情况和所面临的挑战，在此基础上，提出了针对性的政策建议和实施路径，旨在推动各地区数字经济的发展实践。这种政策与实践相结合的研究路径，增强了研究的实用性和可操作性。

（二）学术贡献

贡献一：丰富了数字经济与区域经济发展的理论体系。本书在理论上丰富了数字经济与区域经济发展的关系。通过对各地区数字经济发展的深入剖析，揭示了其内在规律和特点，为相关领域的研究提供了新的视角和思路，这不仅有助于完善数字经济理论体系，还为后续的研究提供了有益的参考。

贡献二：为政策制定提供了科学依据。本书的成果为政府制定相关政策提供了科学依据。通过多维度的数据分析和实地考察，我们得出了各地区数字经济发展的关键因素和挑战，为政府制定针对性政策提供了有力的支持，这些政策建议旨在推动各地区数字经济的发展，实现经济社会的均衡发展。

贡献三：拓展了数字经济发展的研究领域。本书不仅关注了各地区数字经济的发展现状，还对其未来发展趋势进行了预测和展望。通过引入新的研究视角和方法，我们拓展了数字经济发展的研究领域，为后续的研究提供了新的方向和思路，这对于推动数字经济领域的研究进展具有重要意义。

贡献四：促进了跨学科研究的融合。本书涉及经济、社会、文化等多个学科领域，通过跨学科的研究方法，促进了不同学科之间的融合与交流。这种跨学科的研究方式有助于发现新的研究问题和解决方法，为相关领域的研究提供新的思路和方法论支持。

贡献五：为国际交流与合作提供了新的平台。本书不仅关注国内各地区数字经济的发展，还将其置于国际视野中进行考察。通过与国外相关研究的对比与交流，我们为各地区数字经济的发展提供了新的思路和方法。同时，本书也为国际交流与合作提供了新的平台，有助于推动全球数字经济的发展与进步。

基于此，本书在创新点与学术贡献方面取得了显著成果。通过提出整合性框架、多维度数据分析方法以及政策与实践相结合的研究路径等创新点，丰富了数字经济与区域经济发展的理论体系，为政策制定提供了科学依据，拓展了数字经济发展的研究领域，并促进了跨学科研究的融合与交流。这些学术贡献不仅有助于推动各地区数字经济的发展实践，还为相关领域的研究提供了新的方向和思路。

第二章

区域经济发展现状

第一节　经济发展现状

一、区域经济发展概述

近年来，随着国家对区域经济发展的持续关注和扶持，以及各地区自身的不断努力，这些区域在经济建设方面取得了令人瞩目的成绩，特别是在数字经济领域展现出了蓬勃的发展活力和广阔的前景。贵州地区便是一个典型的例证。"十三五"期间，该地区实现了经济的迅猛增长，地区生产总值平均增长率达到了11%左右。这一成就的背后，不仅体现了国家政策的有效引导和支持，也反映了当地人民对于发展经济的强烈愿望和不懈努力。表2-1和图2-1是八省区（内蒙古、广西、贵州、云南、西藏、青海、宁夏、新疆）2000~2022年地区生产总值以及增速数据。

表 2 - 1   2000 ~ 2022 年八省区地区生产总值   单位：亿元

年份	内蒙古	广西	贵州	云南	西藏	青海	宁夏	新疆
2000	1 539.1	2 080	1 029.9	2 030.1	117.8	263.7	295	1 363.6
2001	1 713.8	2 279.3	1 133.3	2 159	139.2	300.1	337.4	1 491.6
2002	1 940.9	2 523.7	1 243.4	2 358.7	162	340.7	377.2	1 612.6
2003	2 388.4	2 798.2	1 429	2 633.4	186	385	442.6	1 889.2
2004	2 942.4	3 305.1	1 649.4	3 136.4	217.9	443.7	519.9	2 170.4
2005	3 523.7	3 742.1	1 939.9	3 497.7	243.1	499.4	579.9	2 520.5
2006	4 161.8	4 417.8	2 264.1	4 090.7	285.9	585.2	683.3	2 957.3
2007	5 166.9	5 474.8	2 847.5	5 077.4	344.1	720.1	877.6	3 500
2008	6 242.4	6 455.4	3 504.5	6 016.6	398.2	896.9	1 139.2	4 142.5
2009	7 104.2	7 112.9	3 856.7	6 574.4	445.7	939.7	1 266.7	4 237
2010	8 199.9	8 552.4	4 519	7 735.3	512.9	1 144.2	1 571.7	5 360.2
2011	9 458.1	10 299.9	5 615.6	9 523.1	611.5	1 370.4	1 931.8	6 532
2012	10 470.1	11 303.6	6 742.2	11 097.4	710.2	1 528.5	2 131	7 411.8
2013	11 392.4	12 448.4	7 973.1	12 825.5	828.2	1 713.3	2 327.7	8 392.6
2014	12 158.2	13 587.8	9 173.1	14 041.7	939.7	1 847.7	2 473.9	9 264.5
2015	12 949	14 797.8	10 541	14 960	1 043	2 011	2 579.4	9 306.9
2016	13 789.3	16 116.6	11 792.4	16 369	1 173	2 258.2	2 781.4	9 630.8
2017	14 898.1	17 790.7	13 605.4	18 486	1 349	2 465.1	3 200.3	11 159.9
2018	16 140.8	19 627.8	15 353.2	20 880.6	1 548.4	2 748	3 510.2	12 809.4
2019	17 212.5	21 237.1	16 769.3	23 223.8	1 697.8	2 941.1	3 748.5	13 597.1
2020	17 258	22 120.9	17 860.4	24 555.7	1 902.7	3 009.8	3 956.3	13 800.7
2021	21 166	25 209.1	19 458.6	27 161.6	2 080.2	3 385.1	4 588.2	16 311.6
2022	23 158.6	26 300.9	20 164.6	28 954.2	2 132.6	3 610.1	5 069.6	17 741.3

资料来源：历年《中国经济年鉴》。

由表 2 - 1 和图 2 - 1 可知，总体来看，2000 ~ 2022 年，八省区的地区生产总值均呈现出显著的增长态势，并且在不同时间段的增长趋势大体相同，这充分体现了我国整体经济的蓬勃发展和不断扩张。特别是自 2010 年起，随着多数地区经济活动的日益活跃和投资力度的持续加大，GDP 增长率得到了进一步的提升。尤其是内蒙古、广西和云南等地的 GDP 增长表现尤为抢眼，在 2021 年均突破 2 万亿元。然而，我们也必须注意到，不同地区的经济规模存在着显著的差异。以内蒙古和广西为例，它们的 GDP 总量

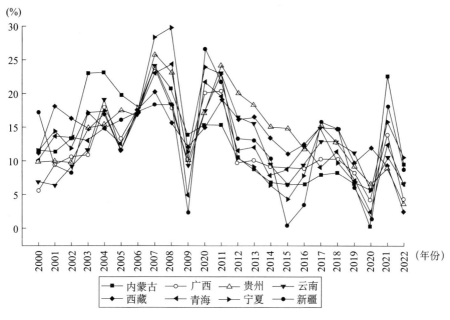

(%)

图 2-1 八省区地区生产总值增速

资料来源：历年《中国统计年鉴》。

远超西藏和青海。这种差异主要源于各地区在自然资源、人口基数、工业基础和地理区位等多方面的不同，特别是西藏和青海等地，由于地处偏远、自然条件较为恶劣，其经济发展速度相对滞后。但值得一提的是，这些地区的发展潜力巨大，有望成为未来我国经济增长的新引擎。

从 GDP 增长率波动性分析来说，GDP 增长率的波动性较大。这既受到国际经济大环境的影响，也与国内政策调整及区域经济结构的转型密切相关。特别是在 2010 年和 2020 年，多个地区的 GDP 增长率出现了明显的下滑。这两年恰逢全球经济下行和国内经济结构转型的冲击，对各地的经济增长带来了一定的压力。尽管面临各种挑战，但我国经济展现出了强大的韧性和复苏能力。特别是在 2020 年新冠疫情的重创下，各地区经济均受到不同程度的影响，GDP 增长率普遍下滑，然而，随着疫情的逐渐缓解和政策的积极调整，2021 年多数地区已经显现出经济复苏的积极信号。尤其是内蒙古和新疆，其经济增长率反弹明显，分别为 22% 和 18%，均实现两位数增长，这得益于两地政府及时有效的政策措施和特色经济的发展策略。

经济发展不仅仅是 GDP 总量的增加，更重要的是如何保持健康、持续地增长。在这方面，内蒙古、广西和云南等地通过大力发展重工业、旅游业和农业等多元化产业，不仅有效提升了 GDP 总量，也为当地居民创造了更多的就业机会，提高了生活水平。而对于经济基础相对薄弱的西藏、青海和宁夏等地区，虽然在经济总量上暂时落后，但它们正通过发掘和发展特色经济，如西藏的旅游业和青海的可再生能源产业，积极探索新的经济增长路径。我们期待这些地区在未来能够实现经济的快速发展和转型升级。为了助力这些地区的经济腾飞，国家和地方政府需要继续加大政策扶持力度，增加基础设施投资，同时引导和鼓励高新技术产业的入驻和发展，基础设施投资和引入高新技术产业来刺激经济发展。例如，通过改善交通网络和通信设施，可以有效地帮助这些地区吸引投资和人才，加快经济发展。通过不断完善交通和通信等基础设施，我们相信这些地区将能够吸引更多的投资和人才，从而加快经济发展的步伐。

当我们深入探讨各地区经济发展的内在动力时，不难发现数字经济在其中扮演了关键角色。随着信息技术的飞速发展，数字经济已成为推动经济增长的重要引擎。数字经济的崛起不仅促进了产业升级和结构调整，还为当地居民提供了更多的就业机会和创业空间。以贵州为例，该地区的数字经济发展得益于大数据产业的蓬勃兴起。众多的大数据中心和相关企业纷纷落户贵州，为当地带来了大量的投资机会和就业岗位，有力地推动了经济的快速增长。数字经济在区域经济的发展还体现在电子商务的普及和应用上。随着网络基础设施的不断完善，人们越来越多地开始接触并使用电子商务平台进行购物和销售。这不仅丰富了当地居民的消费选择，也为他们打开了一扇通向更广阔市场的大门。通过电子商务平台，各地区的特色产品和手工艺品得以走出大山，销往全国各地，甚至走向世界，从而有效提升了各地区的知名度和经济影响力。除了数字经济外，各地区还依托其独特的自然资源和文化遗产，大力发展旅游业。各地的山水风光、民族风情和历史文化遗迹等吸引了大量的游客前来观光旅游，为当地带来了可观的经济收入。同时，旅游业的发展也带动了如餐饮、住宿、交通等相关产业的繁荣，进一步促进了地区的经济增长。

然而，区域经济的发展并非一帆风顺。由于历史、地理等多方面的原因，有的地区在经济发展过程中仍面临着诸多挑战和困难，如基础设施建设的滞后、人才资源的匮乏以及市场机制的不完善等，都制约了区域经济的进一步发展。因此，要想实现区域经济的可持续发展，还需要国家和社会各界的共同努力和支持。值得一提的是，各地区的经济发展并非孤立存在，而是与全国乃至全球的经济环境紧密相连。在全球化的背景下，区域经济需要积极融入国内外市场，充分利用国内外资源，以实现经济的跨越式发展。同时，各地区还要注重生态环境保护和文化传承，确保经济发展的可持续性和民族文化的延续性。

区域经济在中国的经济发展中扮演着举足轻重的角色。有些地区依托其独特的自然资源和文化遗产，借助数字经济的强劲势头，展现出了巨大的发展潜力。然而，要实现区域经济的全面振兴和可持续发展，仍需克服诸多困难和挑战。我们期待在国家政策的扶持下，以及各地区自身的努力下，区域经济能够迎来更加美好的未来。此外，区域经济的发展也离不开社会各界的支持和参与。企业、科研机构、高校等各方力量应积极参与区域经济建设，提供技术、资金和人才等方面的支持。同时，加强民族团结和社会稳定也是推动区域经济发展的重要因素。只有在和谐稳定的社会环境下，区域经济才能充分发挥其经济潜力，实现经济的快速发展和社会的全面进步。

展望未来，我们坚信区域经济将继续保持强劲的发展势头，在中国经济发展中扮演更加重要的角色。随着数字经济的不断深入和拓展，以及国家对区域经济发展的持续关注和扶持，这些地区将迎来更多的发展机遇和挑战。我们期待各地区能够充分利用自身优势资源，积极应对各种挑战，实现经济的可持续发展和社会的全面进步。

二、区域经济发展不平衡现状

在深入探讨区域经济发展的问题时，不平衡性成了一个不容忽视的问题。这种不平衡不仅体现在地区内部，也体现在地区与地区的比较中。一方面，从地区内部来看，经济发展的差异性表现得尤为明显。一些地区由于地理位置优越、自然资源丰富或历史发展基础较好，其经济发展水平相对较高。这些地区可能拥有丰富的矿产资源、独特的旅游资源或便捷的交通条件，从而吸引了大量的投资和开发，促进了当地经济的快速发展。例如，某些地区依靠得天独厚的自然景观和深厚的民族文化，大力发展旅游业，从而带动了当地餐饮、住宿、交通等多个行业的繁荣，经济增长迅速。然而，另一些地区则由于地理位置偏远、自然资源匮乏或历史发展滞后等原因，经济发展相对滞后。这些地区往往交通不便，信息闭塞，难以吸引外部投资和开发。当地居民可能仍然从事着传统的农业生产，生产方式落后，生产效率低下，难以实现经济的快速发展。这些发展滞后的地区，虽然拥有丰富的民族文化和自然资源，但由于缺乏有效的开发和推广，这些资源并未能转化为经济优势。这种内部的经济发展差异不仅导致了各地区之间的贫富差距，还可能引发一系列的社会问题。例如，经济发展滞后的地区可能面临教育、医疗等公共服务设施不足的问题，居民的生活质量难以得到提升。同时，由于缺乏就业机会，年轻人可能选择外出打工，导致当地人口流失，进一步加剧了经济发展的困境。另一方面，从全国范围来看，一些欠发达地区的经济发展水平整体相对较低。虽然近年来这些地区经济有所增长，但与东部沿海地区相比，其经济增长速度、经济总量以及人均收入等方面仍存在较大差距。这种差距的形成，既有历史原因，也有现实因素。

为了推动区域经济的均衡发展，需要采取一系列的措施。首先，国家应加大对区域经济的扶持力度，通过财政转移支付、税收优惠等政策手段，支持欠发达地区的基础设施建设和产业发展。同时，还应鼓励东部地区的企业到欠发达地区投资兴业，带动当地经济的增长。其次，欠发达地区应充分挖掘自身的资源优势，发展特色产业。例如，可以利用丰富的民族文化资源发展文化旅游产业，或者依托独特的自然条件发展生态农业等。此外，还应加强欠发达地区的人才培养和技术创新，提高当地居民的就业能力和创业精神。在推动经济发展的过程中，还需要注重生态环境保护和可持续发展。欠发达地区往往拥有丰富的自然资源和独特的生态环境，这是其经济发展的重要优势。因此，在开发资源的同时，必须注重保护生态环境，避免过度开发和环境污染。同时，还应积极推动绿色产业的发展，促进经济与环境的和谐共生。

总之，区域经济发展不平衡的问题是一个复杂而严峻的挑战。为了实现区域经济的均衡发展，需要国家、地方政府以及社会各界共同努力，加大扶持力度、挖掘资源优势、加强人才培养和技术创新、注重生态环境保护和可持续发展等多方面的措施并举。只有这样，才能推动区域经济的全面发展，缩小欠发达地区与东部沿海地区的差距，实现全国范围内的经济均衡发展。

下面以八省区（内蒙古、广西、贵州、云南、西藏、青海、宁夏和新疆）为例，从地区经济总量、人均地区生产总值和八省区与其他地区的多维差距来看全国以及各地区经济发展现状。

（一）八省区的多维发展差距

从图 2 - 2 和图 2 - 3 来看，2000 ~ 2022 年，八省区的生产总值持续上升。数据显示，地区生产总值由 8 719.2 亿元增至 127 131.9 亿元。这一数据揭示了在此时间段内，八省区经济呈现出稳定增长的态势。同时，这些地区在国内生产总值中的占比亦有所提升，由 2000 年的 8.79% 增至 2022 年的 10.50%，意味着八省区对我国经济的贡献力度不断加大。通过对人均地区生产总值的分析，我们发现，从 2000 年的 4 765 元增至 2022 年的 62 716 元，这一变化反映了八省区居民生活水平的逐步提升；并且，与全国平均水平相比，人均地区生产总值的占比在这段时间内逐步上升，从 2000 年的 60% 增长至 2022 年的 73.18%，说明八省区居民的生活水平逐渐接近或超越全国平均水平。值得注意的是，八省区的经济增长呈现出一定的波动性。在整个时期内，经济增长率起伏波动。以 2009 ~ 2010 年为例，经济增长率明显加快，得益于经济结构调整和政府政策的推动。然而，可能受到宏观经济环境及其他因素的影响，随后的增长率略有下降。综合考虑，八省区在经济领域取得了显著的成果，经济总量持续扩大，对我国经济的贡献越发重要，同时，人均地区生产总值的提升使居民生活水平得到改善。然而，需关注经济增长率的波动性，进一步加强政策引导和结构调整，以确保经济发展的稳定性和可持续性。

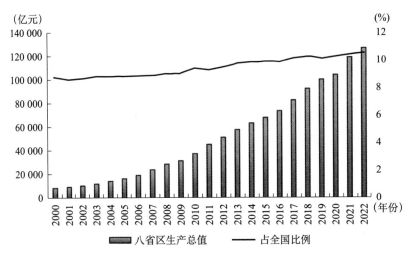

图 2-2　八省区经济总量及占全国比重的变化（2000~2022 年）

资料来源：历年《中国统计年鉴》。

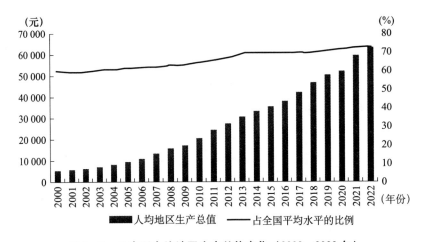

图 2-3　八省区人均地区生产总值变化（2000~2022 年）

资料来源：历年《中国统计年鉴》。

　　图 2-4 为从人均 GPD 的绝对差距和相对差距来比较八省区的经济发展水平。数据显示，2000~2022 年，八省区的人均地区生产总值与全国平均水平之间的绝对差距逐渐扩大，从初始的较小值直至达到约 22 981 元，

这表明八省区在人均 GDP 方面的增长速度可能比全国平均水平较慢。从相对差距的角度分析，八省区的人均 GDP 与全国平均水平的相对差距呈现波动性，反映了不同时期内八省区人均 GDP 与全国平均水平之间的比例关系。相对差距较高时，意味着八省区的人均 GDP 相较于全国平均水平较低。

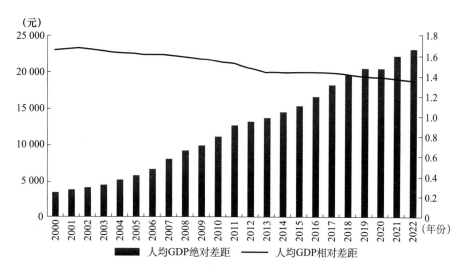

图 2 - 4　八省区人均 GDP 绝对差距和相对差距变化趋势（2000～2022 年）

资料来源：历年《中国统计年鉴》。

综合以上数据可以看出，在这段时间内，八省区的人均地区生产总值与全国平均水平存在一定差距，这可能是由于八省区在经济发展、资源利用和政策措施等方面与全国其他地区存在差异所致。针对这一差距的变化趋势，有必要进行进一步研究和分析，并结合实际情况探讨影响因素。未来，我国应着力加强八省区的经济发展，通过实施相关措施，缩小其与全国平均水平之间的差距，进而促进全国整体经济的协调发展。

在分析八省区经济增长的背后，我们可以发现一些有益的经验和启示。首先，坚持改革开放是推动经济发展的关键。在这个时期，我国积极参与全球经济合作，不断拓宽对外贸易渠道，吸引了大量外资投入，这为八省区的经济增长提供了强大的动力。同时，我国政府还积极推动产业结构调整，鼓励创新和技术进步，这使得八省区的经济结构不断优化，抵御外部风险的能力逐步增强。其次，注重人才培养和基础设施建设也是八省区经济增长的重要因素。在这个时期，我国加大对教育的投入，提高了人民群众的受教育程度，为经济发展提供了丰富的人力资源。同时，各地还加大了基础设施的建设力度，改善了交通、能源、通信等条件，为经济发展创造了良好的硬环境。此外，政策扶持和区域合作也是八省区经济增长的重要保障。我国政府制定了一系列有利于八省区发展的政策，如财政支持、税收优惠等，这为八省区的经济发展提供了有力保障。同时，各地积极参与区域合作，与相邻省份、国家和地区开展经济、文化、教育等多领域合作，拓宽了经济发展空间。

（二）八省区相对发展水平

表2-2列举了2022年八省区几个方面与全国比较的发展差距，其中的平均值是各单项指标的几何平均数，可以看出，八省区综合发展水平均低于全国平均水平。根据表格数据，对2022年八省区的相对发展水平进行分析。在人均地区生产总值方面，全国平均水平被设定为基准值1，其他省区的人均地区生产总值相对全国平均水平有所波动。内蒙古的人均地区生产总值略高于全国平均水平（为1.13），而广西、贵州、云南、西藏、青海和宁夏的人均地区生产总值则低于全国平均水平。在人均可支配收入、城镇居民人均可支配收入、农村居民人均可支配收入方面，呈现出相似的趋势。内蒙古、广西、贵州、云南等的人均可支配收入及其分项指标低于全国平均水平。在城镇化水平方面，除西藏城镇化水平较低（为0.57）外，其他省区的城镇化水平均高于全国平均水平，表明这些地区的城镇化进程相对较好。在教育和创新领域，八省区在平均受教育年限和每万人拥有发明专利数上相对全国平均水平存在一定差距。其中，平均受教育年限和每万人拥有发明专利数高于全国平均水平的分别是内蒙古和青海。至于人均床位数，全国范围内并未出现明显差异。综合分析，这组数据表明八省区在经济、收入、城镇化、教育和创新等方面与全国平均水平存在一定差距。这些差距可能受到地理、资源配置、政策支持和历史因素的影响。

表 2 – 2　　　　　　　　　　八省区的相对发展水平（2022 年）

区域	人均地区生产总值	人均可支配收入	城镇居民人均可支配收入	农村居民人均可支配收入	城镇化	平均受教育年限	每万人拥有发明专利数	人均床位数	平均值
全国	1	1	1	1	1	1	1	1	1
内蒙古	1.13	0.97	0.94	0.98	1.05	1.01	0.35	1.01	0.93
广西	0.61	0.76	0.81	0.87	0.85	0.95	0.23	0.98	0.76
贵州	0.61	0.69	0.83	0.68	0.84	0.89	0.28	1.16	0.75
云南	0.72	0.73	0.86	0.75	0.79	0.90	0.19	1.05	0.75
西藏	0.68	0.72	0.99	0.90	0.57	0.68	0.02	0.80	0.67
青海	0.71	0.73	0.79	0.72	0.94	0.88	0.28	1.05	0.76
宁夏	0.81	0.80	0.82	0.82	1.02	0.96	0.53	0.83	0.82
新疆	0.80	0.73	0.78	0.82	0.89	0.99	0.24	1.01	0.78

资料来源：历年《中国统计年鉴》。

习近平总书记强调："新时代区域协调发展战略的目标是确保实现基本公共服务均等化、基础设施通达程度较为平衡、人民生活水平相对一致。"[①] 为了全面评估不同地区在这三个方面的发展差距，本书选取了 6 岁及以上人口的平均受教育年限和每万人拥有床位数作为基本公共服务水平的代表变量，选取公路网密度（即公路里程除以土地面积）作为基础设施通达程度的代表变量，选取城镇居民人均收入和农村居民人均收入作为人民生活水平的代表变量。以全国平均水平作为参照，构建了区域协调缺口指数：

$$\frac{1}{N} \sum_{i=1}^{N} \frac{\bar{x}}{x_i}$$

本书考察了三个维度和五个代理变量，所以 $N = 5$。以全国平均值作为参考，x_i 代表某一特定地区的变量。协调缺口指数越大，意味着该地区与全国平均水平之间的不协调越大。我们利用国家统计局的数据，计算了 2021 年、2017 年和 2013 年全国 31 个省级行政区（不含港澳台地区）的区域协调缺口指数，具体数据见图 2 – 5。从图中可以看出，在我们研究的八

① 2017 年 12 月，习近平总书记在中央经济工作会议上的讲话。

省区中，相对于全国水平，这些地区的协调缺口都比较大，其区域协调缺口指数均大于1。综上所述，各地区的协调发展仍然存在较大的缺口。这种情况既表现为东西部、内地与边疆经济社会的"不平衡"，也包含着民族自治地方、少数民族以人为本的发展"不充分"等基本矛盾要素，其中既有发展差距问题，更有发展质量问题。

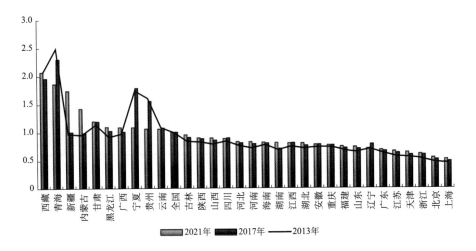

图 2-5 全国省级行政区区域协调缺口

资料来源：历年《中国统计年鉴》。

三、区域经济特点与挑战

（一）区域发展的经济特点

区域经济在中国经济版图中占据着独特而重要的地位。这些地区的经济独特性主要体现在以下几个方面：资源禀赋的特殊性、文化资本的深厚性、产业结构的民族特色以及发展潜力的巨大性。

一是资源禀赋的特殊性。一些地区往往拥有丰富的自然资源，这是其经济发展的重要基础，这些资源包括矿产资源、水能资源、森林资源、草场资源等。例如，西部地区的矿产资源储量丰富，包括煤炭、石油、天然气等，这些资源的开发利用对当地经济发展起到了重要的推动作用。同时，一些地区的水能资源也十分丰富，如西南地区的大江大河，为水电开发提供了得天独厚的条件。这些自然资源的特殊性，使得这些地区在经济发展中具有独特的优势。

二是文化资本的深厚性。区域是中国多元文化的重要载体，拥有丰富的民族文化和历史遗迹，这些文化和历史遗迹是区域经济发展的重要文化资本。区域的民族文化包括独特的民族音乐、舞蹈、手工艺等，这些文化元素不仅具有观赏价值，还具有深厚的文化内涵和经济价值。通过挖掘和利用这些文化资本，各地区可以发展文化旅游产业，吸引游客前来观光旅游，从而推动当地经济的发展。

三是产业结构的民族特色。一些地区的产业结构往往具有浓厚的民族特色。由于地理位置和自然环境的差异，一些地区在农业、畜牧业、林业等方面具有独特的优势。例如，内蒙古自治区的畜牧业、新疆维吾尔自治区的林果业等都体现了当地的产业特色。这些特色产业不仅为当地居民提供了就业机会，还为当地经济发展注入了活力。同时，一些地区的手工艺品制作也颇具特色，如藏族的唐卡、苗族的银饰等，都深受游客喜爱，成为当地经济发展的亮点。

四是发展潜力的巨大性。尽管各地区在经济发展中面临诸多挑战，但其发展潜力不容小觑。随着国家对区域经济发展的重视和支持力度不断加大，以及各地区自身发展条件的逐步改善，各地区经济的发展潜力正在逐步释放。特别是在数字经济、绿色经济等新兴领域，各地区有着广阔的发展空间。通过加强科技创新和人才培养，各地区有望实现经济的跨越式发展。

综上所述，区域经济的独特性主要体现在资源禀赋的特殊性、文化资本的深厚性、产业结构的民族特色以及发展潜力的巨大性等方面。这些独特性为各地区经济发展提供了独特的优势和机遇。然而，如何充分发挥这些优势、抓住机遇，推动区域经济实现高质量发展，仍需要政府、企业和社会各方面的共同努力和探索。

（二）区域发展面临的挑战

区域经济在中国经济发展中具有重要地位，但其在推进数字经济发展时面临着多重挑战。这些挑战与地理位置、基础设施、人才资源、产业基础、数字鸿沟以及政策支持等方面密切相关。以下是对这些挑战的详细分析。

第一，基础设施不足。一些地区地处偏远，基础设施建设相对滞后。以宁夏回族自治区为例，尽管近年来该区在基础设施建设上投入了大量资源，但与东部发达地区相比，其数字经济基础设施的建设仍显薄弱，互联网速度和网络覆盖面有待进一步提升，这不仅影响了当地居民的生活品质，更在很大程度上限制了数字经济的快速发展。基础设施的不足，使得民族地区在信息收集、处理、传输等方面存在明显短板，难以有效融入全球数字经济体系。

第二，科技人才短缺。数字经济的发展离不开专业人才的支撑。然而，一些地区在人才培养和引进方面存在明显不足。一方面，由于教育资源相对匮乏，这些地区难以自主培养出足够数量的高素质数字化人才；另一方面，受地理位置、经济发展水平等因素制约，这些地区对外部人才的吸引力有限，导致人才供给与需求之间存在较大差距。这种人才短缺的状况，严重制约了地区数字经济的创新能力和市场竞争力。

第三，产业基础薄弱。与东部发达地区相比，偏远省份地区的数字产业基础相对薄弱，这主要表现在产业链条尚未真正形成，数字经济核心产业规模较小。以中西部地区为例，尽管近年来这些地区在数字产业方面取得了一定的进展，但总体来看，其产业链条仍不完整，核心产业规模有待进一步扩大。这种产业基础的薄弱，不仅影响了这些地区数字经济的整体竞争力，也限制了其未来发展的潜力和空间。

第四，数字鸿沟。由于历史、地理等因素的影响，一些地区在数字经济方面的发展与东部发达地区存在明显的差距，形成了所谓的"数字鸿沟"。这种鸿沟不仅体现在数字技术的普及和应用上，更体现在数字经济的整体发展水平和竞争力上。数字鸿沟的存在，使得一些地区在获取和处理信息、参与市场竞争等方面处于不利地位，进一步加剧了区域经济发展的不平衡性。

第五，政策支持不足。尽管国家和地方政府都在努力推动数字经济的发展，但在实际操作中，相关政策的支持力度和执行效率仍有待提高。一方面，一些地区在制定和执行数字经济政策时，往往面临着资源有限、执行力度不够等问题；另一方面，由于一些地区的特殊性和复杂性，一些普适性的政策在这里可能难以得到有效实施。因此，如何结合这些地区的实际情况，制定更具针对性和可操作性的政策，是当前面临的一个重要挑战。

综上所述，一些地区在数字经济发展过程中面临着多重挑战。为了克服这些挑战，需要政府、企业和社会各方面的共同努力。通过加强基础设施建设、优化人才培养机制、夯实产业基础、缩小数字鸿沟以及完善政策支持等措施，有望推动这些地区数字经济的持续发展，进而促进区域经济的均衡与繁荣。

第二节　社会发展现状

一、教育、医疗、就业等基本公共服务情况

（一）教育方面

随着政府对教育投入的持续增加，许多地区学校的硬件设施得到了大幅改善。许多学校都配备了现代化的教室、实验室和图书馆，为学生提供了更好的学习环境。在硬件得到升级的同时，软件资源方面也有着不小的进步。但是，优秀的硬件设施只是基础，真正能够提高教育质量的，还是那些站在讲台上的教师们。因此，通过引进外部优秀人才和培养本地教师，许多地区教师队伍的整体素质得到了明显的提升，这一变化背后，是无数从城市来到这些地区的优秀教师的辛勤付出。他们带着先进的教学理念和教学方法，投身于这片热土，与当地的孩子们共同成长。他们的到来，极大地丰富了课堂内容，提高了学生的学习兴趣，更重要的是，他们为这些孩子们打开了一扇通向外面世界的窗户，让他们看到了更多的可能

性。当然，本地教师的成长也不容忽视。他们通过参加各种形式的培训，不仅提高了自己的教学水平，更重要的是，他们的教育理念也得到了更新和提升。这些教师们开始更加注重学生的个体差异，更加注重培养学生的创新精神和实践能力。然而，尽管取得了这么多的进步，有的地区的教育服务仍然面临着一些挑战，特别是在那些偏远的山区，由于地理条件的限制，教育资源相对匮乏，师资力量也相对薄弱。这些地方的孩子们往往要面临着比城市孩子更多的困难和挑战。例如，教育资源分配不均。由于地理和经济条件的限制，有的地区的教育资源相对匮乏，学校图书馆藏书数量不足，教学资源缺乏更新和广泛覆盖，导致学生获取知识的渠道受限。

有的地区的教师队伍数量严重不足，许多农村学校甚至出现了一个老师担任多个班级的多课程教学任务的情况。由于工作和生活条件艰苦，环境恶劣，教师的待遇低，许多人不愿意到偏远地区工作。教育观念落后也是一个需要引起重视的问题，在一些地区，家长对基础教育的认识不够，许多家长的文化程度不高，甚至从未受过教育，他们并不重视孩子的教育，导致学生的入学率和升学率受到影响。基础设施薄弱，由于教育资金发放不到位、投入不足，学校硬件配套设施依然没有跟上发展步伐，影响了教学质量和学生的学习体验。为了改善这一状况，政府和社会各界都在积极努力。政府通过定向招聘、提供优惠政策等方式，吸引更多的优秀教师到这些地区任教。同时，社会各界也纷纷伸出援手，为这些地区的学校捐赠教育设备和资金，帮助他们改善教学条件。值得一提的是，有的地区还积极开展远程教育等创新教育模式。这种教育模式利用现代科技手段，如互联网和多媒体技术，将优质的教育资源输送到每一个需要的角落。这样一来，即使在偏远山区，孩子们也能够接受到与城市孩子同等的优质教育资源。这不仅有助于缩小教育差距，也为偏远地区的长远发展注入了新的活力。

（二）医疗方面

首先，从医疗设施建设方面来看，许多地区近年来都投入了大量资金用于改善和扩建医疗设施。许多乡镇卫生院和村级卫生室得到了翻新和升级，配备了先进的医疗设备和仪器，这些新设施不仅提升了基层医疗机构的诊疗能力，还使得当地居民能够在家门口就享受到优质的医疗服务。一些地区还建设了现代化的医院，引进了先进的医疗技术和设备，进一步提升了当地的医疗水平。

其次，在医疗服务水平方面，许多地区也取得了显著的进步。通过引进和培养高素质的医疗人才，以及加强与发达地区医疗机构的交流与合作，这些地区的医疗服务能力得到了大幅提升。现在，许多地区已经能够开展一些复杂的手术和治疗，为当地居民提供了更加全面的医疗保障。

此外，不少地区还注重提升基层医护人员的专业素养，通过定期培训和考核，确保他们能够提供高质量的医疗服务。除了医疗设施和医疗服务水平的提升，部分地区在医疗保障体系方面也取得了重要的突破。近年来，这些地区逐步实现了城乡居民医疗保险的全覆盖，大大减轻了居民因病致贫的风险。政府还加大了对大病保险和医疗救助的投入，确保了困难群众能够看得起病、看得好病。这些措施不仅提高了当地居民的医疗保障水平，也增强了他们对医疗服务的满意度和信任度。

然而，尽管这些地区在医疗公共服务方面取得了显著的进步，但仍面临一些挑战和问题。一方面，由于地理环境复杂、交通不便，一些偏远地区的居民仍然难以享受到高质量的医疗服务。针对这一问题，政府可以进一步加大投入，提升基层医疗机构的诊疗能力，并推广远程医疗等新型医疗服务模式，让偏远地区的居民也能享受到优质的医疗资源。另一方面，医疗资源分布仍然不均衡，一些地区的医疗资源相对丰富，而另一些地区则相对匮乏。为了解决这一问题，政府可以优化医疗资源配置，加强区域间的合作与共享，确保医疗资源的均衡分布。

同时，还可以鼓励社会资本进入医疗领域，增加医疗服务的供给，满足居民多样化的医疗需求。具体来说，例如，宁夏回族自治区的医疗卫生机构数量较多，且基层医疗卫生服务机构如卫生院和社区卫生服务机构的覆盖范围广泛。此外，一些地区也在努力提升医疗服务能力，如四川省甘孜州的乡镇卫生院在服务能力评价指南的框架下进行了自评，虽然存在一定的不足，但也显示出该地区在努力提升医疗服务水平。

(三) 就业方面

就业是民生之本,对于维护社会稳定、促进经济发展具有重要意义。近年来,随着我国经济结构的调整和产业升级的推进,一些地区就业服务得到了前所未有的重视和发展。各级政府和社会各界共同努力,通过多种方式提升就业服务水平,为广大求职者提供了更多的就业机会和更好的职业发展平台。

第一,就业服务体系建设。近年来,一些地区在就业服务体系建设方面取得了显著成效。各级政府纷纷设立就业服务机构,如人才市场、职业介绍所等,为求职者提供全方位的服务,这些机构不仅提供就业信息发布、职业介绍等基本服务,还根据市场需求和求职者特点,开展职业技能培训、就业指导等增值服务。同时,这些地区还加强了与用人单位的沟通与合作,建立了广泛的就业合作关系。通过定期举办招聘会、人才交流会等活动,为求职者与用人单位搭建了一个直接沟通的平台。这些活动不仅增加了求职者的就业机会,还促进了人才的合理流动和优化配置。

第二,职业技能培训与提升。为了提高求职者的就业竞争力,一些地区大力开展职业技能培训与提升工作。政府投入大量资金,支持各类培训机构开展技能培训,涉及多个行业和领域,这些培训课程紧密结合市场需求,注重实践性和实用性,帮助求职者掌握一技之长,提升就业能力。此外,这些地区还积极推动校企合作,鼓励企业参与职业教育和培训。通过校企合作,企业可以为学校提供实习实训机会,帮助学生更好地了解企业需求和行业特点;同时,学校也可以为企业输送优秀人才,实现人才培养与市场需求的无缝对接。

第三,创业扶持与政策优惠。为了鼓励创业带动就业,一些地区出台了一系列创业扶持政策和优惠措施。政府设立创业扶持基金,为创业者提供资金支持;同时,还提供了创业指导、项目推介等一站式服务,帮助创业者顺利起步。此外,这些地区还积极落实税收优惠政策、降低创业门槛等措施,为创业者创造更加宽松的环境。

第四,困难群体就业援助。针对困难群体就业问题,一些地区实施了多项就业援助计划。政府通过购买公益性岗位、提供职业培训等方式，为困难群体提供就业机会。同时，还建立了完善的就业援助体系，为失业人员提供再就业指导和帮助。这些措施有效地缓解了困难群体的就业压力，提高了他们的生活水平和社会融入度。

二、社会保障体系建设情况

社会保障体系是社会的"稳定器"和"安全网"，对于维护社会稳定、促进公平正义、推动经济发展具有十分重要的作用。在我国，区域经济的社会保障体系建设不仅关系到人民群众的切身利益，更关乎民族团结、社会稳定和国家统一的大局。近年来，随着国家对区域经济发展的重视和支持力度不断加大，许多地区的社会保障体系建设也取得了显著成效。

（一）区域发展社会保障体系建设的主要成就

第一，制度建设不断完善。近年来，许多地区在社会保障制度建设方面取得了显著进展，城乡居民基本养老保险、基本医疗保险、最低生活保障等制度逐步建立健全，覆盖范围不断扩大。特别是针对各地区的特点，政府还出台了一系列特殊政策和措施，如提高民族地区的社会保障补助标准、加大财政投入等，以确保各地区居民能够享受到同等的社会保障待遇。

第二，保障水平逐步提高。随着社会保障制度的不断完善，各地的社会保障水平也在逐步提高。政府加大了对偏远地区社会保障的投入力度，提高了各项社会保险的待遇水平。例如，一些地区的基础养老金、医疗保险报销比例等都有所提高，有效保障了民族地区居民的基本生活需求。

第三，服务体系日益健全。除了制度建设外，各地的社会保障服务体系也日益健全，纷纷建立了社会保障服务中心，为居民提供便捷、高效的服务。同时，政府还积极推动社会保障信息化建设，通过大数据、互联网等技术手段提高服务效率和质量，这些措施有效地提升了当地居民社会保障服务的整体水平。

（二）区域发展社会保障体系建设面临的挑战

一是经济发展滞后带来的资金压力。部分地区经济发展相对落后，导致社会保障资金短缺。例如，在一些山区贫困地区，由于财政汲取能力有限，社会保障资金来源渠道单一，资金筹集能力较弱，基金缺口很大，甚至出现社会保险连年赤字的情况。这种资金压力严重影响了社会保障体系的健全和发展。

二是社会保障体系结构性问题突出。在一些地区，尤其是农村地区，社会保障体系的结构性问题较为明显。城镇社会保障体系相对完善，而农村社会保障所涉及的内容则较为单一，主要侧重于社会救济、救灾、优抚安置等方面。同时，保险种类也相对较少，除养老保险、基本医疗保险外，其他保险险种如失业保险、工伤保险、生育保险等则运行得较差。

三是自然环境和灾害的影响。部分地区处于自然环境恶劣、灾害频发的地带，如暴雨、雪灾、山体滑坡等自然灾害频频发生，这不仅增加了社会保障的需求，也给社会保障体系的建设带来了额外的挑战。同时，自然环境的特殊性也使得这些地区的社会保障需求大于其他地区。

四是法律制度的缺失和执行力度不强。目前，我国尚未形成一套专门针对社会保障体系的基本法律，相关规定分散在各种规范性文件、规章、行政法规、法律中，结构较为混乱，也有很多不统一、不协调之处。这在部分地区尤为明显，相关法律制度的缺失使得社会保障体系受到各种因素的干扰，导致其层次低、覆盖面少，难以惠及大众。同时，也导致了社会保障基金被挪用等问题的屡禁不止。

五是文化因素和法律意识淡薄。部分地区的人民群众法律意识相对淡薄，维权意识较差。他们往往不了解当地相关社会保障的规章制度，在自己的合法权益受到侵害时，无法通过法律途径予以解决。这不仅给人民群众造成了具体损失，也影响了社会保障体系的正常运行和发展。

（三）完善区域发展社会保障体系的建议

首先，针对经济发展滞后带来的资金压力，可以提高多元化资金来源，除了政府财政拨款外，可以探索企业、社会组织和个人捐赠等多种资金来源渠道。发展地方经济，扶持地区特色产业，提高地方经济水平，从而增加财政收入，为社会保障提供更多的资金支持。优化资金分配，确保社会保障资金的合理分配和有效利用，避免浪费和挪用。

其次，针对社会保障体系结构性问题，可以完善农村社会保障体系，逐步扩大农村社会保障的覆盖范围，增加保险种类，如推动失业保险、工伤保险、生育保险等在农村地区的普及。推进城乡一体化发展，推动城乡社会保障体系的一体化，确保农村居民能够享受到与城镇居民相似的社会保障服务。

再次，针对自然环境和灾害的影响，建立灾害应对机制；针对偏远地区的自然灾害特点，建立完善的灾害应对和救援机制，确保灾害发生时能够及时响应。增加和推广灾害保险，为受灾群众提供经济支持，减轻灾害对社会保障体系的冲击。

又次，针对法律制度的缺失和执行力度不强，通过制定相关法律加快完善针对社会保障的法律体系，确保社会保障制度的规范化和法制化。加大法律执行力度，加大对违法行为的打击力度，确保社会保障资金的安全和合规使用。

最后，针对文化因素和法律意识淡薄的问题，可以加强法律宣传和教育，通过多种渠道和方式，加强对地区居民的法律宣传和教育，提高他们的法律意识和维权能力，如广播、电视、网络等。建立法律援助机制，为民族地区居民提供法律援助服务，帮助他们维护自己的合法权益。

三、文化传承与保护现状

地区文化传承与保护，是一个涉及文化多样性、民族特色和传统知识的重要议题。我国许多地区拥有丰富的文化遗产和独特的民族传统，这些文化遗产和传统是各地发展的宝贵财富。然而，在现代社会的快速发展中，这些宝贵的文化遗产和传统面临着严峻的挑战。文化传承对于一个民族、一个地区乃至一个国家的发展都具有重要意义，它不仅是历史积淀的产物，更是一个民族认同感和归属感的源泉，关系到民族文化的生存和发展，是维护民族团结、促进社会和谐的重要基石。

1. 文化传承与保护的现状

近年来，随着国家对文化传承与保护的重视程度不断提高，以及社会各界对民族文化的关注和支持，各地文化传承与保护工作取得了一定的成效。然而，仍存在一些问题和挑战。

（1）文化传承意识有待提高。尽管国家和地方政府出台了一系列政策措施来推动文化传承与保护工作，但在一些地区，由于历史、地理、经济等原因，人们的文化传承意识相对较弱，一些年轻人对传统文化缺乏了解和兴趣，导致一些优秀传统文化逐渐失传。

（2）文化资源保护与开发之间存在矛盾。一些地区拥有丰富的文化资源，但这些资源的保护与开发之间存在矛盾。一方面，为了保护文化资源不受破坏，需要限制对其的开发和利用；另一方面，为了推动经济发展和文化创新，又需要对这些文化资源进行合理地开发和利用。如何平衡保护与开发之间的关系，是当前面临的一个重要问题。

（3）专业人才匮乏。目前，专门从事民族文化传承与保护的专业人才相对较少。一些地区缺乏专业的文化传承人才和研究机构，制约了文化传承与保护工作的深入开展。同时，由于缺乏专业人才的支持，一些地区在文化传承与保护方面存在盲目性和不科学性。

（4）资金投入不足。文化传承与保护工作需要大量的资金投入，用于文化遗产的修复、保护、研究和宣传等方面。然而，目前一些省份在文化传承与保护方面的资金投入相对不足，制约了相关工作的开展。同时，由于缺乏稳定的资金来源和有效的资金使用机制，一些地区的文化传承与保护工作难以持续开展。

2. 应对策略与建议

一是加强教育宣传，增强文化传承意识。通过加强教育宣传，提高人们对文化传承的认识和重视程度。可以将民族文化纳入教育体系，让孩子们从小了解和学习民族文化。同时，通过举办各种文化活动、展览、演出等形式，让更多的人了解和关注民族文化，增强人们传承和保护民族文化的自觉性。

二是制定科学合理的文化资源保护与开发策略。在制定文化资源保护与开发策略时，应充分考虑当地的实际情况和需求。可以通过建立文化资源数据库、制定保护规划、加强监管等措施来确保文化资源的有效保护和合理利用。同时，鼓励社会资本参与文化资源开发项目，推动文化创意产业的发展。

三是加强专业人才培养和引进工作。加强专业人才培养和引进工作是推动文化传承与保护工作的关键，可以通过设立奖学金、提供实习机会等措施吸引更多年轻人投身到文化传承与保护事业中来。同时，要加强与国内外相关机构的合作交流，提升民族文化传承与保护的专业水平。

四是加大资金投入和政策支持。政府应继续加大对民族文化传承与保护的投入力度，完善相关政策法规，为相关工作提供有力保障。同时，鼓励社会资本参与文化传承与保护项目，形成政府主导、社会参与的良好氛围。通过建立稳定的资金来源和有效的资金使用机制，确保文化传承与保护工作的持续开展。

四、基础设施建设现状

近年来，随着国家对区域经济发展的高度重视，许多地区的基础设施建设取得了显著成效。

1. 交通、水利、电力和通信等方面的发展现状

（1）交通基础设施。各地交通基础设施建设的快速进展，是国家对区域经济发展的重要战略部署的成果，尤其是公路、铁路等交通网络的不断完善，使得这些地区与外部的连接更为紧密。在以前，许多偏远的地区由于地理环境的阻隔，与外界的交流受到很大的限制。如今，随着交通网络的逐步铺开，这些地区已经实现了通车，与外界的时空距离被大幅缩短。但我们必须认识到，尽管有这样的进展，但由于偏远地区的地形复杂多

变，如崇山峻岭、深沟峡谷等给交通建设带来了前所未有的挑战。这种地形的特殊性不仅增加了建设的难度，还导致了建设成本的大幅上升。因此，尽管许多地区已经通车，但仍有部分地区的交通条件相对落后，道路等级低、通行能力差等问题依然突出。

（2）水利基础设施。近年来，各地水利基础设施建设的进展同样令人瞩目，特别是在农田水利和防洪抗旱方面，通过大规模地兴修水利、改善灌溉条件，农业生产能力得到了有效提高。这不仅增强了农田的抗灾能力，还为农民带来了更为稳定的收成。然而，各地区的水资源分布并不均匀，一些地区水资源丰富，另一些地区则相对匮乏，这种不均衡的水资源分布导致部分地区仍然面临水资源短缺的问题。与此同时，一些老旧的水利设施由于长时间地使用和缺乏必要的维护，已经出现老化现象，急需进行更新和改造。

（3）电力基础设施。电力作为支撑经济社会发展的关键要素，在区域经济发展中同样发挥着不可或缺的作用。近年来，随着国家对电力基础设施的大力投入，电网的覆盖范围正在不断扩大，供电能力也得到了显著提升，这为当地居民提供了更为稳定、可靠的电力供应，同时也为当地的产业发展奠定了坚实的基础。但是，考虑到各地区的地域特点和人口分布，电力基础设施的建设和维护都存在不小的难度。地域辽阔意味着电网的铺设需要跨越更长的距离，而人口的分散则导致了建设和维护成本的上升。因此，尽管电力基础设施建设取得了显著的进展，但部分地区仍然存在用电难的问题。

（4）通信基础设施。随着信息技术的迅猛发展，各地区的通信基础设施建设也展现出了长足的进步。移动通信网络、互联网等现代信息技术在这里得到了广泛的应用，极大地促进了信息的传播和交流。这不仅为当地居民提供了更为便捷的信息获取方式，还为他们打开了与外部世界沟通的窗口。然而，地理环境的复杂性和经济发展的滞后仍然是制约通信设施快速发展的主要因素，特别是在一些偏远的山区或牧区，复杂的地理环境增加了通信设施建设的难度，而经济发展的滞后则导致了投资和建设的不足。因此，如何克服这些制约因素，推动通信设施在偏远地区的全面发展，仍然是一个亟待解决的问题。

2. 基础设施建设面临的挑战

尽管各地区基础设施建设均取得了显著成效，但仍面临诸多挑战。首先，资金短缺是制约基础设施建设的关键因素。偏远地区经济发展相对滞后，财政自给能力不足，难以承担大规模基础设施建设所需的巨额资金。其次，地理环境复杂也是一大挑战。有的地区地处偏远山区或高原地区，地形复杂多变，给基础设施建设带来极大困难。此外，专业人才匮乏也是制约基础设施发展的重要因素之一。偏远地区缺乏专业的规划、设计、施工和管理人才，难以保证基础设施建设的科学性和可持续性。

3. 未来发展方向与建议

针对偏远地区基础设施建设的现状和挑战，未来可以从以下几个方面着手推动其发展：一是加大资金投入和政策支持。国家和地方政府应继续加大对偏远地区基础设施建设的投入力度，提供必要的资金和政策支持。同时，鼓励社会资本参与基础设施建设，形成多元化的投资主体和资金来源。二是科学规划和合理布局。根据各地区的实际情况和需求，制定科学的基础设施发展规划。注重基础设施的均衡布局和协调发展，避免盲目建设和资源浪费。三是加强技术创新和人才培养。推动基础设施建设领域的技术创新，引进和应用先进技术和管理经验。同时，加强专业人才的培养和引进工作，提高基础设施建设和管理水平。四是注重生态环境保护。在基础设施建设过程中，应充分考虑生态环境保护的需求。坚持绿色发展理念，加强生态环境保护和修复工作，确保基础设施建设与生态环境保护相协调。

第三章

各地区数字经济发展现状

第一节 数字经济总体发展概况

一、数字经济在各地区的规模与增速

随着中国式现代化的深入推进,数字经济在各地区呈现出蓬勃发展的态势。近年来,各地区的数字经济规模持续扩大,这主要得益于国家政策的有力扶持、基础设施的不断完善以及各地区独特的资源和地理优势。特别是在大数据、云计算、物联网等技术的推动下,各地区的数字经济正在迎来前所未有的发展机遇。在这些地区,数字经济的崛起不仅为当地经济带来了新的增长点,也为实现区域均衡发展提供了重要支撑。图3-1和表3-1是2011~2021年内蒙古、广西、贵州等几个代表性地区数字经济的规模与增速,以探讨其发展趋势、影响因素及未来挑战。

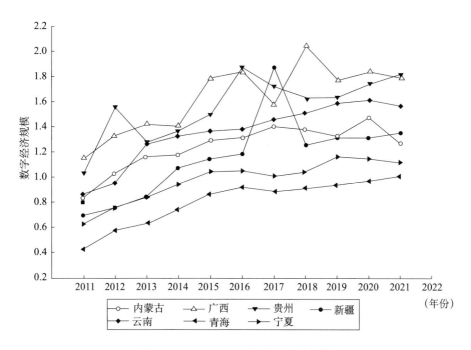

图 3 - 1　2011 ～ 2022 年数字经济规模

资料来源：中国经济大数据研究平台。

表 3 - 1　　　　　　　　　　　**2011 ～ 2021 年数字经济增速**

区域	2011 年（万亿元）	2013 年（万亿元）	2015 年（万亿元）	2017 年（万亿元）	2019 年（万亿元）	2021 年（万亿元）	年平均增速（%）
内蒙古	0.8325	1.1521	1.2862	1.4056	1.3206	1.2704	4.7942
广西	1.1559	1.4230	1.7882	1.5738	1.7730	1.7918	5.4369
贵州	1.0295	1.2888	1.1494	1.7300	1.6378	1.8231	7.3014
云南	0.8680	1.2670	1.3658	1.4612	1.5907	1.5738	6.4971
青海	0.4238	0.6361	0.8767	0.8932	0.9395	1.0163	9.6492
宁夏	0.6357	0.8393	1.0497	1.1024	1.1729	1.1246	6.1427
新疆	0.7021	0.8447	1.1483	1.8748	1.3168	1.4226	8.9520

资料来源：中国经济大数据研究平台。

由图 3 - 1 可知，数字经济的整体规模在这些年中表现出了增长的趋势。2011 年时，各地区的数字经济规模数据相对较低。例如，内蒙古的数字经济规模为 0.8325 万亿元，而到了 2021 年，该数字增长到了 1.2704 万亿元。虽然期间有波动，但整体上呈现出上升趋势。这表明在过去十年，随着技术的进步和政策的支持，各地区的数字经济得到了显著的发展。2011年，各地区的数字经济起步较低，例如青海为0.4238万亿元，显示这些地区在数字经济方面的基础较为薄弱。这一时期，这些地区可能缺乏足够的技术基础设施和专业人才，以及可能与当地投资项目的不稳定、政策变动或是经济环境的波动有关，限制了数字经济的初期发展。

在加速发展阶段，尤其是从2016年开始，多数地区的数字经济规模显著提高。如广西和新疆，广西在2018年达到了2.048万亿元的高峰，新疆则在2017年达到了1.8748万亿元的高点。这表明在此期间可能有新的技术引入，或是政府推动了重点的数字化项目。政府在推动数字经济发展方面发挥了关键作用，通过出台各项扶持政策、加大对基础设施的投资，以及促进信息化和互联网技术的普及，这些地区的数字经济得到了较快地发展。此外，互联网技术的迅速发展和移动互联网的普及也为这些地区的数字经济增长提供了技术支撑。然而，尽管数字经济规模总体上呈增长态势，但这些地区仍面临着一些挑战，如基础设施不足、数字鸿沟，以及人才短缺等问题，这些问题可能在未来阻碍其持续健康发展。

从地区间的比较和年度变化两个重要的维度出发，这些数据揭示了不同地区之间发展的不均衡性以及随时间变化的经济动态。从地区间的数字经济规模比较来看，广西、新疆和贵州这三个地区在多数年份中表现较为突出。以2018年为例，广西的数字经济规模达到了2.048万亿元，是同年数据中最高的，反映出该地区在数字经济方面的强劲发展势头。相对地，青海和宁夏的数字经济规模则较低，表明这些地区在数字化进程中可能面临更多挑战，如资金投入、技术应用和人才培养等方面的限制。新疆在2017年显示出极高的增长，数字经济规模达到1.8748万亿元，可能得益于政策支持和基础设施建设的加强。然而，与之相比，内蒙古和云南虽然也有所增长，但增幅和绝对值均较广西和新疆为低，显示出不同地区在资源配置、政策扶持和市场环境等方面的差异。

在年度变化方面，多数地区的数字经济规模展示了逐年上升的趋势，但也伴随着一定的波动。例如，内蒙古的数字经济规模从2011年的

0.8325万亿元逐年增长至2021年的1.2704万亿元，尽管这一增长路径中有些年份如2016年有所回落。这种波动可能反映了宏观经济状况的影响、地区政策调整或市场需求的变化。贵州的数据显示在2016年达到高峰后有所下降，但整体保持较高水平。这种情况可能与当地政府在数字经济特定领域如大数据方面的大力投资有关。此外，年度数据的波动也可能受到特定政策或项目投资的影响，如特定年份的重大投资或政策调整可能会在数据上表现为显著的增加。

总体来说，中国许多地区的数字经济在过去十年中虽有显著增长，但增长的持续性和平衡性仍需进一步加强。不同地区在数字经济的发展上存在显著的地区间差异，这些差异可能源自经济基础、政策环境、投资规模和技术应用等多方面因素的不同。年度变化则揭示了这些地区在应对内外部挑战和机遇时的动态反应。政府和相关部门需要继续投入，特别是在基础设施和人才培养方面，以确保数字经济的全面和均衡发展。

表3-1反映出，2011~2021年，一些地区的数字经济规模以及各地区的年平均增速显示了不同的增长动态。整体上，各地区的数字经济展现出稳定的增长，年平均增速达到了6.0661%，反映了持续的经济扩张和数字化深入发展。这种增长可能得益于政府的政策支持、互联网基础设施的改善以及数字技术在地方经济中的广泛应用。虽然增速在2019年有所下降，但2021年的数据表明复苏势头明显，展示出较强的韧性和成长潜力，并且各地区的年平均增速差异显著，其中青海和新疆的增速尤为突出。青海以9.6492%的年平均增速领先，显示出从较低的基数（2011年为0.4238万亿元）起步后的快速增长，这可能是由于特定的区域政策或投资项目的推动。新疆也显示出了8.9520%的高增速，特别是2017年的大幅增长至1.8748万亿元，可能受益于大规模的基础设施建设和政府的数字化推进项目。相比之下，内蒙古的年平均增速为4.7942%，在所有区域中增速最低，这可能反映了该地区在某些时期面临的经济挑战或数字化转型的障碍。广西和贵州的增速也显示出了不同的发展模式，贵州的增速较高，为7.3014%，这可能与该省在大数据和相关技术投资方面的重点发展策略有关。不同年份的经济政策、国内外经济环境以及技术发展的不同阶段都

对各地区的年增速产生了影响。例如，新疆在 2017 年的数字经济规模大增，可能与"一带一路"倡议相关的跨境电商和物流基础设施建设有关。

总体来看，虽然所有地区都呈现出增长趋势，但地区间的差异较大。这些差异可能由地区的经济结构、投资优先级、政府政策和地理位置等因素造成。对于未来而言，均衡地区发展、加强基础设施建设、提高技术普及率和人才培养将是推动所有民族地区持续健康发展的关键。

二、数字经济对各地区经济增长的贡献

数字经济作为现代经济的重要组成部分，其迅猛发展为各地区经济增长注入了显著的动力。通过分析 2011～2021 年的数据，我们可以深入探讨数字经济在这些地区的具体影响和潜在价值，从而更全面地理解其对地区经济增长的深远贡献。

（一）数字经济增长的总体趋势及对各地区经济的贡献

从宏观经济角度来看，数字经济已经成为推动各地区经济增长的重要引擎。根据统计数据，2011～2021 年，一些地区的数字经济呈现出稳健且持续的增长态势。数字经济的崛起，推动了信息技术的应用与创新，为各地区带来了前所未有的发展机遇。它不仅改变了传统产业的运营模式，提高了生产效率，还孕育出全新的业务模式和市场机会。例如，电子商务的兴起使得各地区的特色产品能够跨越地域限制，触达更广阔的市场，从而带动了销售和品牌影响力的提升。

（二）数字经济对各地区就业市场的影响

数字经济的快速发展为各地区创造了大量的就业机会。新兴的数字服务领域，如电子商务、云计算、大数据分析和人工智能等，对技术性和专业性人才的需求激增，这不仅缓解了地区就业压力，还促进了当地居民的技能提升和职业发展。为了满足数字经济对人才的需求，各地区的教育和培训机构纷纷开设相关技术课程，加强人才培养。这种教育资源的优化配

置，不仅提高了当地居民的技能水平，也为他们提供了更多元化的职业选择和发展路径。以云南和贵州为例，这两个地区通过大力推广大数据和"互联网＋"策略，成功地将自己打造成为数字经济的热点地区，众多高技术企业纷纷涌入这些地区投资建厂，进一步拉动了就业和技术进步。

（三）数字经济对各地区基础设施的改善及其对经济效率的提升

数字经济的发展离不开完善的基础设施支持。高速互联网、数据中心等关键基础设施的建设和升级，为数字业务的顺利开展提供了有力保障。这些基础设施的改善不仅直接支持了数字经济的蓬勃发展，还间接提升了其他经济领域的效率。例如，在物流领域，通过应用数字技术，可以实现更精准的货物追踪和管理，提高物流效率，降低运营成本。在金融服务领域，数字技术的应用使得交易更加便捷和安全，减少了交易成本和时间成本。新疆和内蒙古等地区在通信基础设施方面的投入和改善，不仅增强了地区的连接性和通达性，还为远程教育、远程医疗和政府服务的数字化提供了有力支持。

（四）数字经济推动各地区间经济一体化与市场扩展

数字经济打破了地域限制，使得各地区的企业能够更广泛地参与到国内外市场的竞争中。通过电子商务平台和在线服务，这些企业可以轻松地触达全球消费者，展示和销售自己的产品。这种经济一体化有助于各地区产品和服务的市场推广，增强了地区企业的竞争力和影响力。以广西为例，该地区利用其独特的地理和文化优势，大力发展跨境电商，与东盟市场建立了紧密的联系，通过跨境电商平台，广西的特色产品得以远销海外，极大地拓宽了销售渠道和市场空间。

（五）数字经济增强各地区的社会经济包容性

数字经济的普及和发展使得边远地区和少数民族居民能够更加便捷地获取金融服务和其他公共服务。通过移动支付、在线银行等数字金融工具的应用，这些地区的居民可以轻松地管理自己的财务和进行日常交易，这不仅提高了金融服务的可及性和便利性，还有助于减少经济不平等现象的发生。青海和宁夏等地区通过大力发展数字金融，有效地改善了当地居民的经济福利和社会参与度。数字金融的普及使得这些地区的居民能够更加自主地管理自己的财务和投资，提高了他们的经济地位和生活质量。

（六）数字经济为各地区带来创新驱动与持续发展的动力

数字经济作为创新驱动的重要引擎，为各地区的持续发展注入了新的活力。通过促进技术创新和业务模式创新，数字经济推动了产业升级和转型。这种创新不仅局限于信息技术行业本身，还广泛渗透到农业、制造业、服务业等传统行业中。数字化转型使得这些传统行业能够提高生产效率、优化资源配置、减少浪费并快速响应市场需求变化，这种创新驱动的发展模式对于各地区实现经济持续增长和产业升级具有重要意义。例如，在农业领域应用数字技术，可以实现精准农业管理和智能化生产；在制造业领域引入数字技术，可以提高生产自动化水平和产品质量；在服务业领域利用数字技术，可以提升客户体验和服务效率等。

综上所述，数字经济为各地区的经济增长提供了强大的动力。它不仅通过直接促进经济增长和就业创造带来积极影响，还通过改善基础设施、推动地区间经济一体化、增强社会经济包容性以及促进创新驱动与持续发展等多方面产生深远影响。为了确保各地区能够全面受益于数字经济带来的机遇并应对相关挑战，政策制定者应继续加大对数字经济发展的支持力度，并保障技术普及和教育培训的广泛覆盖。

第二节　数字经济产业分布与特点

一、数字经济产业在各地区的分布情况

数字经济产业，这个被誉为当今全球经济发展的新引擎，正在以前所

未有的速度改变着世界的经济格局。特别是在中国，这一产业的发展更是如火如荼，成为推动经济增长的重要力量。数字经济产业的崛起，不仅加速了各地的经济转型，更在一定程度上重塑了地区的发展面貌。

从全国范围来看，各地区在数字经济领域的发展态势引人注目。这一成就的取得，离不开国家对数字经济发展的战略规划和政策扶持。近年来，随着"互联网＋"行动、大数据战略等一系列优惠政策的出台和实施，各地区数字经济产业得以蓬勃发展，其产业规模不断扩大，增速也明显加快，展现出强大的发展潜力和活力。各地区的数字经济产业发展，不仅体现在产业规模的扩张上，更体现在产业发展的质量和效益上。这些地区依托自身的资源条件、经济发展水平和历史文化背景，因地制宜地发展数字经济产业，形成了各具特色的数字经济发展模式。

内蒙古地区，这个以广袤草原和丰富资源著称的地方，正依托其独特的地理和资源优势，积极发展数字经济产业。内蒙古的煤炭、稀土等资源为数字经济基础设施建设提供了坚实的物质基础。特别是在数据中心和云计算领域，内蒙古凭借其土地广阔、气候适宜、地质稳定以及电力资源丰富等条件，已经成为全国重要的数据中心和云计算产业基地。阿里巴巴、华为、腾讯等国内外知名的互联网企业纷纷在此设立数据中心，利用当地优越的自然条件，确保数据处理的稳定性和效率。这些互联网巨头的入驻，不仅带来了先进的技术和管理经验，更促进了当地数字经济的发展。它们的到来，推动了内蒙古地区数字经济的整体进步，也为当地居民提供了更多的就业机会和创业空间。同时，这些企业的技术创新和业务拓展，也为内蒙古的数字经济发展注入了新的活力。

贵州则凭借其独特的自然条件——凉爽的气候、稳定的地质结构和丰富的电力资源，以及政府的大力支持，成功打造了一个全球知名的大数据产业发展高地。贵州的大数据产业发展迅速崛起，不仅建设了多个大型数据中心，如贵安新区数据中心等，还通过举办"数博会"等活动，提升了其在全球大数据领域的知名度和影响力。在贵州，大数据产业已经成为推动当地经济发展的重要力量。政府的大力支持和优惠政策吸引了众多企业入驻，形成了完善的大数据产业链。这些企业通过技术创新和业务拓展，推动了贵州大数据产业的快速发展。同时，贵州还积极推进大数据与实体经济的深度融合，利用大数据技术分析市场需求、优化生产流程、提高产品质量和服务水平等，为传统产业的转型升级提供了有力的支持。

云南地区则充分发挥其丰富的自然资源和多元的民族文化优势，注重数字经济产业与旅游、文化等产业的融合发展。云南积极发展数字经济旅游和电子商务等产业，利用数字技术推动当地特色产品的销售和文化的传播。通过建设数字旅游平台、推广智能导游系统等措施，提升了旅游服务的质量和效率。同时，云南还利用电子商务平台拓展农产品的销售渠道，提高了农民收入水平，推动了农村经济的发展。

青海、宁夏和新疆等地区也结合当地实际情况积极发展数字经济相关产业。青海利用其盐湖资源发展数字经济与盐湖产业相结合的新模式；宁夏则依托农业特色发展智慧农业提升农业生产的智能化水平；新疆凭借其能源及地理位置优势发展数字经济与能源、物流等产业的深度融合，这些地区的数字经济产业发展也各具特色并取得了显著的成效。

总之，各地区的数字经济产业发展正呈现出蓬勃的态势和广阔的前景，这一产业的发展不仅推动了当地经济社会的快速发展，更为各地区带来了前所未有的机遇和挑战。展望未来，我们有理由相信随着技术的不断进步和市场的不断扩大，各地区数字经济产业有望实现更快更好的发展，将为当地居民带来更加美好的生活。同时，这也需要政府、企业和社会各方面的共同努力和合作，以推动数字经济产业的可持续发展和社会经济的全面进步。

二、各地区数字经济产业的特点与优势

随着信息技术的迅猛发展，数字经济已成为全球经济增长的重要引擎。在我国，各地区因其独特的地理位置、自然资源和文化特色，数字经济产业的发展呈现出与众不同的特点和优势。

1. 各地区数字经济产业的特点

（1）地域性特色明显。各地区数字经济产业的地域性特色表现得尤为

突出。我国各民族分布广泛，从北方的草原到南方的山地，从西部的高原到东部的丘陵，地理环境多样，自然资源各异，这种地理和资源的多样性，使得各地的数字经济产业发展方向和重点具有鲜明的地域特色。以内蒙古为例，该地区依托其丰富的煤炭、稀土等矿产资源，大力发展数字经济基础设施建设。通过引进先进的信息技术，内蒙古已经成功打造成为全国重要的数据中心和云计算基地，为国内外众多企业提供了稳定、高效的数据存储和处理服务。

相比之下，贵州则利用其独特的自然条件——凉爽的气候和稳定的地质结构，成功吸引了大批大数据企业入驻。贵州的大数据产业发展迅速，已成为全国乃至全球知名的大数据产业集聚地。

（2）与传统文化深度融合。各地区的数字经济产业与其深厚的传统文化紧密相连。在许多地区，数字技术被广泛应用于传统文化的保护和传承中。通过数字化的方式，许多濒临失传的民族歌舞、手工艺等得以重新焕发生机。例如，在一些地区，利用虚拟现实（VR）技术，游客可以亲身体验到当地的民族节庆、活动，深入了解民族文化的内涵。这种数字化的传承方式，不仅丰富了数字内容产业，更为民族文化的传播和发展注入了新的活力。

（3）政府支持力度大。各地区政府在推动数字经济产业的发展上，表现出了极大的决心和力度。为了促进产业的快速发展，政府制定了一系列优惠政策，包括税收优惠、资金扶持、土地供应等。同时，政府还积极投入资金，加强数字经济基础设施建设，为企业提供了良好的发展环境。此外，政府还通过举办各类数字经济相关的论坛、研讨会等活动，加强企业间的交流与合作，推动产业链的完善和发展。这种政府的大力支持和引导，为各地区数字经济产业的蓬勃发展提供了坚实的政策保障。

（4）创新驱动发展。各地区数字经济产业在发展过程中，始终注重创新驱动。为了提升产业的竞争力，各地区不断引进和培育高新技术人才，加强与国内外高校和研究机构的合作，通过这种产学研相结合的方式，各地区不断提升自主创新能力，推动数字经济产业的持续升级。同时，各地区还积极探索数字经济与实体经济深度融合的新模式、新业态。例如，在一些地区，农业、旅游业等传统产业通过与数字经济的结合，实现了产业升级和转型。这种创新驱动的发展模式，为各地区数字经济产业的未来发展注入了源源不断的动力。

2. 各地区数字经济产业的优势

（1）资源优势。各地区拥有丰富的自然资源和文化资源，这是发展数字经济产业得天独厚的条件。如内蒙古的煤炭、稀土等资源为数字经济基础设施建设提供了稳定的能源和材料支撑，而贵州的凉爽气候则有利于数据中心的散热和稳定运行。这些资源优势降低了企业的经营成本，提高了产业的竞争力。

（2）政策优势。各地区政府为了推动数字经济产业的发展，出台了一系列优惠政策措施。这些政策不仅降低了企业的经营成本，还提高了市场的竞争力。同时，政府还积极推动数字经济产业与传统产业的融合发展，促进了产业结构的优化升级。这种政策上的优势使得民族地区在吸引外部投资和企业入驻方面具有较大的竞争力。

（3）人才优势。各地区在培养和引进人才方面也取得了显著成效。通过与国内外高校和研究机构的合作，各地区不断引进和培养高新技术人才。这些人才不仅具备专业的知识和技能，还对各地区的文化和经济特点有深入的了解。他们的加入为数字经济产业的发展提供了强大的人才支撑。

（4）市场优势。随着国家对区域经济发展的重视和支持力度不断加大，以及各地区自身经济实力的不断提升，各地区数字经济产业的市场需求也在持续增长，广阔的市场空间和巨大的发展潜力使得民族地区成为数字经济产业发展的热土。同时，各地区独特的文化和地理特色也为数字经济产业提供了丰富的市场内容和广阔的发展空间。

综上所述，各地区数字经济产业具有地域性特色明显、与传统文化深度融合、政府支持力度大和创新驱动发展等特点。同时，各地区还拥有资源、政策、人才和市场等方面的优势。这些特点和优势为各地区数字经济产业的发展提供了有利条件。未来随着技术的不断进步和市场的不断扩大，各地区数字经济产业有望实现更快更好的发展。

第三节 数字经济技术应用现状

一、各地区在数字经济技术应用方面的成果与挑战

（一）各地区数字经济技术应用的显著成果

在数字经济的浪潮下，各地区积极拥抱变革，引入数字经济技术，取得了显著的成果。这些成果不仅体现在经济效益上，更深刻地改变了当地的生产方式、产业结构以及民生服务，推动了政府治理的现代化。

（1）显著提升了生产效率与经济效益。各地区通过大力引入数字经济技术，特别是在农业和工业领域，实现了生产效率的显著提升。在农业方面，借助智能农业系统的力量，精准播种、智能灌溉和自动化收割等先进技术得以广泛应用，这些技术的应用不仅大幅提高了农作物的产量，还优化了作物质量，使得民族地区的农业生产更具竞争力。例如，在内蒙古的草原牧区，通过卫星遥感、物联网等技术应用，实现了对草原生长情况的实时监控，优化了畜牧管理。在工业领域，通过工业互联网技术的引入，设备的远程监控和维护成为可能，这不仅降低了运维成本，还大幅提高了生产效率。这些改变为当地带来了实实在在的经济效益，推动了当地经济的持续发展。借助工业互联网技术，各地区的一些传统工业企业实现了从手工操作到自动化、智能化的转变。如贵州的矿业和酒业，通过引入智能化生产线和数据分析，提高了生产效率和产品质量。

（2）促进了产业升级与转型。数字经济技术的引入，为各地区的产业升级和转型注入了新的动力。传统产业通过深度融合数字技术，实现了生产过程的自动化和智能化，这不仅提高了产品的附加值，还增强了市场竞争力。值得一提的是，数字经济还催生了诸多新兴产业形态，如电子商务、大数据服务、云计算等，随着电商和物流服务普及，各地区借助电商

平台，打开了特色产品的销售市场。例如，云南的普洱茶、新疆的干果等都通过电商平台销往全国各地，甚至海外市场。许多当地企业通过建立自己的网店或者与大型电商平台合作，成功地将产品销往更广阔的市场。这不仅增加了企业的销售收入，还提高了产品的知名度和品牌影响力。这些新兴产业为各地区带来了新的经济增长点，进一步丰富了当地的经济结构。

（3）民生服务水平得到大幅改善。数字经济技术的广泛应用，极大地改善了各地区的民生服务水平。在医疗领域，远程医疗和在线问诊等技术的引入打破了地域限制，使得偏远地区的居民也能享受到优质的医疗服务。这一改变不仅提升了医疗资源的利用效率，还缓解了城乡医疗资源分布不均的问题，实质性地突破了地理空间的限制使得偏远地区的居民也能够获得及时、高效的医疗服务，大幅提高了医疗资源的整体利用效率。在教育领域，数字经济技术的介入同样带来了革命性的变化。随着在线教育平台的快速发展，越来越多的孩子能够接触到原本只在大城市或优质学校才能享有的教育资源，这一变革实际上为缩小教育资源在城乡之间的巨大差距提供了一个切实可行的解决方案，在线教育不仅提供了灵活多样的学习方式，还通过互动性和即时反馈机制，极大地提高了学生的学习兴趣和效果。更为重要的是，数字经济技术在各地区教育和医疗资源的分配中扮演了关键角色。它像是一座桥梁，将优质的教育和医疗资源从相对集中的地区输送到偏远和欠发达地区。这种资源的重新分配，不仅提升了服务的可及性，也为区域经济的长期发展注入了新的活力。

（4）推动政府治理现代化进程。数字经济技术在政府治理方面的应用也取得了显著成效。以贵州省为例，近年来，该省积极推动"互联网＋政务服务"改革，通过建设数字政府，实现了政务服务的在线化和智能化，成为民族地区数字政府建设的一个缩影。贵州省政府建设了"云上贵州"平台，将多项政务服务整合到线上，实现了"一网通办"。市民和企业可以通过手机或电脑随时随地办理各类事务，如申请营业执照、缴纳社保、查询政策法规等，无须再到实体窗口排队等待，这不仅大大提高了政府服务的效率，还使得政务服务更加便捷和透明。此外，贵州省政府还利用大数据技术对民意进行调查和分析。例如，在脱贫攻坚工作中，政府通过大数据分析，精准识别贫困人口，制定个性化的扶贫措施，有效提高了扶贫工作的精准度和效率。同时，政府还通过社交媒体、在线调查等渠道收集公众意见，及时了解民情民意，为政策制定和调整提供了重要参考。大数据技术的应用使得贵州省政府能够更好地了解民情民意，为科学决策提供有力支持。比如，在城市规划、交通管理等领域，政府通过大数据分析预测未来趋势，制定更加科学合理的政策，这不仅提升了政府的治理能力，也使得政府决策更加贴近民生需求。综上所述，通过数字政府的建设和大数据技术的应用，贵州省政府在提升政务服务效率、增加透明度以及科学决策等方面取得了显著成效，为民族地区政府治理的现代化进程树立了典范。

（二）各地区数字经济发展现状与思考

1. 基础设施建设亟待加强

各地区尽管在近年来对数字经济技术的应用有所涉猎并取得了一些实质性的突破，但与国内数字经济技术发展的先进地区相比，其基础设施建设尤其是网络通信设施的建设仍然显得相对滞后。我们必须清晰地认识到，这种滞后在很大程度上制约了各地区数字经济的进一步发展，成为各地区数字化转型的关键瓶颈。特别是在地理位置偏远、自然环境复杂的地区，网络通信设施的问题显得尤为突出。由于地理环境、经济条件等多种因素的制约，这些地区的网络通信常常出现不稳定、速率低甚至无法覆盖的问题，这不仅严重影响了当地居民的日常生活和工作，更阻碍了数字经济技术在这些地区的广泛应用和深入发展。为了从根本上解决这一问题，各地区必须高度重视基础设施的完善工作，将其作为推动数字经济发展的关键一环。政府在其中应当发挥主导作用，通过加大财政投入、引导社会资本参与等方式，共同推进网络通信、数据中心等关键信息基础设施的建设。同时，还应积极加强与先进地区的合作与交流，引进先进的技术和管理经验，确保基础设施建设的高效和质量。在这一过程中，社会各界，特别是通信、信息技术等相关企业，也应积极参与到各地区的基础设施建设中。通过混合所有制改革、政府购买服务等方式与政府共同努力，为地区数字经济发展提供坚实的物质基础。

2. 人才储备和技能匹配问题亟待解决

随着数字经济技术的飞速发展，对专业人才的需求也日益迫切。然而，当前偏远地区在数字经济领域的人才储备现状却不容乐观。具体来说，偏远地区现有人才的数量相对较少，难以满足数字经济发展的庞大需求。同时，现有人才的专业结构和技能水平也与数字经济发展的实际需求存在一定的不匹配，这种人才短缺和不匹配的问题，已经严重制约了偏远地区数字经济的发展。为了解决这一问题，我们必须从源头上加强人才的培养和引进工作。政府、企业和教育机构应当形成紧密的合作关系，共同建立健全的人才培养体系，特别是高等教育和职业培训机构，应根据市场需求调整专业设置，加强数字经济相关课程的开发与教学，为这些地区培养更多的数字经济专业人才。除此之外，政府还应出台更加优惠的政策，吸引国内外优秀的数字经济人才来这些地区工作和创业。例如，可以提供购房补贴、子女教育等优惠政策，以解决他们的后顾之忧。同时，也可以建立人才库，通过线上线下相结合的方式，为人才提供更多的交流和发展机会。

3. 数据安全和隐私保护问题日益凸显

在数字经济高速发展的当下，数据安全和隐私保护问题的重要性不言而喻。如何在推动数字经济发展的同时，确保数据安全和个人隐私不被侵犯，已经成为一个亟待解决的问题。这不仅关系到个人的权益保障，更关系到整个社会的稳定和发展。为了确保数据安全，各地区必须建立起完善的数据保护制度和技术防范手段。政府应加强对数据安全和隐私保护工作的监管力度，推动企业加强自律并建立完善的数据安全管理制度，同时还应加强技术研发和引进先进的数据加密技术、防护技术等来确保数据在传输、存储、处理等各个环节中都能得到有效保护。除此之外，我们还应加强公众对数据安全和隐私保护的意识教育，通过举办各类宣传活动、培训课程等方式提高公众对数据安全和隐私保护的认知度和重视程度。只有公众自身具备了足够的安全意识并付诸实践，才能有效地减少数据泄露和隐私侵犯的风险。

4. 创新能力和市场竞争力有待提升

近年来，尽管各地区在数字经济领域取得了一些初步发展成果并展现出一定竞争力，但整体来看，其创新能力和市场竞争力仍然相对较弱并需要进一步提升，这主要体现在技术研发能力不足、产品创新速度较慢以及市场拓展能力有限等多个方面上。为了提升各地区在数字经济领域的竞争力并推动其实现可持续发展目标，政府应进一步加大科技研发投入并鼓励和支持当地企业开展技术研发活动；同时，还应积极引进国内外先进技术成果以推动产学研用深度融合；此外，还应帮助当地企业积极拓展市场渠道并通过举办经贸活动等方式加强与国内外市场联系与合作；最后，还应注重品牌建设并提高自身产品质量和服务水平以增强市场竞争力。

二、数字技术推动各地区创新发展的案例分析

当今，数字技术正以前所未有的速度改变着人们的生活和工作方式。特别是对于区域发展而言，数字技术不仅为当地居民带来了便利，更为这些地区的创新发展注入了新的活力。下面以"上云用数赋智"行动为例，深入探讨数字技术如何推动各地区的创新发展。

1. "上云用数赋智"行动背景

"上云用数赋智"行动是国家发展改革委、中央网信办联合推出的一项重要举措，旨在鼓励企业数字化转型，提升经济发展质量和效益。这一行动通过构建"政府引导—平台赋能—龙头引领—协会服务—机构支撑"的联合推进机制，带动中小微企业数字化转型，为地区经济的创新发展提供了新的契机。

2. 数字技术在各地区创新发展中的应用

（1）"上云"。云服务平台助力各地区资源共享。在"上云"的推动下，各地区的企业和机构纷纷接入云服务平台，实现了资源共享和高效

利用。这些平台以其灵活性和可扩展性为特点，为各地区的企业提供了强大的计算资源支持。通过云服务，企业不再需要自建和维护庞大的 IT 基础设施，从而大大降低了 IT 成本，使得企业能够更加专注于核心业务的发展。

以贵州省的某知名旅游企业为例，该企业过去一直面临着 IT 基础设施落后、信息化程度低的问题。通过接入云服务平台，该企业成功实现了业务的数字化转型，他们利用云平台提供的在线预订系统，使游客能够方便快捷地预订旅游产品，大大提高了客户体验。同时，通过云服务平台的智能导览功能，游客可以在旅途中获得实时的导览信息，更加深入地了解当地的文化和风景。这一转变不仅带动了当地旅游业的发展，还显著提高了该企业的知名度和市场竞争力。

（2）"用数"。大数据应用激发各地区创新活力。在"用数"方面，大数据技术的应用正在为各地区带来前所未有的创新机会。通过对海量数据的深入挖掘和分析，各地区的企业和政府能够更加准确地把握市场需求，优化资源配置，提高决策的科学性和效率。以云南省的普洱茶产业为例，该地区的茶农和茶叶企业开始利用大数据技术分析土壤、气候等数据信息，为茶叶种植提供科学依据，他们通过安装在茶园的气象站、土壤湿度传感器等设备收集数据，再利用大数据平台进行分析。这些数据不仅帮助他们了解了茶叶生长的最佳条件，还为他们提供了关于病虫害预警、施肥和灌溉建议等有价值的信息，通过这种方式，普洱茶的生产效率得到了显著提升，茶叶品质也得到了有效保证。同时，大数据还帮助茶农和企业预测市场趋势，使他们能够根据实际情况调整生产和销售策略，从而获得更好的经济效益。

（3）"赋智"。智能化改造提升各地区产业竞争力。在"赋智"的推动下，各地区的企业正通过智能化改造来提升自身的产业竞争力。通过引入人工智能、机器学习等先进技术，企业能够实现生产流程的自动化和智能化，从而提高生产效率和产品质量。以新疆地区的某纺织企业为例，该企业近年来投入巨资进行智能化改造。他们引进了先进的智能机器人和自动化设备，对传统的生产线进行了智能化升级。这些智能机器人能够高效地完成纺织、缝制、检验等生产环节，大大减少了人工操作的错误率，提高了生产效率。同时，通过机器学习技术，企业能够对生产过程中的数据进行实时分析，及时发现并处理生产中的问题，确保产品质量的稳定提升。此外，智能化改造还帮助企业实现了个性化定制和柔性生产，满足了市场的多样化需求。这不仅提升了企业的市场竞争力，还为企业带来了更大的发展空间。

综上所述，"上云用数赋智"行动为各地区的创新发展注入了新的活力。通过云服务平台实现资源共享、利用大数据技术进行精准决策、通过智能化改造提升产业竞争力，各地区的企业正逐步实现数字化转型和升级。这些创新实践不仅推动了各地区的经济社会发展，还为当地居民带来了更多的就业机会和更好的生活质量。随着数字技术的不断进步和应用领域的拓展，我们相信各地区将迎来更加广阔的发展空间和更加美好的未来。

3. 成效分析与展望

通过"上云用数赋智"行动的推进，各地区在数字技术的助力下实现了创新发展的新跨越。云服务平台的引入使得资源共享成为可能，大数据技术的应用激发了创新活力，而智能化改造则提升了产业竞争力，这些成效不仅体现在经济增长上，更体现在民生改善、社会进步等多个方面。展望未来，随着数字技术的不断进步和应用领域的拓展，各地区将迎来更加广阔的发展空间和机遇。政府、企业和社会各界应继续加强合作与交流，共同推动各地区数字技术的创新应用与发展。同时，还需要注重人才培养和引进、完善政策法规、加强数据安全保护等方面的工作，以确保数字技术能够在各地区持续、健康地发展。

4. 结论与建议

对"上云用数赋智"行动的案例分析，展示了数字技术在推动各地区创新发展中的重要作用。从"上云"的资源共享到"用数"的创新活力激发，再到"赋智"的产业竞争力提升，数字技术为各地区的经济社会发展注入了新的活力。为了进一步推动各地区数字技术的创新应用与发展，本节提出以下建议：一是加大政府引导和支持力度，制定更加优惠的政策措施，鼓励企业积极参与数字化转型；二是加强人才培养和引进工作，提高当地人才的数字技能水平；三是完善数据安全保护机制，确保数据安全和隐私不受侵犯；四是加强与国内外先进地区的交流与合作，引进先进的技术和管理经验，推动各地区的数字技术不断创新发展。

第四章

中国式现代化进程中数字经济服务区域经济的现状与挑战

第一节 各地区数字经济的融入与变革

一、数字技术的渗透与融合

在中国式现代化的历史进程中，各地区正经历着一场由数字技术驱动的深刻融入与变革。数字技术的渗透与融合，不仅改变了各地区传统的经济格局，也为这些地区带来了新的发展机遇和挑战。

（一）各地区数字技术的初步渗透

随着国家信息化建设的不断推进，数字技术开始逐步渗透到民族地区，这些技术包括但不限于互联网、移动通信、大数据、云计算等。最初，这种渗透主要体现在基础设施的建设上，如宽带网络的铺设、移动通信基站的建立等。这些基础设施的完善，为各地区接入数字经济提供了必要的硬件支持。在这一阶段，各地区的企业和居民开始接触到数字技术，但应用程度和范围相对有限，一些先行的企业和个人开始尝试利用数字技术进行业务拓展和创新，但整体上，数字技术在各地区的应用还处于初级阶段。

（二）数字技术与传统产业的融合

随着数字技术的进一步发展和普及，各地区开始探索将数字技术与传统产业进行深度融合，这种融合不仅体现在农业生产、畜牧业等传统产业上，也涉及旅游、手工艺等特色产业。在农业生产方面，各地区利用数字技术进行精准农业的实践，通过大数据分析、物联网技术等手段，实现对农田环境的实时监测和调控，提高了农作物的产量和质量。同时，数字技术也被应用于农产品的销售和推广，通过电子商务平台将各地区的特色农产品销往全国各地，甚至海外市场。在畜牧业方面，各地区利用数字技术进行智能化养殖的探索。通过佩戴智能设备，牧民可以实时监测牲畜的健康状况、运动轨迹等信息，从而提高养殖效率和产品质量。此外，数字技术还可以帮助牧民进行市场分析，预测畜产品的价格走势，为他们的决策提供科学依据。在旅游和手工艺产业方面，各地区利用数字技术进行宣传推广和品牌建设。通过建设旅游信息服务平台、开发虚拟现实（VR）旅游等新型旅游模式，各地区吸引了更多的游客前来体验。同时，数字技术也被应用于手工艺品的制作和销售过程中，如通过 3D 打印技术复制传统手工艺品、利用电子商务平台进行在线销售等。这些举措不仅提高了手工艺品的知名度和市场占有率，也为手工艺人带来了更多的经济收益。

（三）数字技术对各地区社会生活的深刻影响

除了对传统产业的影响外，数字技术还对各地区的社会生活产生了深刻的影响。随着智能手机的普及和移动互联网的发展，各地区居民的生活方式发生了翻天覆地的变化，他们可以通过手机随时随地获取信息、交流沟通、购物消费等。数字技术的应用也使得各地区的教育、医疗等公共服务水平得到了显著提升。在教育方面，远程教育平台的搭建让这些地区的孩子能够接触到更优质的教育资源。通过在线课程、网络直播等方式，孩子们可以学习到城市里的先进教育理念和教学方法，这不仅提高了他们的学习效率和质量，也为他们的未来发展奠定了坚实的基础。在医疗方面，远程医疗技术的应用让这些地区的居民能够享受到更便捷的医疗服务。通过网络视频通话、在线问诊等方式，他们可以随时向城市的专家咨询健康问题并获得专业的治疗建议，这不仅节省了患者的时间和金钱成本，也提高了医疗服务的可及性和质量。

虽然数字技术在各地区已经取得了显著的渗透和融合成果，但未来仍面临着诸多挑战和机遇。一方面，各地区需要进一步加强基础设施建设，提高网络覆盖率和传输速度，以满足日益增长的数据处理和传输需求；另一方面，各地区还需要加强人才培养和技术创新，提高本地居民对数字技术的认知和应用能力。同时，随着数字技术的不断发展，如何保护个人隐私和数据安全也成了一个亟待解决的问题。各地区需要建立健全的数据保护机制，确保个人信息的安全性和隐私性。总之，数字技术的渗透与融合为各地区带来了前所未有的发展机遇和挑战，只有紧紧抓住这一历史机遇，积极探索创新应用模式和发展路径，才能推动各地区实现经济社会的全面进步和繁荣发展。

二、数字化服务模式的创新

在数字经济的融入与变革中，数字化服务模式的创新是推动这一进程的重要动力。随着数字技术的不断发展，各地区的企业和机构积极探索将数字技术与服务相结合，创新出多样化的数字化服务模式，以满足当地居民和企业的需求，推动数字经济的发展。

（一）数字化服务模式的创新背景

有的地区由于地理位置偏远、经济发展相对滞后等因素，传统服务模式往往难以满足当地居民和企业的需求。数字化服务模式的创新，就是在这样的背景下应运而生。通过数字技术的运用，可以打破时间和空间的限制，提供更加便捷、高效的服务。

（二）数字化服务模式创新的具体表现

1. 电子商务平台的兴起

在许多地区，电子商务平台的兴起是数字化服务模式创新的重要表现之一。这些平台利用互联网技术，将当地的特色产品销往全国各地，甚至海外市场。例如，贵州的"黔货出山"电子商务平台，就将当地的特色农产品和手工艺品通过网络销售到全国各地，不仅拓宽了销售渠道，还提高了产品的知名度和市场占有率。

2. 在线教育与远程医疗的发展

在线教育和远程医疗是数字化服务模式创新的另外两个重要领域。在线教育平台的兴起，让许多地区的孩子能够接触到更优质的教育资源。例如，四川的凉山州就通过在线教育平台，让当地的孩子们能够与城市里的孩子一样，接受到先进的教育理念和教学方法。远程医疗的应用也让当地的居民能够享受到更便捷的医疗服务，通过网络视频通话、在线问诊等方式，他们可以随时向城市的医疗专家咨询健康问题。

3. 智慧旅游与虚拟实景体验

有的地区拥有丰富的自然和人文景观，智慧旅游和虚拟实景体验是数字化服务模式创新的又一亮点。通过建设智慧旅游平台，提供智能化的旅游导览服务，让游客能够更加方便地了解当地的文化和历史。同时，利用虚拟现实（VR）技术，为游客提供沉浸式的旅游体验，让他们能够身临其境地感受当地的美丽风光和独特文化。

4. 数字化金融服务

数字化金融服务也是数字化服务模式创新的重要组成部分。随着移动支付和互联网金融的普及，许多地区的居民也能够享受到更加便捷的金融服务。例如，内蒙古的一些牧区就通过数字化金融服务，为牧民提供便捷的贷款和保险服务，帮助他们解决生产生活中的资金问题。

（三）各地区数字化服务模式创新案例分析

1. 新疆智慧农业服务平台

新疆地区幅员辽阔，农业资源丰富，但受限于地理环境和气候条件，农业生产面临诸多挑战。为了解决这一问题，新疆地区推出了智慧农业服务平台，该平台利用物联网、大数据等技术手段，实时监测农田环境、作物生长情况等数据，为农民提供精准的农业指导和服务。这不仅提高了农业生产效率，还降低了自然灾害等风险对农业生产的影响。

2. 青海藏区远程医疗中心

青海藏区地处偏远，医疗资源相对匮乏。为了解决当地居民看病难的问题，青海藏区建立了远程医疗中心。该中心通过互联网技术连接了省内外多家知名医院和专家资源，为当地居民提供远程诊疗、健康咨询等服务，这不仅缓解了当地医疗资源紧张的状况，还让更多居民享受到了高质量的医疗服务。

3. 内蒙古智慧旅游平台

内蒙古地区拥有丰富的草原、沙漠等自然景观和独特的民族文化资源。为了更好地开发和利用这些资源，内蒙古地区推出了智慧旅游平台，该平台整合了当地各类旅游资源信息，提供智能化的旅游导览服务、在线预订等功能，让游客能够更加便捷地了解和体验内蒙古的独特魅力。同时，该平台还推动了当地旅游产业的快速发展，为当地居民提供了更多就业机会和收入来源。

综上所述，各地区数字化服务模式的创新是推动数字经济发展的重要力量，也是解决各地区服务供给不足、服务质量不高等问题的有效途径。通过电子商务、远程教育、远程医疗、智慧旅游等领域的创新实践，各地区的服务水平得到了显著提升。然而，数字化服务模式的创新仍然面临着诸多挑战和问题，需要进一步加强技术研发和应用能力培训，推动数字化服务模式的持续优化和创新发展。同时，政府和社会各界也应给予更多关注和支持，为各地区数字化服务模式的创新提供良好的政策环境和资源保障。展望未来，随着数字技术的不断发展和普及，各地区数字化服务模式的创新将迎来更加广阔的发展空间和机遇。

三、数字经济的区域合作与交流

在数字化、网络化日益普及的今天，数字经济已经成为全球经济发展的新动力。对于许多地区而言，数字经济的融入与变革不仅是追赶时代发展的必然选择，更是实现经济跨越式发展的关键所在。在这一进程中，区域合作与交流显得尤为重要，它不仅为各地区带来了前所未有的机遇，同时也伴随着一系列挑战。

（一）各地区数字经济的区域合作与交流的重要性

我国各地区地域辽阔，自然资源丰富，民族文化独特，但由于历史、地理等多方面原因，其经济发展相对滞后，资源优势难以充分转化为经济优势。数字经济的崛起为各地区打破地域限制、实现经济快速发展提供了可能，而区域合作与交流，正是实现这一目标的关键环节。通过区域合作与交流，各地区能够与其他经济发达地区实现资源共享、技术互通和市场互补，从而加速数字技术的普及和应用，推动产业结构的数字化转型。这不仅能够提高生产效率，优化经济效益，还有助于各地区更好地融入全球数字经济大潮，拓宽国际合作视野，提升在全球价值链中的竞争力和地位。

（二）各地区数字经济的区域合作与交流的主要形式

1. 跨区域电商平台合作

在数字经济高速发展的时代背景下，电商平台已经不仅仅是一个简单的购物网站，而是成为连接生产者与消费者的桥梁，是商品流通和信息交流的重要渠道。对于许多地区而言，这些平台提供了一个将本地特色产品推向更广阔市场的机会。以贵州的"黔货出山"项目为例，该项目通过与阿里巴巴、京东等电商巨头的紧密合作，成功地将贵州的茶叶、辣椒、药材等特色农产品，以及苗族银饰、刺绣等独特手工艺品销往全国各地，甚至海外市场。这种合作模式极大地拓宽了贵州特色产品的销售渠道，打破了地域限制，使得更多人能够了解和购买到这些产品。更重要的是，通过电商平台的推广，贵州的特色产品不仅销量大增，其品牌知名度和市场占有率也得到了显著提升。这种提升不仅仅是经济上的收益，更是对贵州文化和特色的一种宣传和推广。人们通过购买这些产品，能够更加深入地了解和感受到贵州的魅力和文化，从而进一步促进贵州的旅游和文化产业的发展。

2. 数字技术研发与应用合作

不同地区在数字技术的研发和应用上，往往因为资源、人才等多方面的限制而存在一定的短板。然而，通过与发达地区、高校或科研机构的合作，这些地区可以引进先进的数字技术和管理经验，从而提升自身的数字经济发展水平。新疆地区与内地知名高校合作研发的智能农业技术就是一个典型的例子。这项技术结合了物联网、大数据、云计算等先进技术，对农田进行智能化管理，从而显著提高了农业生产效率。通过这种合作，新疆的农民不仅能够获得更高的产量和更好的品质，还能够减少化肥和农药的使用，实现更加环保和可持续的农业发展。此外，这种合作模式还促进了技术的传播和普及，农民们通过学习和应用这些先进技术，提高了自身的技能和素养，也为新疆农业的现代化和数字化转型奠定了坚实的基础。

3. 数字人才培养与交流

人才是推动数字经济发展的核心力量，然而，不少地区面临着人才匮乏的问题。通过与高校、培训机构等的合作，这些地区可以共同培养具备专业技能和数字素养的人才，为数字经济的发展提供坚实的人才保障。以西藏地区为例，该地区与内地高校合作开展数字经济人才培训计划，邀请数字经济领域的专家进行交流和指导。通过这种合作模式，西藏地区成功地培养了一批具备专业技能的数字人才，这些人才在数字经济的发展中发挥了重要的作用。他们不仅推动了西藏地区的数字化转型和升级，还为当地经济的长远发展提供了源源不断的动力。同时，这种合作模式还促进了不同地区之间的交流和合作。专家们通过分享自己的经验和知识，帮助西藏地区更好地理解和应用数字技术，推动了数字技术的普及和发展。这种交流和合作不仅有助于缩小地区间的数字鸿沟，还能够促进不同地区之间的共同发展和繁荣。

（三）各地区数字经济的区域合作与交流的具体案例分析

1. 内蒙古与京津冀地区的数字经济紧密合作

内蒙古地区凭借其丰富的煤炭、稀土等自然资源和独特的民族文化，一直在寻求与周边地区的深度合作。近年来，该地区积极响应国家京津冀协同发展战略，与京津冀地区在数字经济领域展开了紧密的合作。通过共同建设数据中心、云计算基地等高端项目，内蒙古不仅提升了自身的数字经济发展水平，还借助京津冀地区的先进技术和广阔市场，实现了经济的快速转型和升级，这种合作模式不仅促进了内蒙古地区的数字化转型和现代化进程，还为当地经济的长远发展注入了新的活力和动力。同时，京津冀地区也通过这种合作获得了更多的资源和市场机会，实现了互利共赢的局面。这种跨区域的合作模式不仅有助于缩小地区间的经济发展差距，还能够促进整个区域的共同发展和繁荣。

2. 贵州与粤港澳大湾区的数字经济深度合作

贵州省近年来将大数据产业作为发展的重点方向，并积极融入粤港澳大湾区的发展战略中。通过与粤港澳大湾区在数字经济领域的深度合作，贵州引进了大量的先进技术和创新理念，推动了本地企业的技术创新和产业升级，还在人才培养、数据资源共享等方面取得了显著的成果。例如，贵州与粤港澳大湾区共同建设了大数据中心，实现了数据资源的共享和互通。这不仅提高了数据处理的效率和准确性，还为两地的企业和政府提供了更加便捷和高效的数据服务。通过这种合作模式，为贵州数字经济的蓬勃发展注入了强大的动力，同时也为粤港澳大湾区提供了更多的市场机会和发展空间，实现了互利共赢的局面。

3. 西藏与成渝地区的数字经济协同发展

西藏地区作为国家重要的生态屏障和文化旅游胜地，具有得天独厚的自然和文化资源优势。然而，由于地理位置偏远、经济发展相对滞后等因素，这些资源的价值并没有得到充分开发和利用。为了加快数字经济的发展步伐，西藏积极与成渝地区展开协同合作。通过共同推动智慧旅游、电子商务等领域的合作项目，西藏不仅实现了数字经济的快速增长，还借助成渝地区的先进技术和市场经验，为自身的长远发展奠定了坚实的基础。例如，在智慧旅游方面，西藏与成渝地区共同开发了智慧旅游平台，为游客提供更加便捷和高效的旅游服务。这不仅提高了西藏的旅游品质和游客满意度，还带动了相关产业的发展和就业的增加。

（四）数字经济的区域合作与交流的展望

数字经济的区域合作与交流是推动各地区经济发展的重要途径和关键环节。通过多种形式的合作与交流活动，各地区可以引进先进技术和管理经验、提升自身数字经济发展水平；还可以更好地融入全球数字经济体系、拓展国际合作空间、提升自身在全球价值链中的地位。展望未来，各地区应继续深化与其他地区的数字经济合作与交流。随着数字技术的不断创新和全球数字经济体系的完善，各地区将面临更多的机遇和挑战。因此，这些地区需要不断加强自身的能力建设，提高数字经济发展的质量和效益。同时，也需要积极拓展国际合作空间，引进更多的先进技术和管理经验，为自身的长远发展奠定坚实的基础，只有这样，各地区才能在数字经济时代实现经济的快速发展和转型升级。

第二节　数字经济服务区域经济面临的挑战

一、数字鸿沟问题

在数字经济高速发展的今天，我们不难发现，尽管科技的进步为人们的生活带来了前所未有的便利，但这种便利并未均匀地惠及每一个人，由于多种原因，我国各地区数字鸿沟现象尤为突出。数字鸿沟，简言之，就是在数字化进程中，不同地区、不同社会群体之间在掌握、应用数字技术方面存在的显著差距，且对当地的经济社会发展产生了深远的影响。下面将从数字鸿沟问题产生的原因，以及对各地区的影响进行分析。

（一）数字鸿沟的产生原因

首先，从地理位置和基础设施建设的角度来看，部分地区多处偏远地带，地理环境复杂，交通不便。这不仅增加了网络基础设施建设的难度，还大大提高了建设的成本。在这样的背景下，很多地区尚未实现网络的全覆盖，尤其是高速、稳定的互联网接入服务更是稀缺，这直接导致当地居民难以接触到先进的数字技术和服务，从而加剧了数字鸿沟的形成。

其次，从经济层面考虑，边远地区的经济发展水平普遍较低，很多地区还处于贫困状态。经济的滞后使得当地居民在购买和使用数字技术产品时承受着巨大的经济压力。对于很多人来说，即使有了先进的数字技术，也因为经济原因而难以享受其带来的便利。

再次，教育资源在边远地区的分配也极不均衡。很多学校设施简陋，师资力量薄弱，这使得孩子们从小就缺乏与数字技术相关的教育和培训，没有足够的教育资源支持，当地居民自然难以培养出必要的数字技能和素养。

最后，文化差异和语言障碍也是导致数字鸿沟的重要原因。边远地区往往拥有独特的文化和语言传统，这使得当地居民在理解和使用数字技术时面临诸多困难，这种文化和语言的差异不仅影响了数字技术的普及，还可能进一步拉大数字鸿沟。

（二）数字鸿沟对边远地区的影响

数字鸿沟对边远地区的影响是深远且多方面的。

首先，从经济的角度来看，数字鸿沟严重限制了边远地区数字经济的发展潜力。在数字化的浪潮中，那些能够充分利用数字技术的地区和行业正以前所未有的速度发展，而边远地区由于数字鸿沟的存在，其传统产业难以得到有效升级和转型，新兴的数字产业也难以培育和发展。这导致边远地区在经济发展上长期处于落后状态，与发达地区的差距越拉越大。

其次，数字鸿沟还加剧了边远地区的社会不平等现象。那些能够接触和使用数字技术的人群在信息获取、教育、就业等方面拥有更多优势，他们可以更轻松地获取各种资源，享受更好的教育和工作机会。而那些无法接触和使用数字技术的人群则面临更多的困难和挑战，他们被边缘化，难以融入主流社会。这种不平等现象可能引发更深层次的社会矛盾和冲突，影响社会的稳定和发展。

最后，边远地区拥有丰富的文化遗产和独特的民族文化传统，这些都是无可替代的宝贵财富，然而，数字鸿沟却使得这些文化遗产的传承和发展面临困境。由于缺乏有效的数字化手段和传播渠道，很多独特的民族文化难以走出大山，被更多人了解和欣赏，更糟糕的是，一些珍贵的文化遗产甚至面临消失的风险。

二、人才与技术支持不足

在数字经济迅猛发展的时代背景下，边远地区正面临着前所未有的挑战与机遇。然而，尽管数字经济的浪潮席卷全球，但在我国边远地区，其推进却遭遇了诸多困难，其中最为突出的问题便是人才与技术支持的不足。这一问题不仅制约了边远地区数字经济的发展，更影响了这些地区与现代社会接轨的进程。

（一）人才短缺的困境

边远地区在数字经济发展中面临的首要挑战便是人才的匮乏。由于地理位置偏远、经济发展水平相对较低，以及教育资源分配的不均衡，边远地区往往难以吸引到足够数量和质量的数字化人才。这种人才短缺的困境主要体现在以下几个方面。一是教育资源的匮乏。边远地区的教育资源相对有限，很多地区学校设施简陋，师资力量薄弱。这不仅限制了当地学生的知识面和视野，也使他们难以接触到先进的数字技术知识。因此，当这些学生走入社会时，往往难以适应数字经济的需求。二是人才流失严重。由于边远地区经济发展相对滞后，很多优秀的数字化人才选择前往经济更发达的地区发展，导致边远地区的人才流失严重。这种"脑力流失"进一步加剧了边远地区数字经济人才短缺的问题。三是缺乏专业培训和实战经验。即使在边远地区有一些对数字经济感兴趣的人才，他们也往往因为缺乏专业的培训和实战经验而难以胜任相关工作，这使得边远地区的数字经济难以得到有效推进。为了解决这一问题，边远地区需要加大对教育资源的投入，提高当地学生的数字素养和技能水平。同时，政府和企业也需要合作，提供更多的专业培训和实践机会，帮助当地人才快速成长。

（二）技术支持的缺失

除了人才短缺外，边远地区在数字经济中还面临着技术支持的缺失问题。这主要体现在以下几个方面。第一，基础设施落后。边远地区的基础设施建设往往滞后于发达地区，尤其是网络基础设施。很多地区尚未实现网络全覆盖，网络速度和带宽也远远不能满足数字经济发展的需求，这直接限制了边远地区数字经济的规模和速度。第二，缺乏核心技术。边远地区在数字经济领域往往缺乏核心技术，很多技术和产品都依赖于外部引进，这不仅增加了成本，也限制了边远地区数字经济的发展潜力。第三，创新能力不足。由于缺乏足够的技术支持和研发能力，边远地区在数字经济领域的创新能力相对较弱，这使得边远地区难以跟上数字经济发展的步伐，也难以在激烈的市场竞争中脱颖而出。为了解决技术支持的问题，需要加大对基础设施建设的投入，提高网络覆盖率和网络速度。同时，政府和企业也需要合作，引进和培养更多的技术人才，提升当地的技术研发和创新能力。此外，边远地区还可以尝试与发达地区进行合作，引进先进的技术和产品，推动当地数字经济的发展。

三、文化与习惯的差异

在数字经济高速发展的宏大背景下，我国各个地区都在努力融入这一时代潮流，期望通过数字经济的力量推动本地区的经济和社会发展。然而，在这一进程中，边远地区面临着更为复杂的挑战。其中，文化与习惯的差异成了一个难以忽视的核心问题。这种差异，不仅深刻地影响了数字经济的普及程度，更在某种程度上制约了边远地区数字经济的发展速度和质量。

（一）传统商业模式与数字经济的冲突

在我国，许多地区都拥有深厚的传统文化底蕴，这些文化对当地的经济活动产生了深远的影响。以苗族聚居的贵州黔东南地区为例，当地的集市贸易、物物交换等传统交易方式至今仍然占据着重要的地位。苗族居民在长期的商业实践中，形成了一套独特的商业习惯和交易规则，他们更倾向于通过面对面的方式来进行交易，因为这样能够更直观地了解商品的质量和真实性。然而，数字经济带来的虚拟交易、在线购物等新型商业模式，对于黔东南地区的苗族居民来说，显然缺乏足够的直观性和可信度。在他们看来，虚拟的网络空间无法提供与传统市场相同的真实感和安全感。因此，尽管数字经济具有诸多优势，但在这些地区推广时仍会遭遇不小的阻力。

（二）消费习惯的差异

消费习惯的差异是数字经济在边远地区推广过程中需要面对的一大难题。以藏族聚居的青海玉树地区为例，当地居民的消费观念相对保守，他们更愿意将有限的收入投入实物消费中，如购买生活必需品、牲畜等。在他们看来，虚拟的商品或服务虽然便捷，但缺乏实体感，难以满足他们的实际需求。因此，当电商平台、在线支付等数字经济服务进入玉树地区时，往往会遭遇来自传统消费习惯的强大阻力。藏族居民更倾向于前往实体店进行选购，因为他们认为这样能够更好地把控商品的质量和满足自己的实际需求。这种消费习惯的差异，使得数字经济在该地区的推广变得异常艰难。

（三）社交习惯的差异

社交习惯的差异也是数字经济在边远地区需要面对的一个重要问题。以维吾尔族聚居的新疆喀什地区为例，当地居民更重视面对面的交流和互动。他们认为，这种交流方式更为真实和可靠，能够更好地传递情感和建立稳固的人际关系。然而，数字经济带来的社交媒体、在线聊天等工具，虽然提供了便捷的沟通渠道，但在喀什地区维吾尔族居民的眼中，却难以替代传统的社交方式。他们更倾向于通过家庭聚会、宴会等方式来进行社交活动，因为这样能够更好地体验亲情和友情的温暖。这种社交习惯的差异，使得数字经济在喀什地区的社交领域难以取得突破性的进展。

（四）对新兴技术的不信任感

在很多地区，由于居民长期生活在相对封闭的环境中，对新兴技术的了解和接触相对较少。因此，在面对数字经济中的新技术、新应用时，他们往往会产生一种天然的不信任感，这种不信任感主要源于对未知事物的恐惧和对新技术安全性的担忧。以彝族聚居的四川凉山地区为例，当移动支付等数字经济服务进入该地区时，当地居民往往会表现出强烈的抵触情绪。他们担心自己的资金安全、隐私泄露等问题，因此更倾向于使用传统的支付方式，如现金或银行卡等。这种对新兴技术的不信任感，严重影响了数字经济在凉山地区的推广和应用。

（五）语言与文字的障碍

在一些地区，居民使用的语言和文字与主流社会存在差异，这也成了数字经济服务推广过程中的一大难题。以蒙古族聚居的内蒙古锡林郭勒地区为例，当地居民主要使用蒙古语进行交流和书写。然而，目前市面上的大多数数字经济产品和服务都是基于汉语或英语设计的，这导致蒙古族居民在使用这些产品和服务时面临着语言和文字的障碍。这种障碍不仅影响了数字经济产品的用户体验，更制约了数字经济在锡林郭勒地区的普及和发展。为了克服这一难题，数字经济企业需要投入更多的资源进行产品的本地化和语言的适配工作，以满足不同地区、不同民族居民的实际需求。

综上所述，文化与习惯的差异是数字经济服务区域经济面临的重要挑战之一。为了克服这些挑战，我们需要深入了解各个地区的文化和习惯特点，寻找与数字经济相结合的切入点和发展路径。同时，也需要加强数字教育和宣传，提高边远地区居民对数字经济的认知和接受度。只有这样，我们才能够更好地推动数字经济在边远地区的普及和发展，为构建更加和谐、繁荣的社会贡献力量。

第三节　推进数字经济对区域经济的发展策略

一、优化数字环境

随着数字经济的蓬勃发展，我国各地区都在努力融入这一时代潮流。然而，在边远地区数字经济的发展过程中，一个显著的问题逐渐凸显出来，那就是数字鸿沟。数字鸿沟不仅阻碍了边远地区数字经济的均衡发展，还加剧了地区间的社会经济差距。为了推进数字经济在边远地区的发展，必须优先解决数字鸿沟问题，优化数字环境。以下是一系列针对数字鸿沟问题的策略建议。

（一）明确数字鸿沟问题的严峻性

数字鸿沟是指在不同地区、不同社会阶层之间，由于信息技术接入和使用上的差异而导致的信息不对称和发展不平衡现象。在边远地区，由于历史、地理、经济等多重因素的制约，数字鸿沟问题尤为突出。这不仅影响了边远地区居民的信息获取和知识更新，也制约了当地数字经济的发展潜力。

（二）加强基础设施建设，普及网络覆盖

缩小数字鸿沟的首要任务是加强信息通信基础设施建设。各地区应大

力推进宽带网络、移动通信等基础设施的建设和升级，确保网络服务的广泛覆盖和高质量提供。特别是偏远地区和农村地区，应加大投入，通过政策扶持和技术创新，尽快实现网络服务的全面覆盖，让每一个居民都能享受到数字经济带来的便利。

（三）降低数字技术使用门槛

边远地区居民在数字技术使用上的障碍，在很大程度上源于技术和语言的双重隔阂。因此，优化数字环境的关键在于降低数字技术的使用门槛，这包括开发易于操作、界面友好的本地化数字工具和平台，提供多语言支持，以及开展针对性的数字技术培训和指导。通过这些措施，可以有效减少居民在使用数字技术时的困惑和障碍，提高其数字素养和技能水平。

（四）实施差异化的数字经济发展策略

边远地区在数字经济发展中不能盲目跟风，而应结合自身的资源禀赋、产业基础和市场需求，制定差异化的数字经济发展策略。例如，可以依托当地的自然资源和文化资源，发展具有民族特色的数字产品和服务，打造独特的数字经济品牌。同时，政府应给予相应的政策扶持和资金支持，鼓励企业创新和人才培养，推动数字经济与实体经济的深度融合。

（五）建立完善的数字服务体系

为了缩小数字鸿沟，各地区需要建立完善的数字服务体系，包括数字教育、数字医疗、数字金融等各个领域。通过提供便捷、高效的数字服务，可以满足居民在教育、健康、金融等方面的基本需求，进一步提升数字经济的普及率和影响力。同时，这些数字服务还能为当地创造更多的就业机会和经济增长点，促进各地区的可持续发展。

（六）加强区域合作与资源共享

面对数字鸿沟的挑战，各地区应加强合作与资源共享，通过搭建跨区域的数字合作平台，实现技术、人才、资金等资源的优化配置和互利共赢。此外，还可以借助外部力量，引进先进的数字技术和管理经验，加速各地区的数字化进程。

（七）注重数字经济的社会效益

在推进数字经济发展的过程中，各地区应注重其社会效益的实现，这包括通过数字经济促进就业、改善民生、提高公共服务水平等。同时，也要关注数字经济可能带来的负面影响，如数字鸿沟、数据安全等问题，并采取相应的措施加以解决。

综上所述，推进数字经济在不同地区的发展需要综合考虑多个方面的因素。通过加强基础设施建设、推进数字技术的本地化应用、培养和引进数字化人才、建立数字安全与信任体系、促进数字经济的跨界融合、构建数字化的政府服务体系、加强区域合作与国际交流以及注重数字经济的社会效益等关键举措，我们可以为各地区数字经济的发展奠定坚实的基础，并推动其实现快速、健康、可持续的发展。

二、激发创新活力

不同地区在数字经济发展中，尤其是在人才和技术支持方面存在明显短板。为了有效推进数字经济在各地区的发展，必须针对这些问题，采取有力措施，激发创新活力，培育新的经济增长点。

（一）加强人才培养与引进

建立多层次的人才培养体系：各地区应建立从基础教育到高等教育的完整人才培养链条。在基础教育阶段，就应注重培养学生的信息素养和创新能力；在高等教育阶段，则应结合当地的实际需求，设置与数字经济相关的专业和课程，培养专业人才。实施人才引进计划，针对本地数字经济发展对高端人才的需求，应制定灵活多样的人才引进政策，如提供优惠的住房、子女教育等条件，吸引国内外优秀的数字经济人才。

（二） 强化技术支持与创新能力

建设科研创新平台：各地区应积极筹建数字经济相关的科研创新平台，如数字经济研究院、大数据中心等，为科研人员提供良好的工作环境和条件，促进科研成果的转化和应用。加强与外部的合作与交流，通过与高校、科研机构以及企业的合作与交流，引进先进的技术和理念，提升自身的创新能力。同时，鼓励本地企业参与国内外的技术交流与合作，拓宽技术视野。

（三） 营造良好的创新生态环境

完善政策法规体系，建立健全与数字经济发展相适应的政策法规体系，明确各方责任与权利，保护创新成果，为数字经济发展提供有力的法治保障。优化金融服务体系，完善金融服务体系，为数字经济创新提供多元化的融资渠道。鼓励金融机构开发符合数字经济特点的金融产品和服务，降低企业融资成本，推动数字经济相关产业的发展。建立容错机制，在数字经济创新过程中，应建立合理的容错机制，允许失败和试错，为创新者提供必要的保障和支持，这将有助于激发人们的创新热情和勇气，推动数字经济的持续发展。

（四） 推动产学研用深度融合

加强产学研用合作，建立产学研用一体化的创新体系，推动高校、科研机构、企业和政府之间的深度合作。通过共享资源、互通有无，实现科研成果的快速转化和应用。开展联合研发项目，鼓励高校、科研机构和企业开展联合研发项目，共同攻克数字经济领域的关键技术难题。通过整合各方优势资源，提高研发效率和成果质量。

（五） 加强数字经济基础设施建设

提升信息通信网络质量，加大信息通信网络基础设施建设投入，提高网络覆盖率和传输速度。确保各地区的企业和居民能够享受到稳定、高速的网络服务，为数字经济创新提供有力支撑。构建数据中心和云计算平台，建设高水平的数据中心和云计算平台，为数字经济创新提供强大的数据存储和处理能力。通过云计算等技术手段，降低企业信息化成本，提高运营效率。

（六）推广数字经济应用模式创新

探索新业态、新模式，鼓励各地区的企业和个人积极探索数字经济的新业态、新模式，如电子商务、智能制造、数字文化等。通过创新应用模式，拓展数字经济的发展空间和潜力。开展创新创业大赛等活动，定期举办数字经济相关的创新创业大赛等活动，激发社会各界的创新热情和参与度，通过选拔优秀项目和团队，推动数字经济创新成果的转化和应用。

（七）注重知识产权保护

完善知识产权法律法规，建立健全知识产权法律法规体系，明确知识产权的归属和保护方式。加大对侵犯知识产权行为的打击力度，维护创新者的合法权益。加强知识产权宣传和培训，通过开展知识产权宣传和培训活动，提高各地区居民和企业的知识产权保护意识。鼓励企业和个人积极申请专利、商标等知识产权，促进创新成果的转化和运用。

综上所述，激发创新活力是推动数字经济发展区域经济的关键所在。通过加强人才培养与引进、强化技术支持与创新能力、营造良好的创新生态环境、推动产学研用深度融合、加强数字经济基础设施建设、推广数字经济应用模式创新以及注重知识产权保护等举措的综合实施，我们可以为各地区数字经济的发展注入强大的创新动力，推动其实现高质量、可持续发展。

三、文化融合与数字包容

在不同地区推广数字经济，面临着一系列文化和习惯差异带来的挑战。为了克服这些挑战，需要采取文化融合与数字包容的策略，以促进数字经济在不同地区的发展。

(一) 尊重并融合民族文化

在推广数字经济的过程中，我们必须充分尊重各地区的文化传统和习惯。这意味着我们不能简单地将主流的数字经济模式强加给这些地区，而是需要与当地居民进行深入交流，了解他们的需求和期望，然后根据这些需求和期望来定制数字经济产品和服务。以黔东南苗族地区为例，我们可以结合苗族的传统集市贸易方式，开发一款具有苗族特色的电商平台。在这个平台上，苗族居民可以用自己熟悉的方式进行交易，同时享受到数字经济带来的便捷和高效。此外，我们还可以将苗族的传统文化元素融入平台的设计中，以增强用户的归属感和认同感。

(二) 推广数字教育的普及

要提高各地区居民对数字经济的接受度，首先需要从教育入手。通过在学校、社区等场所开展数字教育普及活动，让居民了解数字经济的基本概念、优势和应用场景。同时，针对不同年龄段的居民，制定差异化的教育内容和方法，以确保数字教育的有效性。在数字教育普及的过程中，我们还可以借助各地区的传统文化和习惯来辅助教学。例如，在藏族聚居的青海玉树地区，可以通过讲述藏族传统文化与数字经济相结合的故事，来激发居民对数字经济的兴趣和好奇心。

(三) 增强数字技术的可及性和可用性

要确保数字经济在边远地区的普及和发展，必须提高数字技术的可及性和可用性。这包括加强基础设施建设，如提升网络覆盖率和传输速度，以及优化数字经济相关产品和服务的设计，使其更加符合当地居民的使用习惯和需求。针对当地居民对新兴技术的不信任感，我们可以通过开展技术培训和安全教育活动来增强他们的信心。同时，与当地的传统机构合作，共同推广数字经济服务，也是提高可及性和可用性的有效途径。

（四）实施语言本地化策略

为了解决各地区居民因语言和文字障碍而无法充分享受数字经济服务的问题，我们需要实施语言本地化策略，这包括将数字经济产品和服务的界面、提示信息等翻译成当地民族语言，并提供多语言客服支持。以内蒙古锡林郭勒地区的蒙古族为例，我们可以开发支持蒙古语的数字经济产品和服务，让蒙古族居民能够更轻松地使用这些服务。同时，通过与当地政府和社区合作，开展蒙古语数字经济培训活动，帮助居民更好地掌握相关技能。

（五）建立数字经济的社区参与机制

为了促进数字经济在各地区的发展，我们还需要建立数字经济的社区参与机制。通过鼓励当地居民参与到数字经济的建设和发展中来，不仅可以增强他们的归属感和参与感，还能更好地满足他们的实际需求。具体而言，我们可以设立数字经济社区论坛或线上平台，让居民提出自己的意见和建议。同时，定期组织线下活动，如数字经济创业大赛、技能培训等，激发居民的创新精神和创业热情。

（六）加强跨文化传播与交流

要真正实现数字经济的文化融合与数字包容，还需要加强跨文化传播与交流。通过举办各种形式的文化交流活动，如民族文化节、数字创意大赛等，让不同民族之间的文化得以相互了解和借鉴，这样不仅可以促进数字经济的创新与发展，还能增进各民族之间的团结与和谐。

总之，推进数字经济在各地区的发展需要采取文化融合与数字包容的策略。通过尊重并融合民族文化、推广数字教育的普及、增强数字技术的可及性和可用性、实施语言本地化策略、构建数字经济的社区参与机制以及加强跨文化传播与交流等措施，我们可以为各地区居民提供更加便捷、高效的数字经济服务，同时保护和传承各民族的优秀传统文化。

第五章

数字经济推进中国式现代化的
机制和空间效应

第一节　数字经济驱动中国式现代化的
内在机制

一、数字经济驱动中国式现代化的研究背景

习近平总书记在十九届中央政治局第三十四次集体学习时深刻指出，数字经济正在崛起成为一股关键力量，它不仅在全球范围内重组各种要素资源，更在重塑全球经济结构和改变全球竞争格局中发挥着举足轻重的作用。这一观点高瞻远瞩，为我们理解数字经济的深远影响提供了重要的思想指导。进一步，2023 年 12 月国家权威发布的《数字经济促进共同富裕实施方案》中明确提到，中国正加速发展数字经济，这不仅为区域经济的同步发展注入了新的活力，更成为推动实现全体人民共同富裕目标的重要驱动力，从而有力地推进了中国式现代化的全面建设。该方案的出炉，无

疑为数字经济的未来发展指明了方向，并赋予了其更深层次的社会意义。另外，《中国数字经济发展研究报告（2023 年）》所公布的统计数据进一步印证了数字经济的迅猛增长：我国数字经济规模已经达到了惊人的 50.2 万亿元，同比实现了 10.3% 的名义增长。这一增长率已经连续 11 年明显超过了同期 GDP 的名义增速，这一数据不仅令人瞩目，更深刻地反映出数字经济正在以前所未有的速度渗透到中国经济的方方面面，成为推动社会进步和人民生活改善的重要力量。

　　数字经济在推动经济增长的同时，也在不断地创造和积累着社会财富。更为值得一提的是，它为实现各区域的均衡发展提供了新的动力支持，这一点尤为难能可贵。党的二十大报告中明确指出，实现全体人民共同富裕的现代化是中国式现代化的本质特征之一，并进一步提出要"加快发展数字经济，并促进其与实体经济的深度融合"，这既是党中央对国际国内发展趋势的深刻洞察后作出的重大战略抉择，也深刻地揭示了数字经济发展的核心价值和目标指向。换言之，数字经济不仅关乎经济增长，更关乎社会公平与共同富裕的宏伟目标。与此同时，也需要正视数字经济在区域发展中的不平衡和不充分问题。这种不均衡不仅体现在数字经济本身的发展水平上，还表现在数字经济与传统产业的融合程度上。事实上，两者之间的融合度并不高，这成了一个亟待解决的问题。此外，"数字鸿沟"也是一个不容忽视的现实难题，它如同一道隐形的"门槛"，阻碍着数字经济为区域同步发展赋能。深入观察数字经济发展的地理分布后会发现一个明显的特点：东部地区的发展基础相对稳固，而中西部地区则存在较大的发展空间，这种区域异质性使得数字经济的发展呈现出不平衡的态势。在那些主要依赖资源开采和粗加工等重工业领域的省份，数字经济与实体产业的深度融合需求尤为迫切。而数字经济所依赖的数据要素，具有低成本扩散、快速传播和强大渗透力的特点，这些特性赋予了数字经济独特的优势，使其能够轻松突破地理空间的束缚，更为迅速地与传统产业结合，为经济发展相对落后的地区提供了新的机遇，有助于改善产业不均衡现象，进而全面推进区域共同富裕。

　　在这样的背景下，如何更有效地抓住数字经济带来的机遇，推动不同地理和经济条件区域的协同发展，成为我们面临的一个重要理论与实践命题，这不仅关乎区域经济的均衡发展，更是实现中国式现代化建设的关键一环。为了深入探讨这一问题，本章特选取 2011～2021 年中国 30 个省份（不包括西藏及港澳台地区）的面板数据进行研究。在全面分析了全国整体数字经济和中国式现代化的发展动态后，进一步采用熵值法，对数字经济与中国式现代化水平进行了综合测算。通过构建固定效应模型、分位数回归模型、门槛效应模型和空间杜宾模型，深入探究了数字经济对中国式现代化的具体效应及其空间演化特征。这一研究不仅具有深远的理论意义，更对实现区域数字经济均衡发展、推动人民共同富裕以及中国式现代化建设具有重要的现实意义。

二、数字经济推进中国式现代化的文献综述

目前，尽管理论层面的探讨已经确认了数字经济对中国式现代化的积极影响，但相关的实证研究仍然较少，且缺乏完善的中国式现代化指标体系。在理论研究方面，学者们从不同的角度阐述了数字经济的赋能作用。刘颖等（2023）的研究表明，数字经济能够通过释放人口规模新红利、助力全民共同富裕等方式，为中国式现代化建设贡献力量。赵放和徐熠（2023）指出，数字经济在关键领域的创新能力不足、传统产业数字化转型的迟缓进程以及由异质性造成的"数字鸿沟"等问题，均对中国式现代化的推进构成了障碍。朱永明等（2023）进一步提出，数字经济在工业制造、金融、消费服务以及社会治理等多个领域的深入应用，是实现中国式现代化的重要途径。由此可见，虽然学者们普遍认为数字经济与中国式现代化建设之间存在紧密且积极的联系，但数字经济在传统产业、技术创新等方面的发展不充分和区域间的发展不平衡，也在一定程度上制约了中国式现代化的步伐。

在实证层面，现有的研究虽然确认了数字经济的正面效应，但对其作用机制的探讨尚不深入。陈先兵（2023）的研究显示，数字经济对中国农业农村现代化具有直接的推动作用，同时，它还能通过提升基本公共服务的均等化水平来间接促进这一进程。胡峰等（2023）运用双重差分法和合

成控制法进行实证分析后发现，数字经济对中国式现代化有着显著的促进作用。陈胜利和万政（2023）则进一步指出，创新能力、产业结构升级和经济韧性是数字经济推动中国式现代化的关键渠道，且数字经济的影响具有正向的空间溢出效应和地理区域异质性。尽管如此，目前学界对于数字经济如何以非线性方式影响中国式现代化，以及在不同地理和经济条件下的空间溢出效应等方面，仍缺乏深入的探索和研究。

综上所述，数字经济与中国式现代化的关系虽然得到了广泛的关注，但在实证研究、指标体系构建以及数字经济作用机制的深入探讨上仍有待加强，这也为本章提供了广阔的空间和重要的研究价值。因此，针对现有文献的不足之处，本章尝试提出以下可能的创新观点。

首先，为了更全面、深入地衡量和评估中国式现代化与数字经济的发展状况，本章创新性地运用熵权法，从经济现代化、区域协调现代化、治理能力现代化、精神文明现代化、社会进程现代化以及生态文明现代化六个维度，综合构建了一个全面反映中国式现代化水平的评价体系。同时，本章从数字发展载体、产业数字化、数字产业化和数字发展环境四个层面出发，建立了一套系统的数字经济综合评价指标。这两套指标体系的建立，不仅提供了全面衡量中国式现代化和数字经济的新工具，也为深化中国式现代化和数字经济指标体系的相关实证研究奠定了坚实的基础。

其次，本章不仅在理论层面上对数字经济与中国式现代化的关系进行了深入剖析，更结合实证研究，详细探讨了数字经济与中国式现代化的空间演化趋势及其内在作用机制。此外，还进一步研究了不同地理和经济特点区域的空间溢出效应，以期为各区域的数字经济与现代化建设提供有益的参考和借鉴。通过这样的研究，希望能够为政策制定者提供更为精准、科学的决策依据，推动我国的数字经济与现代化建设迈向更高的台阶。

三、理论分析与研究假设

（一）数字经济影响中国式现代化的理论分析

中国式现代化是一个涵盖经济、政治、文化、社会和生态等多领域的综合进程，它体现了中国独特的人口规模优势，追求全体人民的共同富裕，并展现了鲜明的社会主义特色。这一全方位的现代化进程，已经引起了学术界的广泛关注。学术界普遍认为，数字经济与中国式现代化之间存在着直接且紧密的联系。数字技术，作为当今时代的新型生产要素，其重要性日益凸显。它不仅能够有效地缓解信息不对称的问题，降低交易过程中的搜索、复制和运输等环节的成本，从而提升市场效率，而且还能够协助政府进行更为精准的宏观调控，实现资源的优化配置。随着数字经济的深入发展，它已逐渐渗透到经济社会的方方面面。数字经济的独特性质，如其对社会分配的有效调节，正加速推动中国式现代化的步伐。同时，以数据为核心要素的数字经济，通过技术进步和推动传统产业转型升级等方式，打破了资本边际报酬递减的增长约束，显著提升了生产效率和经济社会总体效益，为维持可持续的经济增长提供了现代化的发展模式。另外，数字经济的发展与共同富裕的目标高度契合。实现共同富裕，需要克服普遍增长与发展不平衡、不充分之间的矛盾，而数字经济的跨时空性、强渗透性和广覆盖性等特点，不仅为经济增长注入了新的动力，也为区域均衡发展提供了有力的共享机制。因此，有理由推测，数字经济对中国式现代化的影响可能存在着空间溢出效应。基于以上分析，我们提出以下假设。

假设1：数字经济对中国式现代化的推进具有积极影响，并且这种影响可能通过空间溢出效应得到进一步放大。

（二）数字经济对中国式现代化的作用机制分析

数字经济，作为当今时代的重要推动力，正逐渐演变成重组全球要素资源、重塑全球经济结构以及改变全球竞争格局的核心力量。然而，正如一枚硬币有两面，数字经济在大力推动经济高质量发展、引领产业深刻变革的同时，也引发了一系列问题，尤其是"数字鸿沟"现象日益凸显。近年来，我国东中西部地区在数字经济发展方面表现出显著的区域梯度差异，这种区域间的不平衡发展，不仅在一定程度上加剧了经济的两极分化，更对中国式现代化的发展步伐构成了不小的阻碍。特别是，当信息不对称问题在各地区间难以得到有效解决时，收入差距会进一步拉大，这无疑为数字经济促进区域协调发展、推动中国式现代化带来了严峻挑战。值得我们关注的是，后发地区在现代化进程中处于相对落后的"洼地"位置，但它们却是决定我国能否在 2035 年基本实现现代化的关键环节。在实现中国式现代化的道路上，数字经济可能会受到数字基础设施、资金、人才和资源等多方面因素发展不平衡的制约，从而影响我国数字经济整体发展水平的提升。因此，可以合理推测，数字经济对中国式现代化的影响可能并非线性，而是呈现出一种"遇强则强，遇弱则弱"的复杂特性。同时，这种影响还可能因地理位置和经济发展水平的不同而存在差异。为了更深入地探索这些现象，我们特此提出以下两个假设。

假设 2：数字经济对中国式现代化的推动作用可能具有非线性特征，即在不同发展基础和条件的地区，其推动效应可能呈现出显著差异。

假设 3：数字经济对中国式现代化的影响可能因地理位置和经济发展水平的不同而表现出明显的地域差异性。

第二节　数字经济对中国式现代化的影响效应

一、研究设计

（一）基准模型

为了实证检验以上提出的研究假设，并确保研究结果的准确性和可靠性，同时为了控制那些不随时间变化而可能对研究结果产生影响的相关因素，本章特别构建了如下的固定效应模型：

$$CSM_{it} = \alpha_0 + \alpha_1 DE_{it} + \alpha_2 Control_{it} + u_i + v_t + \varepsilon_{it} \qquad (5-1)$$

其中，下标 i 表示省份，t 表示年份；CSM_{it} 表示区域中国式现代化水平，DE_{it} 表示区域数字经济水平，$Control_{it}$ 表示相关控制变量；$\alpha_0 \sim \alpha_2$ 为待估系数；u_i 为个体固定效应，v_t 为时间固定效应，ε_{it} 为随机扰动项。

（二）门槛效应模型

为深入探究数字经济与中国式现代化发展之间的潜在关系，尤其是否存在显著的非线性联系，并精确识别出门槛的个数，本章采纳了汉森（1999）的经典研究方法。基于该方法论，构建了一个门槛回归计量模型，旨在通过这一模型详细剖析并验证数字经济与中国式现代化进程之间的复杂关系：

$$CSM_{it} = \eta_0 + \eta_1 DE \times I(Z \leqslant \gamma_1) + \eta_2 DE \times I(\gamma_1 < Z \leqslant \gamma_2) + \cdots$$
$$+ \eta_n DE \times I(\gamma_{n-1} < Z \leqslant \gamma_n) + \eta_{n+1} DE \times I(Z > \gamma_n) + \varepsilon_{it} \quad (5-2)$$

其中，Z 表示门槛变量，即数字经济变量；I 表示指标函数，γ_1、γ_2、$\cdots$、γ_n 为 n 个不同的门槛值。其他变量含义同上。

（三）空间计量模型

为进一步深入分析区域数字经济对中国式现代化是否产生空间溢出效应，本章参考了萨热和佩斯（2010）在空间计量模型领域的权威研究。基于其方法论，构建了如下的空间杜宾模型，该模型旨在深入剖析区域数字经济与中国式现代化之间的空间关系，揭示可能存在的溢出效应：

$$CSM_{it} = \alpha_0 + \alpha_1 W \times CSM_{it} + \beta_1 DE_{it} + \beta_2 \sum_{i=1}^{n} Control_{it}$$
$$+ \lambda_1 W \times DE_{it} + \lambda_2 \sum_{i=1}^{n} W_{ij} Control_{it} + u_i + v_t + \varepsilon_{it} \quad (5-3)$$

其中，W 表示空间权重矩阵；α_1 为被解释变量的空间自回归系数，λ 为待估系数；u_i、v_t 表示个体和时间固定效应。同时，为了探讨被解释变量是否存在时间和空间滞后效应，通过相关检验决定是否引入时间滞后项 $\ln CI_{it-1}$ 及空间滞后项 $W \ln CI_{it-1}$。其他变量与基准回归模型含义一致。

（四）指标选取与数据来源

1. 被解释变量

中国式现代化（CSM）。本章参考了马晓河和周婉冰（2023）、邹红等（2023）对中国式现代化评价指标体系的构建方法。在此基础上，本章通过综合考量，设定了包括经济现代化、区域协调现代化、治理能力现代化、精神文明现代化、社会进程现代化以及生态文明现代化在内的 6 个核心一级指标。为进一步细化评估，又衍生出 14 个二级指标以及 41 个三级指标，以期全面、深入地评估中国式现代化的整体水平。在权重的确定上，鉴于熵权法具有较强的客观性和科学性，本章决定采用熵权法来精确测算各项指标的权重，从而得出中国式现代化的综合评价指标。具体的指标体系已详细列在表 5 - 1 中，以供读者参考和查阅。通过这样的综合指标体系，能够更加全面、客观地评估中国式现代化的进展和水平，为相关研究和实践提供有力的数据支持和参考依据。

表 5 - 1　　　　　　　　　中国式现代化评价指标体系

一级指标	二级指标	三级指标	单位
经济现代化	经济结构	第二三产业增加值占 GDP 比重	%
		泰尔指数倒数	—
		第二三产业从业人数占地区总人数比重	%
		政府数字关注度	—
	创新能力	每万人口发明专利拥有量	件
		R&D 经费投入强度	—
		高技术产业主营业务收入占 GDP 比重	%
		技术市场成交额占 GDP 比重	—
	开放程度	外商直接投资额	万美元
		进出口总额占 GDP 比重	%
区域协调现代化	社会财富	人均国内生产总值	万元
	共同富裕	居民人均可支配收入	万元
		城镇居民恩格尔系数	%
		共同富裕指数	—
治理能力现代化	治理效能	公共服务支出占 GDP 比重	%
		公共安全财政支出占地方财政支出比重	%
	人民民主	社会组织单位数占年末人口数比重	个
精神文明现代化	文化产业	文化市场经营机构营业利润占 GDP 比重	%
		教育文化娱乐消费支出占消费性支出比重	%
		人均公共图书馆藏量	万册
		每万人拥有群众文化设施建筑面积	平方米

续表

一级指标	二级指标	三级指标	单位
精神文明现代化	文化教育	主要劳动年龄人口受过高等教育的比例	%
		地区人口平均受教育年限	年
		教育支出强度	—
	文化传播	电视节目综合人口覆盖率	%
		广播节目综合人口覆盖率	%
		文物藏品数	件、套
社会进程现代化	城乡发展	常住人口城镇化率	%
		城乡居民收入水平	元
	民生保障	每千人口执业（助理）医师数	人
		基本养老保险参保占比	%
		失业保险覆盖率	%
		公共教育、医疗、住房保障支出占地方财政支出比重	%
		每千人口医疗卫生机构床位	个
		城镇登记失业率	%
生态文明现代化	绿色低碳	碳排放强度	—
		建成区绿化覆盖率	%
	生态环境	PM2.5 年平均浓度	$\mu g/m^3$
		GDP 占综合环境污染指数比重	—
		森林覆盖率	%
		公路与铁路里程总数	—

2. 核心解释变量

数字经济（DE）。本章在汲取了王军等（2021）、盛斌和刘宇英（2022）对数字经济指标体系建立的相关研究成果后，综合构建了一个全面细致的评估框架。该框架囊括了数字发展载体、数字产业化、产业数字化以及数字发展环境四大核心一级指标，它们分别从不同维度揭示了数字经济发展的关键要素。为了更深入地剖析数字经济的各个方面，又进一步细分出 9 个二级指标和 25 个三级指标，这些指标共同构成了一个完善的数字经济指标体系。在确定各指标权重时，本章选用了熵权法，这种方法以其客观性和精确性而广受认可，能够确保评估结果更为科学、公正。具体的指标体系已详细展示在表 5-2 中，它不仅为本章的研究提供了坚实的基础，也为读者和相关领域的研究者提供了一个清晰、全面的参考框架。通过这个综合指标体系，能够更加深入地理解数字经济的内涵和外延，为数字经济的发展提供有力的数据支持和理论支撑。

表 5－2　　　　　　　　　数字经济水平指标评价体系构建

一级指标	二级指标	三级指标	单位
数字发展载体	互联网发展规模	互联网宽带接入端口	万个
		互联网宽带接入用户	万户
		域名数	万个
		网页数	万个
	信息化发展规模	长途光缆线路长度	万公里
		移动电话基站	万个
数字产业化	电子信息产业	电子信息制造业资产总计	亿元
		电子信息产业制造企业个数	个
	软件和信息技术服务业	电信业务总量	亿元
		软件产品收入	亿元
		软件研发人员就业人数	万人
		嵌入式系统软件收入	亿元
		软件和信息技术服务业上市公司数量	个
产业数字化	农业数字化	农林牧渔业增加值	亿元
		农村用电量	亿千瓦小时
	工业数字化	工业企业每百人使用计算机数	台
		高技术产业主营业务收入	亿元
		高技术产业有效发明专利数	项
	服务业数字化	有电子商务交易活动的企业比重	%
		电子商务销售额	亿元
		数字普惠金融指数	—
数字发展环境	知识资本发展环境	普通高等学校数	所
		教育经费支出	万元
	数字创新发展环境	R&D 项目经费	万元
		规模以上工业企业 RD 人员全时当量	人/年

3. 控制变量

在深入研究和参考了杨慧梅和江璐（2021）等学者的相关工作后，本章精心选择了以下关键的控制变量以增强模型的准确性和解释力。首先，引入了经济水平（gdp）这一变量，通过计算地区名义 GDP 的对数值来精确衡量；其次，为了反映地区的人口基础，纳入了人口规模（pop）变量，以地区年末人口数的对数值作为衡量标准；再次，教育水平（edu）也是不可或缺的因素，采用地区每十万人口中高等学校在校生的平均数的对数值来评估；此外，公交设施水平（ser）对于城市发展和居民生活具有重要意义，因此通过计算地区每万人所拥有的公共交通车辆的对数值来量化这一指标；同时，考虑到交通便利程度（hml）对城市经济活动的深远影响，用地区公路总里程的对数值来衡量；最后，政府支持水平（gov）也是一个关键因素，通过地方一般公共预算支出与地区名义 GDP 之比来评估政府在经济活动中的投入和支持力度。这些变量的详细定义以及描述性统计信息已整理在表 5 - 3 中，以供读者参考。

表 5 - 3　　　　　　　　　　模型变量定义与描述性统计

变量类型	变量名称	变量符号	均值	标准差	最小值	最大值	样本量
被解释变量	中国式现代化水平	CSM	0.2077	0.0895	0.1034	0.6615	330
核心解释变量	数字经济发展水平	DE	2.0947	0.8571	0.4238	4.5471	330
控制变量	经济水平	lngdp	9.8252	0.8902	7.2229	11.7338	330
	人口规模	lnpop	8.2070	0.7414	6.3421	9.4481	330
	教育水平	lnedu	7.8601	0.2900	6.9866	8.6328	330
	公交设施水平	lnser	2.5114	0.2174	1.9459	3.2790	330
	交通便利程度	lnhml	2.4814	0.8505	0.1893	3.6861	330
	政府支持水平	gov	24.8743	10.2540	10.6631	64.3011	330

4. 数据来源

在深思熟虑数据的连续性与可得性之后，本章慎重地选取了 2011 ～ 2021 年，覆盖中国 30 个省份（不包括西藏及港澳台地区）的面板数据，以进行严谨的实证分析。这一选择旨在确保研究的全面性和准确性，同时也兼顾了数据的连续性和可获得性。同时，为确保数据的权威性和准确性，本章主要从多个官方来源获取数据，包括但不限于《中国统计年鉴》《中国环境统计年鉴》《中国科技统计年鉴》《中国电子信息产业统计年鉴》《中国农村统计年鉴》。此外，还参考了各省份的统计年鉴、中国政府网、中华人民共和国工业和信息化部官网以及国家统计局官网等权威渠道。在数据处理过程中，我们遇到了一些数据缺失的情况，为了确保数据的完整性和研究的可靠性，采用了线性插值法对这些缺失数据进行了合理地填补。同时，为了防止异方差等潜在因素对研究结果的影响，对部分变量进行了对数化处理，以进一步确保数据的稳定性和研究的准确性。

二、实证分析

（一）核密度估计

在深入探索中国式现代化水平和数字经济的动态演变规律时，本章采用了核密度估计这一分析方法。为了直观展现这两者的变化趋势，分别针对研究期间的不同年份，精心绘制了相应的核密度图。选择核密度图的原因在于其能够清晰揭示数据分布的动态变化和集中度，从而帮助我们更好地理解中国式现代化和数字经济的发展脉络。在选择观察的年份时，特别考虑了数字经济发展的关键节点。以 2011 年和 2021 年作为样本的起止年份，自然成为分析的重要时间点。此外，2014 年移动支付的普及和移动电商的爆发式发展，为中国数字经济的腾飞奠定了坚实基础，因此这一年也被纳入重点观察范围。再到 2017 年，数字经济开始进入高速发展的新阶段，这一年的数据对于理解数字经济的演进同样至关重要。基于以上考虑，最终选定了 2011 年、2014 年、2017 年和 2021 年这四个关键年份，来详细观察并分析中国式现代化和数字经济的动态演变趋势。具体的核密度图如图 5-1 所示，通过这张图可以更加直观地把握这两者在选定年份的分布情况和变化特征。

在中国式现代化的进程中，我们观察到一种趋势：波峰的逐年右移以及其高度的逐渐下降，同时伴随着右拖尾的逐年延伸。这一现象不仅直观地揭示了我国区域中国式现代化的整体水平在稳步提升，而且也反映出不同地区间的现代化水平差异在显著扩大。换言之，虽然全国范围内的现代

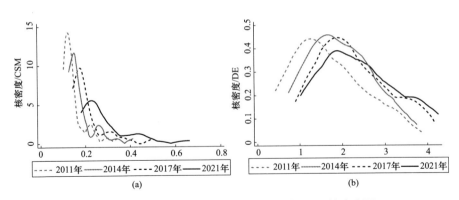

图 5 - 1　中国式现代化（a）和数字经济（b）核密度图

化步伐在加快，但各地区的发展速度并不均衡，存在着较大的差异性。再来看数字经济领域的发展趋势。2011～2014 年，数字经济波峰逐渐攀升，这表明在该阶段，数字经济在各地区的发展水平趋于均衡，差距在逐渐缩小。然而，2014～2021 年，波峰却显现出逐年下降的趋势，这暗示着数字经济水平的差距又开始逐渐扩大。值得注意的是，波峰的逐年右移说明了随着时间的推移，数字经济的整体水平还是在稳步上升的。综上所述，不论是中国式现代化还是数字经济发展，都呈现出一种动态演变的趋势，即整体水平逐年上升，但内部差异也在不断变化。这无疑为深入研究两者之间的相互影响机制提供了丰富的素材和广阔的探讨空间，接下来会进一步揭示这两者之间的内在联系和互动规律。

（二）基准回归

在深入探讨数字经济对中国式现代化的深远影响之前，首要的任务是选定一个恰当的计量模型。经过一系列严谨的统计分析，我们对混合回归模型和随机效应模型进行了 LM 检验。结果显示，LM 检验的统计量高达306.93，且 P 值极小，仅为 0.0000，这一结果初步指向随机效应模型可能更为适合。然而，为了更全面地评估模型选择，又进行了稳健的 Hausman检验。Hausman 检验的统计量为 22.819，且 P 值为 0.0018，这一结果显著地拒绝了随机效应模型的优越性，从而选择固定效应模型。为了更精确地构建模型，进一步验证了是否需要引入个体和时间固定项。经过详细的检验分析，结果清晰地表明，在模型中同时引入个体和时间固定项是必要的。综上所述，为了确保研究的准确性和科学性，本章最终选择了包含个体和时间双固定效应模型，以便进行后续的深入分析和探讨。

表5-4展示了区域数字经济对中国式现代化效应的回归分析结果。在式（5-1）中，初步探讨了不考虑其他控制变量的情况下，数字经济对中国式现代化的影响。结果显示，在5%的显著性水平上，数字经济对中国式现代化具有积极的推动作用。这一初步发现引发了我们对两者关系的更深入探究。为了更准确地分析这种影响，模型（5-2）进一步纳入了其他可能的控制变量。在综合了更多因素后，我们发现数字经济对中国式现代化的推动作用依然显著。具体来说，每当数字经济提升1%，中国式现代化水平就会相应地提高0.0106%。这一发现为假设1提供了有力的支持，即数字经济确实能够有效推动中国式现代化水平的提升。

表5-4　　　　　　　　　　　　　　基准回归结果

变量	固定效应模型回归		变量	内生性检验	
	（1）CSM	（2）CSM		（3）第一阶段（DE）	（4）第二阶段（CSM）
DE	0.0175* (0.0099)	0.0106* (0.0056)	IV_DE	0.0000*** (0.0000)	0.0651* (0.0350)
lngdp		0.0413 (0.0391)	lngdp	0.9663*** (0.3444)	-0.0121 (0.0481)
lnpop		0.2434** (0.1090)	lnpop	-0.2119 (0.6161)	0.2244*** (0.0701)
lnedu		-0.0995** (0.0376)	lnedu	-0.3304* (0.1928)	-0.0868*** (0.0259)
lnser		-0.0351 (0.0225)	lnser	0.0799 (0.1530)	-0.0430*** (0.0166)
lnhml		-0.1123*** (0.0404)	lnhml	-0.1239 (0.2191)	-0.0940*** (0.0311)
gov		-0.0001 (0.0005)	gov	0.0030 (0.0084)	-0.0004 (0.0007)
常数项	0.1235*** (0.0181)	-1.1243 (0.7903)			

续表

变量	固定效应模型回归		变量	内生性检验	
	(1) CSM	(2) CSM		(3) 第一阶段 (DE)	(4) 第二阶段 (CSM)
时间固定	控制	控制	—	控制	控制
个体固定	控制	控制	—	控制	控制
N	330	330	N	330	330
R^2	0.8182	0.8950	R^2	—	0.8303
F 统计量				12.711	
LM 检验				7.671***	

注：括号内为稳健标准误，*、**、***表示分别在10%、5%和1%水平下显著，F统计量为 Cragg-Donald Wald F statistic 数值，LM 检验为 Kleibergen-Paap rk LM statistic 数值。

　　相较于传统的均值回归模型，分位数回归模型具有独特的优势，它能够深入揭示数字经济在不同分位数下对中国式现代化水平的影响趋势。正因如此，本章创新性地采纳了固定效应面板分位数回归模型，以全面剖析数字经济对中国式现代化进程的推动作用。为了确保分析结果的准确性和稳健性，我们特别注意到了数据极端值可能带来的干扰。因此，在研究中审慎地剔除了位于 0.1 以下和 0.9 以上的分位点数据，转而聚焦于 0.1、0.25、0.5、0.75 和 0.9 这几个关键分位点，以此来详细探讨数字经济对中国式现代化的具体效应。

　　表 5 - 5 所展示的结果清晰地表明，伴随着中国式现代化分位点的逐步提升，数字经济变量的影响系数也呈现出稳步增长的态势。这一重要发现揭示了一个深刻的规律：当一个区域的中国式现代化水平越高时，数字经济对其产生的推动作用就会越发显著。这说明现代化水平较高的区域往往拥有更为坚实的经济基础，包括更发达的基础设施、更高水平的人力资源和更先进的科技能力。这些因素为数字经济的快速发展和深度融合提供了有利条件，使得这些区域能够更有效地利用数字技术推动产业升级和转型。同时，高现代化水平的区域通常具备更强的创新能力和更开放的创新环境，这有助于促进数字技术的研发和应用。创新是推动数字经济发展的核心动力，因此，在这些区域，数字经济往往能够得到更快的发展，并对当地经济产生更大的推动作用。这一研究成果不仅为我们提供了深入的理

论见解，更为各地区在推进中国式现代化的征程中，特别是在利用数字经济作为强大引擎来驱动区域经济快速发展方面，提供了坚实的数据支撑和实践指南。这无疑将为政策制定者们在新的历史条件下，制定出更加科学、精准的发展策略提供有力的支持。

表5-5　　　　　　　　　　　　　　　分位数回归结果

变量	0.1 分位点 （1）CSM	0.25 分位点 （2）CSM	0.5 分位点 （3）CSM	0.75 分位点 （4）CSM	0.9 分位点 （5）CSM
DE	0.0056 *** （0.0016）	0.0207 *** （0.0009）	0.0253 *** （0.0055）	0.0345 *** （0.0011）	0.0560 *** （0.0062）
控制变量	控制	控制	控制	控制	控制
时间固定	控制	控制	控制	控制	控制
个体固定	控制	控制	控制	控制	控制
N	330	330	330	330	330

注：括号内为稳健标准误，*** 表示在1%水平下显著。

（三）稳健性检验

为了有效缓解异方差所带来的影响，并克服模型中可能潜在的内生性问题，本章参考了黄群慧（2019）的权威研究，选择邮政局所数（mail）作为工具变量进行广义矩估计（GMM）分析。这一选择的合理性在于，邮局数量较多的地区通常经济发展较为先进，因此这些地区更有可能在数字经济方面拥有显著的发展优势。同时，邮局的数量主要受到传统邮件运输需求的驱动，而与中国式现代化的直接联系相对较小，这使得其成为一个有效的工具变量。

从表5-4的数据结果可以看出，在内生性检验中，我们进行了弱工具变量检验，其F统计量超过了15%误差的临界值（8.96），这一结果表明在我们的模型中不存在弱工具变量问题。此外，我们还进行了LM检验，其P值为0.0056，这一结果拒绝了"工具变量不可识别"的原假设，进一步证实了所选工具变量的合理性。通过内生性检验模型的回归结果，可以清晰地看到，数字经济对中国式现代化的影响依然显著且为正。这一发现不仅与前文的研究结果保持一致，也再次验证了前文回归结果的稳健性和可靠性。因此，我们可以确信，数字经济在推动中国式现代化进程中扮演着至关重要的角色。

为了进一步加强回归结果的可信度和稳健性，本章进行了以下几项深入的稳健性检验。

（1）剔除了北京、天津、上海和重庆四个直辖市的数据。鉴于这些直辖市在经济和政治地位上的特殊性，其各项指标往往高于全国平均水平，可能会对整体回归结果造成一定影响。因此，在剔除这些数据后，重新进行了回归分析，以确保结果的普遍性和适用性。

（2）更换了回归模型，采用随机效应模型进行稳健性检验。这一步骤的目的是验证前文结果的稳定性，通过不同的模型来确认数字经济对中国式现代化的影响是否一致。

（3）为了更全面地控制其他可能影响结果的因素，增加了金融深化程度（fin）作为控制变量。这里采用地区年末金融机构存款总额与 GDP 之比来衡量金融深化程度，并将其纳入回归模型中，以提高结果的准确性。

（4）调整样本期间。考虑到 2017 年 12 月习近平总书记在中共中央政治局第二次集体学习时强调了加快发展数字经济的重要性，选择了 2018 ~ 2021 年这一数字经济高速发展的阶段作为新的样本期间进行回归分析。

具体的稳健性检验结果见表 5 - 6。经过这一系列严谨的稳健性检验后，本章认为数字经济对中国式现代化水平的影响依旧显著为正，显示出明显的促进作用。这一结果与前文的分析完全一致，从而验证了前文回归结果的高可信度。通过这些检验，我们更加确信数字经济在推动中国式现代化进程中扮演着重要的角色。

表 5 - 6　　稳健性检验

变量	剔除直辖市 （1）CSM	随机效应模型 （2）CSM	增加控制变量 （3）CSM	调整样本区间 （4）CSM
DE	0.0119 ** (0.0048)	0.0106 * (0.0058)	0.0081 * (0.0046)	0.0140 ** (0.0064)
lngdp	0.0117 (0.0343)	0.0413 (0.0411)	0.0707 * (0.0385)	- 0.0858 (0.0640)

续表

变量	剔除直辖市 （1）CSM	随机效应模型 （2）CSM	增加控制变量 （3）CSM	调整样本区间 （4）CSM
lnpop	0. 2820 ** (0. 1215)	0. 2434 ** (0. 1144)	0. 2433 ** (0. 1000)	0. 7529 ** (0. 2998)
lnedu	− 0. 0537 * (0. 0288)	− 0. 0995 ** (0. 0395)	− 0. 0958 *** (0. 0338)	− 0. 0152 (0. 0496)
lnser	− 0. 0047 (0. 0205)	− 0. 0351 (0. 0236)	− 0. 0310 (0. 0200)	0. 0867 ** (0. 0335)
lnhml	− 0. 0634 (0. 0387)	− 0. 1123 *** (0. 0424)	− 0. 0972 ** (0. 0387)	− 0. 0100 (0. 0348)
gov	0. 0003 (0. 0005)	− 0. 0001 (0. 0005)	− 0. 0005 (0. 0005)	0. 0015 * (0. 0008)
fin			0. 0383 *** (0. 0133)	
时间固定	控制	控制	控制	控制
个体固定	控制	控制	控制	控制
常数项	− 1. 7439 ** (0. 7871)	− 0. 8428 (0. 7579)	− 1. 5243 ** (0. 7032)	− 5. 2427 * (2. 6976)
N	286	330	330	120
R^2	0. 9056	0. 9764	0. 9047	0. 8318

注：括号内为稳健标准误，＊、＊＊、＊＊＊表示分别在10%、5%和1%水平下显著。

三、进一步分析

（一）非线性效应分析

本章旨在深入探讨数字经济与中国式现代化之间的复杂关系，特别关注是否存在非线性效应。为此，采用了门槛模型进行实证分析，该模型能够有效地捕捉变量间的非线性关系。为了确保研究的严谨性和准确性，根据 Bootstrap 方法进行了 1 000 次的反复抽样，以此来检验门槛效应的存在。在选择门槛变量时，依据前文的理论分析，将数字经济同时作为核心解释变量和门槛变量。这样的设置有助于观察数字经济对中国式现代化的影响是否会在某个点上出现拐点，即效应是否会发生非线性变化。

门槛效应存在性的检验结果以及回归估计结果分别列在表5－7和表5－8中。从表5－7的检验结果可以看出，数字经济确实通过了单门槛检验，这一发现意味着数字经济对中国式现代化的影响并非线性，而是存在着一个明显的拐点或门槛。进一步结合表5－8的回归估计结果，可以得出以下结论：当区域数字经济水平低于单门槛值3.6323时，数字经济对中国式现代化的推动作用并不明显。然而，一旦数字经济水平跨越了这个门槛值，其对中国式现代化的促进作用就变得显著起来。这种变化的原因可能在于数字经济发展的初期，其对区域中国式现代化的直接推动作用还比较有限。但是，随着数字经济的不断发展，当达到一定水平后，它所带来的资金流、人才资源的集聚效应开始显现，从而为中国式现代化水平的提升创造了有利条件。这一发现不仅揭示了数字经济与中国式现代化之间的复杂关系，同时也验证了我们在研究之初提出的假设2。

表5－7　　　　　　　　固定效应面板门槛模型检验结果

门槛变量	门槛个数	门槛估计值	F 值	P 值	临界值		
					10%	5%	1%
DE	单一门槛	3.6323	54.23	0.0010	22.9336	27.5695	39.0388
	双重门槛	0.9451	18.87	0.1190	20.4594	24.4461	34.2148

表5－8　　　　　　　　固定效应面板门槛模型参数估计结果

变量	CSM
DE × I	− 0.0022
(DE ≤ 3.6323)	(0.0039)
DE × I	0.0073 *
(DE > 3.6323)	(0.0042)
常数项	− 0.9791 (0.6875)
控制变量	控制
时间效应	控制
个体效应	控制
N	330
R^2	0.9095

（二）空间溢出效应分析

1. 空间相关性检验

考虑到数字经济具有鲜明的空间流动性特征，它对区域中国式现代化的影响可能随着其跨越地理空间的特性而表现出空间溢出效应。换言之，数字经济的发展不仅可能对本地区的中国式现代化产生推动作用，还可能对邻近地区产生积极影响。为了深入探究这一现象，我们首先需要对数字经济与中国式现代化变量之间的空间自相关性进行检验。

表 5-9 展示了 2011~2021 年区域中国式现代化和数字经济的全局莫兰指数。从表中数据可以看出，中国式现代化和数字经济的全局莫兰指数均呈现正值，并且通过了 5% 的显著性水平检验。这一结果明确表明，两者在空间范围内具有显著的正向空间相关性。因此，不仅要关注数字经济对本地中国式现代化的直接影响，还需要进一步分析其可能产生的空间溢出效应。通过深入研究这种空间溢出效应，可以更全面地理解数字经济如何推动中国式现代化的发展，并为政策制定者提供有针对性的建议，以优化资源配置，促进区域均衡发展。

表 5-9　　　　2011~2021 年中国式现代化和数字经济全局莫兰指数

年份	中国式现代化（CSM）			数字经济（DE）		
	Moran's I	z 值	p 值	Moran's I	z	p 值
2011	0.075	3.296	0.001	0.072	2.976	0.003
2012	0.075	3.287	0.001	0.079	3.192	0.001
2013	0.070	3.116	0.002	0.099	3.703	0.000
2014	0.066	3.013	0.003	0.079	3.166	0.002
2015	0.068	3.094	0.002	0.074	3.009	0.003
2016	0.062	2.921	0.003	0.087	3.387	0.001
2017	0.049	2.554	0.011	0.082	3.255	0.001
2018	0.053	2.679	0.007	0.037	2.043	0.041
2019	0.054	2.734	0.006	0.070	2.919	0.004
2020	0.068	3.112	0.002	0.037	2.043	0.041
2021	0.085	3.571	0.000	0.066	2.790	0.005

在全局莫兰指数分析的基础上，进一步深入进行了局部莫兰指数分析，以更细致地考察中国式现代化和数字经济在不同地区的空间自相关性。为了直观地展示这种局部自相关性，绘制了中国式现代化和数字经济在 2011 年和 2021 年的局部莫兰散点图（如图 5 - 2 所示）。从图中可以清晰地看到，在 2011 年和 2021 年，中国绝大部分省份在中国式现代化方面主要集中在第二象限（低—高集聚）和第三象限（低—低集聚）。这意味着在这些年份里，多数省份的中国式现代化水平相对较低，且与高水平地区或低水平地区相邻。然而，在数字经济方面，不同省份之间的分布差距则显得更为明显。一些省份在数字经济发展上取得了显著进步，位于第一象限（高—高集聚）或第四象限（高—低集聚），表明它们与数字经济高水平地区相邻或自身就是高水平地区。而另一些省份则相对滞后，主要位于第二象限或第三象限。这种差异反映了中国数字经济发展的不平衡性。

随着时间的推移，2011～2021 年，可以观察到中国式现代化水平和数字经济发展之间的空间相关性趋于增强。这表明两者之间的关联越来越紧密，一个地区的中国式现代化水平与其数字经济发展的状况有着越来越大的关联性。为了更深入地理解这种空间相关性的变化以及探讨其背后的机制和影响因素，本章将进一步研究这种关系的动态演变。为此，将通过对空间计量模型的详尽探讨，对中国式现代化水平和数字经济发展之间的关系进行深入研究。这不仅有助于我们更好地理解两者之间的内在联系，还能为政策制定者提供有价值的参考信息，以促进中国式现代化和数字经济的协调发展。

2. 空间计量模型的选择

在莫兰指数分析的基础上，本章进一步展开了对空间计量模型的选择过程。为了确保模型选择的准确性和适用性，我们考虑了多种类型的空间权重矩阵，并进行了详尽的检验。具体来说，分别采用反距离矩阵（基于两地区省会城市经纬度间距离的倒数来确定权重）、逆经济距离矩阵（通过计算省份间人均 GDP，即名义 GDP 除以年末总人口数的年平均值的绝对值倒数来赋值）以及邻接矩阵（相邻省份取 1，非相邻省份取 0，并特别

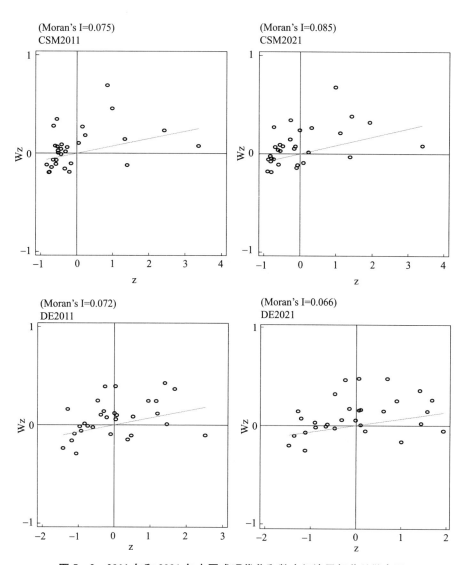

图 5 – 2 2011 年和 2021 年中国式现代化和数字经济局部莫兰散点图

地将海南、广东与广西设为毗邻关系，以消除地理孤岛带来的影响）。在这些矩阵下，对空间计量模型进行了 LM 检验与 LR 检验。

检验结果显示，无论在哪种类型的矩阵下，空间计量模型均顺利地通过了 LM 检验与 LR 检验，这一结果为选择空间杜宾模型提供了有力的支持。为了进一步增强模型的精确性和解释力，进一步实施了 Hausman 检验和 LR 检验。这些检验结果均显著地拒绝了原假设，这表明无论采用哪种空间权重矩阵，都应该选择含有个体时间固定效应的空间计量模型。综上所述，为了确保研究的严谨性和结论的可靠性，本章最终选定了含有个体时间双固定的空间杜宾模型进行后续研究。这一选择不仅基于充分的统计检验，也符合经济学理论和实证研究的最佳实践，为深入探讨相关经济现象提供了坚实的基础（见表 5 – 10）。

表 5 – 10　　　　　　　　　空间计量模型选择检验

检验类型		反距离矩阵		逆经济矩阵		邻接矩阵	
		统计量	P 值	统计量	P 值	统计量	P 值
LM 检验	Moran's I	3.648	0.000	2.265	0.024	1.978	0.048
	LM_erorr	9.523	0.002	4.208	0.040	2.987	0.084
	Robust_LM_erorr	17.237	0.000	12.053	0.001	16.246	0.000
	LM_lag	4.284	0.038	0.831	0.362	8.325	0.004
	Robust_LM_lag	11.998	0.001	8.676	0.003	21.584	0.000
LR 检验	H0：SDM 可退化为 SAR	32.51	0.0000	57.92	0.0000	54.60	0.0000
	H0：SDM 可退化为 SEM	46.46	0.0000	75.67	0.0000	80.13	0.0000
Hausman 检验	固定 or 随机效应	54.83	0.0000	31.53	0.0075	28.50	0.0186
LR 检验	个体 or 混合固定效应	40.32	0.0007	44.91	0.0001	31.81	0.0106
	时间 or 混合固定效应	389.16	0.0000	483.61	0.0000	409.79	0.0000

3. 静态和动态空间杜宾模型回归结果对比及分析

鉴于反距离矩阵具有满足空间权重矩阵外生性假定的独特性质，本章在后续分析中优先选择使用反距离矩阵。同时，为了确保研究的稳健性，还采用了逆经济距离矩阵和邻接矩阵进行对照检验。这样的多重验证方法有助于更全面、更准确地把握经济现象的空间特性。在模型选择上，我们认识到数字经济对中国式现代化的推动作用可能并非立竿见影，而是存在一定的时间滞后。因此，为了更精确地刻画这种动态关系，我们选择了带有时间滞后项、空间滞后项以及时间空间双滞后项的动态空间杜宾模型。通过与静态空间杜宾模型的对比分析，我们能够更深入地理解数字经济与中国式现代化之间的复杂联系，并从中选出更为恰当的模型进行后续研究。具体的回归结果见表 5 – 11。这张表格为我们提供了丰富的数据支持，能帮助我们更科学地解读数字经济与中国式现代化之间的关系，并为我们的研究结论提供了有力的实证依据。

表 5-11　　　　　　　静态和动态空间杜宾模型回归结果

变量	静态空间杜宾模型（1）CSM	动态空间杜宾模型		
		含时间滞后项（2）CSM	含空间滞后项（3）CSM	含时空双滞后项（4）CSM
L. CSM		1.3108 ***（0.0413）		1.2827 ***（0.0428）
L. W×CSM			−0.5073（1.0282）	5.3133 ***（0.2201）
DE	0.0087 **（0.0036）	0.0043 **（0.0021）	0.0098 ***（0.0038）	0.0010（0.0020）
lngdp	0.0378（0.0454）	−0.1133 ***（0.0139）	0.0344（0.0490）	−0.0335 ***（0.0128）
lnpop	0.2558 **（0.1228）	0.0997 **（0.0451）	0.2454 *（0.1420）	0.0590（0.0412）
lnedu	−0.0649 **（0.0255）	0.0511 ***（0.0074）	−0.0552 **（0.0270）	0.0132 *（0.0069）
lnser	−0.0386 *（0.0205）	0.0238 ***（0.0040）	−0.0395 *（0.0219）	0.0217 ***（0.0043）
lnhml	−0.1327 ***（0.0438）	0.0693 ***（0.0097）	−0.1273 ***（0.0481）	0.0628 ***（0.0088）
gov	−0.0003（0.0004）	0.0009 ***（0.0002）	−0.0001（0.0004）	0.0003 *（0.0002）
W×DE	−0.0315 *（0.0172）	−0.0352 ***（0.0131）	−0.0310（0.0209）	−0.0646 ***（0.0142）
W×lngdp	−0.2022（0.2704）	−1.6610 ***（0.0838）	−0.2456（0.2502）	−0.7384 ***（0.0787）
W×lnpop	0.6313（0.4316）	5.3793 ***（0.2538）	1.0206 *（0.5667）	1.1167 ***（0.2630）
W×lnedu	0.2454（0.1718）	0.6426 ***（0.0780）	0.2492（0.1656）	0.3920 ***（0.0777）
W×lnser	−0.2424 **（0.1128）	0.1716 ***（0.0466）	−0.2660 **（0.1265）	0.1061 **（0.0452）

续表

变量	静态空间杜宾模型 （1）CSM	动态空间杜宾模型		
		含时间滞后项 （2）CSM	含空间滞后项 （3）CSM	含时空双滞后项 （4）CSM
W × lnhml	−0. 5421 ** （0. 2331）	0. 7471 *** （0. 0651）	−0. 6462 * （0. 3527）	0. 7740 *** （0. 0672）
W × gov	−0. 0022 （0. 0028）	0. 0160 *** （0. 0015）	−0. 0018 （0. 0032）	0. 0058 *** （0. 0014）
rho	−0. 0236 （0. 3042）	3. 3556 *** （0. 1482）	0. 1359 （0. 0866）	0. 7965 *** （0. 1590）
sigma2_e	0. 0002 *** （0. 0000）	0. 0000 *** （0. 0000）	0. 0002 *** （0. 0000）	0. 0000 *** （0. 0000）
时间固定	控制	控制	控制	控制
个体固定	控制	控制	控制	控制
N	330	300	300	300
R^2	0. 1062	0. 1090	0. 0871	0. 2095
AIC	−1 900. 950	−2 125. 926	−1 725. 718	−2 140. 109
BIC	−1 840. 165	−2 062. 962	−1 662. 754	−2 073. 441

注：括号内为稳健标准误，*、**、*** 表示分别在10%、5%和1%水平下显著。

通过深入分析和比较表 5 – 11 中各模型的 R^2、AIC 和 BIC 等指标结果，我们可以明确地看到，含有时空双滞后项的动态空间杜宾模型在各项评价指标上均表现出显著的优越性。这一发现为选择更合适的模型提供了强有力的依据。在动态空间杜宾模型中，时间滞后和空间滞后项均在 1%的显著性水平下呈现出显著性，这充分说明数字经济对中国式现代化水平的作用效果不仅具有时间上的滞后性，也存在空间上的滞后效应。这一发现揭示了数字经济影响的复杂性和多维性，也使得采用动态空间杜宾模型相较于静态空间杜宾模型显得更为合理和科学。值得注意的是，当我们将空间溢出效应纳入考量时，发现数字经济对区域中国式现代化的空间溢出影响实际上是负向的。这意味着一个区域数字经济的发展，可能会对周边地区的现代化发展产生抑制作用，深入探究其原因，我们发现数字经济发展程度较高的地区往往会产生一种"虹吸效应"，吸引周边地区的人才、资金等资源向自身流动。这种资源的集中效应，虽然在一定程度上促进了该地区的数字经济发展，但也可能对周边地区的现代化建设产生不利影响，甚至可能加剧地区间的"数字鸿沟"问题。具体来说：第一，资源虹吸效应。数字经济在某一区域的快速发展会吸引大量的人才、资本和技术等生产要素向该地区集聚，这种资源的集中使得该区域在经济发展上获得优势，但也可能"虹吸"周边地区的相关资源，导致周边地区在资源匮乏的情况下难以实现自身的现代化发展。第二，竞争压力增大。随着数字经济的蓬勃发展，一些先进地区可能会形成强大的竞争优势，使得周边地区面临更大的市场竞争压力。这些周边地区可能在技术创新、产业升级等方面受到制约，难以与先进地区展开有效竞争，从而影响了其现代化进程。第三，制度环境差异。不同区域之间的制度环境、政策扶持等方面存在差异。一些数字经济发展迅速的地区往往能够享受到更多的政策支持和制度红利，而这些优惠措施可能并不适用于或未能及时覆盖到周边地区，这可能导致周边地区在发展过程中处于不利地位，难以分享数字经济发展的成果。第四，技术扩散障碍。虽然数字技术具有传播速度快、范围广的特点，但在实际应用中，技术的扩散和转移往往会受到多种因素的制约。例如，人才培训、技术适配性、产业链协同等问题都可能成为阻碍技术在不同地区间有效传播的障碍。这使得数字经济在某一区域的快速发展并不能直接转化为周边地区的现代化动力。第五，地区合作不足。在某些情况下，由于地区间的合作机制不够完善或者缺乏有效的沟通协作平台，可能导致数字经济发展快的地区与周边地区之间缺乏紧密的联动关系。这种情况下，即使周边地区有发展的需求和潜力，也难以得到有效支持和协同发展机会。综上所述，我们的研究结果证实了假设1中关于数字经济对中国式现代化具有空间溢出效应的说法是成立的，这一发现不仅丰富了对数字经济与中国式现代化关系的理解，也为政策制定者提供了新的视角和思考。

4. 时空双滞后动态空间杜宾模型直接与间接效应分解

为了进一步剖析数字经济对中国式现代化水平的空间溢出效应，本章采用了时空双滞后动态空间杜宾模型，并对其进行了直接和间接效应的分解，这样的分析方法有助于更细致地理解数字经济如何影响中国式现代化的进程。考虑到中国式现代化水平可能会受到地理和经济发展差异的影响，决定从不同角度对样本进行划分并进行对比讨论。具体来说，根据国家统计局的最新划分标准，将研究区域分为东部、中部和西部三个部分。其中，东部地区包括北京、天津、河北、辽宁、上海、江苏、浙江、福建、山东、广东和海南11省（市），中部地区涵盖山西、吉林、黑龙江、安徽、江西、河南、湖北和湖南8省，而西部地区则涉及内蒙古、广西、重庆、四川、贵州、云南、西藏、陕西、甘肃、青海、宁夏和新疆12省（区、市）。此外，为了更全面地反映经济发展水平的差异，还通过比较样本地区人均GDP的年均值与全国整体人均GDP的年均值，将研究区域划分为经济发达地区和经济欠发达地区。通过这种多维度的对比分析，期望能够更准确地揭示数字经济在不同地理和经济背景下对中国式现代化的影响。模型检验的详细结果见表5-12，这些数据为本章提供了深入探究数字经济与中国式现代化之间复杂关系的实证基础。

表5-12 　　　　　不同区域动态空间杜宾模型直接和间接效应分解

变量	总体 (1) CSM	东部地区 (2) CSM	中部地区 (3) CSM	西部地区 (4) CSM	经济发达地区 (5) CSM	经济欠发达地区 (6) CSM
L. CSM	1.2827 *** (0.0428)	2.5218 *** (0.0923)	1.6047 *** (0.1199)	1.8140 *** (0.0905)	4.2925 *** (0.0901)	2.2082 *** (0.0743)
L. W×CSM	5.3133 *** (0.2201)	3.9073 *** (0.3333)	-2.2693 *** (0.5730)	7.7861 *** (0.6438)	9.1283 *** (0.3566)	11.0973 *** (0.5905)
DE	0.0010 (0.0020)	-0.0124 *** (0.0033)	0.0010 (0.0032)	-0.0045 (0.0040)	-0.0050 ** (0.0022)	-0.0268 *** (0.0038)
W×DE	-0.0646 *** (0.0142)	-0.0156 (0.0133)	0.0454 *** (0.0096)	0.0385 (0.0264)	0.0491 *** (0.0097)	-0.1931 *** (0.0226)
rho	0.7965 *** (0.1590)	0.4754 ** (0.2245)	1.3672 *** (0.1958)	0.0486 (0.2946)	1.0033 *** (0.2262)	0.6719 *** (0.2235)
sigma2_e	0.0000 *** (0.0000)	0.0001 *** (0.0000)	0.0000 *** (0.0000)	0.0000 *** (0.0000)	0.0000 *** (0.0000)	0.0000 *** (0.0000)
短期直接效应 （DE）	0.0032 (0.0020)	-0.0116 *** (0.0032)	-0.0220 (0.0598)	-0.0038 (0.0048)	-0.0113 *** (0.0033)	0.0117 (1.2597)

续表

变量	总体 (1) CSM	东部地区 (2) CSM	中部地区 (3) CSM	西部地区 (4) CSM	经济发达地区 (5) CSM	经济欠发达地区 (6) CSM
短期间接效应 (DE)	-0.0380 *** (0.0082)	-0.0074 (0.0107)	0.0422 (0.0597)	0.0448 (0.0359)	0.0341 *** (0.0058)	0.5789 (22.6826)
短期总效应 (DE)	-0.0348 *** (0.0085)	-0.0191 * (0.0110)	0.0203 *** (0.0049)	0.0411 (0.0396)	0.0228 *** (0.0054)	0.5906 (23.9423)
长期直接效应 (DE)	0.0252 ** (0.0109)	0.0093 (0.0943)	0.0065 *** (0.0019)	-0.0106 ** (0.0042)	-0.0014 (0.0028)	0.0307 (0.2767)
长期间接效应 (DE)	-0.0122 (0.0100)	-0.0039 (0.0944)	0.0093 ** (0.0042)	0.0062 ** (0.0027)	-0.0025 (0.0026)	-0.0139 (0.2766)
长期总效应 (DE)	0.0130 *** (0.0030)	0.0054 * (0.0028)	0.0158 *** (0.0037)	-0.0043 (0.0032)	-0.0039 *** (0.0009)	0.0167 *** (0.0019)
控制变量	控制	控制	控制	控制	控制	控制
时间固定	控制	控制	控制	控制	控制	控制
个体固定	控制	控制	控制	控制	控制	控制
N	300	110	80	110	110	190
R^2	0.2095	0.0938	0.0179	0.4028	0.0068	0.5812

注：括号内为稳健标准误，＊、＊＊、＊＊＊表示分别在10%、5%和1%水平下显著。

表5-12的检验结果清晰地揭示了数字经济在不同地理区域对中国式现代化水平的影响。具体来说，在东部地区，数字经济在短期内会对本区域的中国式现代化水平产生抑制作用，这可能是因为东部地区的数字经济已经相当发达，深入渗透到了现代化的各个领域，因此需要寻找新的增长动力来进一步推动现代化建设。换言之，东部地区在数字经济的推动下已经达到了一个较高的现代化水平，想要更进一步发展，就需要寻找和探索新的增长点。对于中部地区而言，数字经济对中国式现代化的影响在长短期内都表现出积极的正向作用，这意味着中部地区应该紧紧抓住数字经济发展的机遇，借此缩小与东部地区的差距，实现区域间的协同发展。数字经济的蓬勃发展，为中部地区提供了一个迎头赶上的良机。在西部地区，数字经济的影响则主要在长期内通过空间溢出效应对中国式现代化产生积极影响，这可能是由于西部地区的数字经济发展尚处于初级阶段，其推动区域现代化的潜力在短期内并未完全释放。但随着时间的推移，数字经济

对区域中国式现代化的促进作用将逐渐显现。因此，西部地区需要进一步加强数字基础设施建设，大力发展数字经济，以降低区域经济的两极化趋势，努力消除"数字鸿沟"，从而实现区域的协同发展。总的来说，数字经济对中国式现代化的影响因地理区域的不同而呈现出多样化的态势，各地区应根据自身的实际情况，制定相应的发展策略，以充分利用数字经济带来的机遇，推动本区域的现代化进程。

在探讨数字经济对不同经济发展水平地区的影响时，我们发现了有趣的规律。对于经济发达地区，数字经济在短期内即通过周边地区对中国式现代化产生了积极效果，这些地区的数字经济已经相对成熟，因此在短期内就能显著推动现代化进程。然而，从长期来看，其空间溢出效应并不如短期内那样显著，这可能是因为随着数字经济的发展，需要更多的创新和突破来持续推动现代化。因此，地方政府和国家政策的支持变得尤为重要，以确保这些地区能够持续领跑，全面实现共同富裕。相比之下，经济欠发达地区的数字经济对周边地区中国式现代化的影响则呈现出不同的特点。虽然短期内数字经济的效应可能并不明显，甚至可能因资源争夺而产生负向影响，但从长期来看，数字经济对这些地区的中国式现代化发展具有显著的正向效应，这是因为经济欠发达地区的数字经济基础设施等领域虽然目前较为落后，但也意味着它们拥有巨大的提升空间和发展潜力。通过坚持数字经济的长期发展，这些地区可以显著提高经济社会各领域资源配置的效率，推动数字生产力的快速提升，对全面推进中国式现代化具有积极意义。综上所述，我们可以确认假设3成立，即数字经济对不同经济发展水平地区的影响具有显著差异。这一发现不仅有助于更深入地理解数字经济与中国式现代化的关系，也为政策制定者提供了有针对性的指导建议。

5. 稳健性检验

由于空间计量模型的回归结果在很大程度上受到所选用矩阵类型的影响，为了确保前文所述空间计量模型的稳定性和可信度，决定采用逆经济距离矩阵和邻接矩阵对其进行稳健性检验，这样的检验方法有助于更全面地评估模型的有效性和准确性。通过仔细观察表5－13中空间杜宾模型的回归结果可以发现，大多数变量的系数及其显著性与前文的分析结果保持了高度的一致性，这一发现进一步证实了这些变量在研究中国式现代化水平时所具有的重要影响力。这些变量的稳定性和显著性为我们的研究提供了有力的支持，表明模型和分析方法是可靠和有效的。

表5－13　　　　　　　　　　空间杜宾模型稳健性检验

变量	逆经济距离矩阵 （1）CSM		邻接矩阵 （2）CSM	
L. CSM	1. 1330 *** （0. 0361）		1. 1453 *** （0. 0431）	
L. W × CSM	0. 4399 *** （0. 0486）		0. 7692 *** （0. 1271）	
DE	－ 0. 0014 （0. 0018）	－ 0. 0058 （0. 0038）	－ 0. 0002 （0. 0018）	－ 0. 0083 * （0. 0043）
lngdp	－ 0. 0122 （0. 0130）	－ 0. 0527 *** （0. 0147）	－ 0. 0192 （0. 0126）	－ 0. 0605 ** （0. 0293）
lnpop	0. 0619 * （0. 0339）	0. 0307 （0. 0483）	0. 0522 （0. 0322）	－ 0. 0370 （0. 0724）
lnedu	0. 0137 * （0. 0078）	0. 0402 *** （0. 0155）	0. 0156 * （0. 0084）	0. 0455 ** （0. 0210）
lnser	0. 0176 *** （0. 0045）	－ 0. 0101 （0. 0090）	0. 0108 *** （0. 0037）	0. 0192 ** （0. 0090）
lnhml	0. 0283 *** （0. 0082）	0. 0380 *** （0. 0106）	0. 0234 *** （0. 0075）	0. 0909 *** （0. 0215）
gov	0. 0006 *** （0. 0002）	0. 0002 （0. 0003）	0. 0003 （0. 0002）	0. 0006 （0. 0006）
rho	0. 0218 （0. 0369）		0. 0596 （0. 0933）	
sigma2_e	0. 0000 *** （0. 0000）		0. 0000 *** （0. 0000）	
时间固定	控制		控制	
个体固定	控制		控制	
N	300		300	
R^2	0. 7155		0. 7053	

注：括号内为稳健标准误，＊、＊＊、＊＊＊表示分别在10％、5％和1％水平下显著。

然而，值得注意的是，在更换了权重矩阵之后，数字经济变量的系数显著性出现了降低的情况。这一变化提示我们，数字经济对中国式现代化水平的影响可能受到地理距离因素的某种制约，换言之，地理距离可能在某种程度上削弱了数字经济对现代化进程的推动作用。我们推测，这种地理距离因素的影响可能与数字经济在不同地区之间的扩散和传播速度及范围密切相关。具体来说，由于地理位置的限制，数字经济可能在某些地区，特别是那些距离较远或地理环境较为复杂的区域，其扩散和传播的速度会相对较慢，范围也会受到一定限制，这种情况可能导致这些地区在接受和利用数字经济方面相对滞后，从而影响数字经济在当地现代化进程中的积极作用。因此，在制定相关政策和策略时，应充分考虑地理距离因素对数字经济推动作用的影响，以确保数字经济的红利能够更广泛、更均匀地惠及各个地区，从而全面加速中国式现代化的进程。

四、结论与政策建议

1. 研究结论

基于深入的理论分析，本章聚焦于数字经济对中国式现代化的影响。采用了 2011～2021 年中国 30 个省份（不包括西藏及港澳台地区）的丰富面板数据，进行了全面的实证研究。通过运用核密度估计、固定效应模型、分位数回归模型、门槛效应模型和空间杜宾模型，我们深入剖析了数字经济对区域中国式现代化的具体效应、作用机制以及其空间演化特征。同时，我们还探讨了在不同地理区域和经济发展水平地区中，数字经济与中国式现代化之间的空间溢出效应。通过详尽的数据分析，得出了以下几点重要结论。

第一，2011～2021 年，中国的区域数字经济与中国式现代化水平均呈现出逐年上升的趋势。然而，这种增长并非均衡，而是伴随着区域差异的逐渐增大，这反映了中国在发展过程中的不均衡性，也揭示了数字经济发展的复杂性和多样性。

第二，数字经济能显著推动中国式现代化水平的提升，更为重要的是，随着中国式现代化水平的不断提高，数字经济对其的推动作用也变得越来越强。这一发现在通过一系列稳健性检验后依然稳固，进一步证实了数字经济与中国式现代化之间的紧密联系。

第三，通过非线性机制的分析，发现数字经济对中国式现代化的影响存在一个明显的门槛效应。当数字经济的水平超过某个特定的门槛值时，它会对区域中国式现代化的发展产生显著的促进作用，这一发现为我们研究如何有效利用数字经济推动中国式现代化提供了重要启示。

第四，空间杜宾模型的结果揭示了数字经济对中国式现代化的效应具有显著的空间溢出特征，并且这种效应在不同的区域间存在明显的异质性。具体来说，在东部地区，数字经济的发展在一定程度上抑制了本区域的中国式现代化水平；而在中部地区，数字经济则通过空间溢出效应促进了周边地区的中国式现代化发展；对于西部地区，数字经济的影响则并不显著。同时也应注意到，在经济发达的地区，数字经济主要通过周边地区对中国式现代化的发展产生积极影响，而在经济欠发达的地区，数字经济则可能通过空间溢出效应对周边地区的中国式现代化产生负面影响。

2. 政策建议

根据前述深入且全面的研究结论，本章针对性地提出以下政策建议。

第一，积极推动数字技术与实体经济的深度融合。这种融合不仅意味着技术层面的进步，更是对经济发展模式的一次深刻变革。通过进一步强化数字产业化与产业数字化的双向协同发展，可以实现传统经济与数字经济的优势互补，共同推动经济的持续健康发展。随着数字经济与实体经济的日益交织，数字技术的潜力正逐渐被挖掘并运用到各个领域。特别是在推动区域新型数字基础设施重构方面，数字技术发挥着举足轻重的作用。通过利用数字技术，可以有效地弥补不同区域在现代化基础设施方面的差距，为各地区的均衡发展提供有力支持。数字与实体经济的深度融合，不仅能够推进各产业的数字化转型，使传统产业焕发新的生机与活力，更能大幅提升资源的利用效率。数字化转型意味着对传统产业的运营模式、生产流程以及管理方式进行全面优化，从而实现资源的高效利用和节约，这种转型不仅有助于提升企业的竞争力,还能为社会的可持续发展作出贡献。同时,数字经济的独特优势在这种融合中得到了充分体现。数字经济具有高效、便捷、灵活等特点,能够快速响应市场需求,推动创新和升级。通过与实体经济的深度融合,数字经济可以更好地服务于实体经济,为实体经济的发展提供强大的技术支撑和创新动力,这种融合不仅夯实并巩固了我们已有的中国式现代化成果,更为未来的发展奠定了坚实的基础。此外,数字与实体经济的融合还为解决产业之间以及不同区域之间的发展不均衡问题提供了新的思路和方法。通过数字技术的运用,可以打破地域限制,实现资源的优化配置和共享,从而推动各地区的均衡发展,这不仅有助于缩小区域发展差距,更能促进社会的公平与和谐。

第二,提高对数字经济相关政策的扶持力度,努力消除"数字鸿沟"。确保每个地区、每个群体都能享受到数字经济发展的红利。在制定和实施相关政策时,必须坚持精准施策的原则,充分发挥各地区的独特优势,同时有效规避其短板,以实现区域经济的均衡与协同发展。为了达到这一目标,需要根据不同区域的数字经济发展现状和特点,实施更为精准、细致的政策。这意味着政策制定者需要深入了解各地区的实际情况,量身定制符合当地发展需求的政策措施。通过这样的方式,可以更为灵活和高效地利用数字经济,推动各区域的协同发展,进而实现整体经济的持续增长。同时,对数据资源、现代信息网络以及信息通信技术的融合应用等领域进行综合管理,是提升数字经济治理能力的重要一环,需要通过完善相关法规和标准,加强数据安全保护,促进数据资源的合理利用和流通,进一步释放数据作为关键要素的价值。这将有助于培育出一个开放、创新、安全、协调、普惠的发展生态,为数字经济治理能力的现代化建设提供强大的助力。此外,还应该重点打造数字经济发展的核心区域,通过政策倾斜和资源投入,形成具有示范效应的优势区域,这些区域将成为数字经济发展的领头羊,引领和带动周边地区的数字经济发展,推动这些重点区域的基础设施数字化升级,加强产业的跨区域协同合作,以实现资源共享、优势互补,共同推动数字经济的蓬勃发展。通过这些措施,可以充分发挥数字经济发达地区的引领和带动作用,为整个国家的数字经济发展注入强大的动力。

第三，强调各地区之间的协调发展，始终坚持"因地制宜"的基本原则。中国地域辽阔，各地区在地理位置、资源禀赋和经济发展阶段上存在显著差异，因此，不能采取"一刀切"的发展策略，而应当根据各地区的实际情况，制定差异化、精准化的发展路径。为了实现这一目标，应当遵循集中与均衡相结合的开发模式，这意味着在优化资源配置时，既要注重整体效率，也要兼顾地区间的均衡发展。具体来说，应当引导人才、技术、资金等关键资源向重点开发区域集中，以形成规模效应和集聚效应，推动这些区域快速发展。同时，也要确保资源在各地区间的合理分配，避免部分地区因资源过度集中而引发发展失衡问题。特别是针对西部地区，由于其工业结构主要以资源的开采和初步加工为主，产业结构相对单一，因此更需要利用数字经济的优势来推动其产业结构的升级。通过引入先进的数字技术，西部地区可以实现产业链的延伸和拓展，提高产品的附加值和市场竞争力，这不仅可以促进西部地区的经济发展，还有助于缩小与东部发达地区的差距。同时，也不能忽视经济相对落后的地区，这些地区往往缺乏足够的资源和技术支持，发展数字经济可以成为其实现经济跨越式发展的重要途径。在这个过程中，政府应当扮演好引导者和支持者的角色，为各地区提供必要的政策支持和资金扶持，推动数字经济在全国范围内的均衡发展。

第四，根据各地区的特色和优势进行合理规划和布局，以实现经济、社会、环境的和谐发展。在这个过程中，需要充分挖掘各地区的潜力和特色。例如，一些地区可能拥有丰富的自然资源，可以通过科学合理地开采和利用，推动当地经济的发展；另一些地区则可能在文化旅游、现代服务业等方面具有独特优势，可以通过打造特色品牌，吸引更多的游客和投资者。除了挖掘地区潜力，还需要注重各地区间的协同发展，这包括加强地区间的交流与合作，推动产业链、创新链、资金链、人才链的深度融合，形成优势互补、共同发展的良好局面。通过协同发展，我们可以有效避免地区间的恶性竞争和资源浪费，实现全国范围内的资源优化配置和高效利用。同时，也要关注经济发展与环境保护的协调。在推动经济发展的过程中，必须始终坚持绿色发展理念，加强对生态环境的保护和修复，确保经济发展与生态环境相协调、相促进。最后，为了实现各地区的协调发展，还需要建立完善的政策体系和保障机制，这包括制定针对性的区域发展政策，提供必要的财政、金融、人才等支持，以及加强监督和评估，确保各项政策得到有效落实。总的来说，强调各地区之间的协调发展，坚持"因地制宜"的原则，是推动全国经济发展的重要指导思想。通过充分挖掘地区潜力、加强地区间协同发展、注重经济与环境的协调以及建立完善的政策体系和保障机制，可以为实现不同地区的均衡、共同富裕的发展目标提供更为强大的支撑和动力。

第五，持续推进数字基建的提升和扩展。数字基础设施是数字经济发展的基石，它不仅可以降低阻碍经济发展的各种交易成本，提高市场效率，还能为各类企业提供便捷、高效的信息服务，推动区域经济的协调发展，应当大力支持这些地区积极发展数字经济，特别是加强数字基础设施的建设。通过加强数字基础设施的建设和推动数字经济的普及，可以充分发挥数字基础设施在推动区域协调发展中的核心作用。进一步加大投入，提升数字基础设施的覆盖面和质量，以更好地满足人民群众对高质量数字服务的需求。这不仅可以进一步变革生活方式、提高生活质量，还能为产业发展提供更强大的支撑，推动传统产业的数字化转型和升级。同时，注重缓解市场发展中的供需平衡难题，推动形成更加高效、高质量的经济发展新模式，促进数字产业的快速发展。同时，利用数字技术的优势，推动电信业、软件和信息服务业等为代表的数字产业向智能化、协同化、服务化方向发展。这不仅有助于提升数字产业的竞争力，还能为工业、服务业的数字化转型升级提供有力支撑，并有助于补齐中国式经济现代化的短板，为实现不同地区的均衡、共同富裕的发展目标提供有力的支撑。

第六，加强数据要素的市场化应用。充分发挥数据要素的潜能，利用其表现出的范围经济和规模经济特性来降低生产成本、提高生产效益。在数字化时代，数据已经成为一种重要的生产要素。为了更有效地利用这一宝贵的资源，必须加强数据要素的市场化应用，这意味着需要构建一个更加开放、透明和规范的数据市场，让数据能够在各个行业之间自由流通，并充分发挥其经济价值。另外，通过加强数据要素的市场化应用，还可以充分发挥数据要素的潜能。数据具有范围经济和规模经济的特性，这意味着随着数据量的增加，其利用价值将呈现指数级增长，可以利用这一特性，通过大数据分析、人工智能等技术手段，深入挖掘数据中的价值，从而降低生产成本、提高生产效益。这不仅能够为企业带来更大的利润空间，也有助于推动整个社会的经济发展。然而，在加强数据要素市场化应用的同时，也必须高度重视数据的安全和保护。建立健全的数据治理体系和数据安全保护机制是确保数据安全、流动和利用符合法律法规和社会公共利益要求的关键，应该制定严格的数据保护政策，明确数据的所有权、使用权和经营权，防止数据被非法获取和滥用。同时，还需要加强数据安全技术的研发和应用，确保数据的传输、存储和处理过程中都能够得到有效地保护。此外，还应积极推动数据共享和开放，鼓励企业、政府和社会各界共同参与数据治理。通过建立一个多方参与的数据治理体系，我们可以更好地平衡数据的利用和保护之间的关系，确保数据能够在合法、合规的前提下为社会发展作出更大的贡献。

第七，创新数字经济政策和管理方式。为了推动中国式现代化发展，必须根据数字经济的特点和发展规律，制定和实施更具针对性的政策措施和管理办法。数字经济具有其独特性，如数据驱动、网络效应、快速迭代等，这些特点要求在政策制定和管理实践中采取全新的视角和方法。传统的经济政策和管理模式可能无法完全适应数字经济的快速变革，因此需要我们进行创新思维，以更好地引导和规范数字经济的发展。具体而言，可以探索建立适应数字经济发展的新型监管模式，这种监管模式应该既能够保障市场的公平竞争，维护消费者的合法权益，又能激发市场的活力和创新动力。例如，可以研究并实施灵活的监管措施，以适应数字经济领域快速变化的技术和业务模式。同时，通过加强跨部门、跨地区的协调合作，形成高效的监管合力，确保数字经济的健康有序发展。此外，还应该注重数字经济政策的前瞻性和可持续性。在制定政策时，要充分考虑未来技术的发展趋势和市场需求，确保政策能够引导数字经济朝着更加绿色、可持续的方向发展。同时，也要关注数字经济对就业、教育、社会保障等领域的影响，制定相应的政策措施，以实现数字经济的包容性增长。

第六章

中国式现代化进程中数字经济服务区域经济共同发展的内在机理和效应研究

第一节　数字经济促进区域经济发展的内在机制

一、数字经济促进区域经济发展的背景

党的二十大报告深刻勾画了社会主义现代化建设的宏伟蓝图："中国式现代化的本质要求是：坚持中国共产党领导，坚持中国特色社会主义，实现高质量发展，发展全过程人民民主，丰富人民精神世界，实现全体人民共同富裕，促进人与自然和谐共生，推动构建人类命运共同体，创造人类文明新形态。"习近平总书记一直深切关注边远地区的发展，他铿锵有力地提出，"必须把推动各民族为全面建设社会主义现代化国家共同奋斗作为新时代党的民族工作的重要任务。全面建设社会主义现代化国家，一

个民族都不能少。没有各民族共同团结奋斗就难以实现社会主义现代化，没有各民族共同繁荣发展也不是社会主义现代化。要以各族人民对美好生活的向往为目标，促进各民族紧跟时代步伐，共同团结奋斗、共同繁荣发展，在实现共同富裕、迈向社会主义现代化的征程中同舟共济、携手并进"①。这些高瞻远瞩的指示清晰地揭示了推动各地区共同发展对于中国实现现代化和共同富裕目标的至关重要性。深刻领悟习近平总书记关于各地区现代化建设的指导思想，对于引领各地区经济现代化具有举足轻重的意义。各地区的共同发展是中国式现代化中不可分割的组成部分，各地区与国家、各民族与中华民族共同体之间存在着微妙的共生关系，它们相互依存，共同进退。然而，受历史与现实因素的影响，边远地区在经济社会方面稍显滞后，发展动力与后劲有待提高，与全国整体的现代化步伐存在一定的落差。鉴于此，必须集中精力解决边远地区的发展难题，确保其不被现代化的大潮所遗弃。值得一提的是，在数字经济风起云涌的当下，它已成为助推中国特色社会主义现代化建设的新引擎。近年来，得益于互联网、大数据、云计算、人工智能、区块链等尖端数字技术的飞速发展，数字经济以前所未有的速度、广度和深度影响着国家的经济社会格局。因此，更应深入贯彻落实党的二十大精神，充分挖掘数字经济等现代科技手段的潜力，让其在中国式现代化进程中发挥引领作用，为边远地区的持续发展注入新的活力。

在中国现代化的征程中，边远地区与民族问题占据着举足轻重的地位。面对区域间经济发展的不平衡现象，少数民族及其所在地区的经济发展正展现出新的面貌和新的需求。目前，边远地区受到基础设施滞后、地域辽阔但人口分散，以及人才资源匮乏等多重因素的制约，其经济社会发展相较于东部地区显得较为落后。同时，这些地区的产业结构往往较为单一，缺乏市场竞争力，信息化和数字化程度也有待提升。各地区的经济发展内生动力不足，很大程度上需要依赖国家的财政支持。为了促进各地区的均衡发展，应当以数字经济发展为契机，通过局部的突破来带动整体的

---

① 2021 年 8 月 27 ~ 28 日，习近平总书记在中央民族工作会议上的讲话。

提升，进而解决发展不平衡、不充分的问题，并进一步加强民族团结。面对各地区在数字化进程中出现的"数字鸿沟"，各地应依据自身实际情况，加快推进数字乡村建设，让信息化和数字化成为乡村振兴的强大动力，从而将这一"数字鸿沟"转化为"数字红利"，全面推动各地区的现代化进程。各地区的现代化是一个多维度的概念，它不仅包括人的现代化，还涉及经济发展、治理能力、文化繁荣、社会进步以及生态文明等多个方面。为了实现这一目标，还需要从多方面入手，完善各地区的政策体系，优化产业结构和人才布局，根据地方特色走出一条差异化、高质量的发展道路。此外，各地区要依托自身的资源优势和产业基础，充分利用数字经济这一新兴经济形态，使其成为推动地区发展的新引擎，通过加强数字基础设施建设、提升数字治理水平，以及促进数字文化的传播，可以有效地推动各地区在中国式现代化进程中的共同发展。

因此，在中国式现代化的蓬勃发展进程中，数字经济可视为推动各地区协同前进的强大助推器。通过数字经济的深入发展，可以巧妙地将各地区的独特资源和地理优势转化为产业优势、产品优势和服务优势，从而显著提升这些地区的竞争力和自我发展能力。在此背景下，深入探究数字经济发展对边远地区现代化的具体影响，无疑具有深远的现实意义。为了更全面、更准确地反映当前中国式现代化进程和数字经济发展的真实状况，本章首先，构建了一套科学的评价指标体系。这套体系不仅涵盖了中国式现代化的各个方面，还对数字经济发展进行了全面的量化评估。其次，从带动效应和乘数效应两个角度，深入剖析了数字经济如何边远地区现代化注入强大动力，并提出了"数字经济—产业集聚水平—地区共同发展"和"数字经济—产业结构优化—地区共同发展"两大内在机制，以揭示数字经济在推动边远地区发展中的关键作用。再次，为了验证前文提出的理论模型，基于 2011~2021 年边远地区七个省区的丰富面板数据（因数据缺失严重，西藏未纳入研究范围），采用固定效应模型进行了基准回归分析，旨在实证检验数字经济发展对边远地区现代化的具体影响。同时，还利用中介效应模型对前述的内在机制进行了严格地检验。最后，结合实证检验结果和深入的理论分析，为中国式现代化进程中数字经济如何更有效地服务边远地区共同发展提出了一系列切实可行的建议，并期望这些建议能为数字经济发展在推动边远地区现代化方面提供有力的指引，从而助力边远地区实现更为均衡、更为持续的发展。

二、数字经济促进区域经济发展的文献综述

随着我国现代化建设踏上崭新的征程，不同地区在经济社会发展中遇到了前所未有的挑战与机遇。习近平总书记在关于铸牢中华民族共同体意识的第九次集体学习时明确指出："党的二十大之后，我们全国各族人民已经共同踏上了以中国式现代化推进强国建设与民族复兴的新征程，这使得党的民族工作需要应对全新的形势和任务。"这一重要讲话为我们指明了方向，也凸显了边疆地区在新时代的重要地位。全面建成社会主义现代化强国，是每一个民族共同的目标与责任，其中，边疆地区的高质量发展显得尤为关键。在此背景下，学术界对于边疆地区如何在新时代背景下实现高效、可持续的发展进行了广泛而深入的探讨与研究，这些研究不仅为本章提供了宝贵的理论支撑，更为边疆地区的实际操作提供了有力的指导。

中国式现代化道路，这是一条立足国情、结合实际，既彰显中国特色又着眼于长远发展的现代化之路。在这条独特的现代化道路上，数字经济扮演了关键角色，以其鲜明的特点和广泛的影响力，为中国式现代化注入了强大的动力。学者们从中国式现代化的五大特征出发，对数字经济在其中的作用进行了深入的研究和探讨。在人口规模巨大的现代化方面，数字经济展现了其强大的支撑能力。通过与教育、医疗等公共服务行业的深度融合，数字经济为人的全面发展提供了数字支撑，体现了现代化为了人民、依靠人民、成果由全体人民共享的发展理念。对于全体人民共同富裕的现代化，数字经济更是被视为关键的推动力量。例如，王鹏等（2023）明确指出，数字经济在宏观层面提高了经济治理效能、改善了经济发展环境，并促进了经济的普惠共享。李亮亮等（2023）则从数字技术的突破、数字经济与产业经济的深度融合等角度，探讨了数字经济如何有效地推动

共同富裕。夏杰长等（2021）进一步指出，数字经济不仅能推动宏观经济的普遍增长，还有利于实现均衡性增长，从而推动共同富裕事业的稳健前行。在治理体系和治理能力现代化方面，数字经济的兴起对社会治理过程产生了深远影响。陈伟光等（2023）认为数字经济通过创新治理方式和优化治理机制，赋能国家治理体系和治理能力的现代化。同时，关爽等（2021）也指出，数字技术的革新与发展为治理共同体的构建提供了关键要素，并有望解决治理模式转型的稳定预期以及社会治理共同体持续发展的动力问题。在物质文明和精神文明相协调的现代化方面，数字经济也发挥了积极作用。如胡峰等（2023）通过实证研究发现，数字经济促进了中国式现代化的实现，以及物质文明和精神文明的"双提升"。同时，戚聿东等（2024）也指出，数字经济加速了数字文化产业的蓬勃发展，重塑了文化创造、供给与消费方式，进而提升了人口素质与科学文化素养。在生态文明领域，数字经济的发展则展现了其绿色环保的价值。例如，胡海洋等（2023）和杨刚强等（2023）的研究都表明，数字经济已经成为推动经济绿色发展的重要力量。同时，邬彩霞等（2020）和孙晓曦等（2023）也分别从不同角度揭示了数字经济如何驱动现代产业体系的绿色化重构。然而，数字经济的蓬勃发展也伴随着一些挑战，如"数字鸿沟"问题。在边远地区，数字经济发展相对滞后，数字基础设施建设薄弱，为了解决这一问题，学者们如李怡等（2021）和马冬亮等（2023）分别从不同角度提出了建议，以优化边远地区的数字化建设并缩小"数字鸿沟"。吕新业等（2023）则进一步指出了推进边远地区数字化建设的具体路径。综上所述，数字经济在中国式现代化进程中发挥了至关重要的作用。它不仅为人的全面发展提供了数字支撑，还推动了全体人民共同富裕、治理体系和治理能力现代化、物质文明和精神文明相协调以及生态文明的绿色发展。同时，也应关注并努力解决数字经济发展中的挑战和问题，如"数字鸿沟"等，以确保数字经济能够更好地赋能中国式现代化进程。

边远地区的发展历来都是人们瞩目的焦点。随着中国式现代化的理念逐渐深入人心，众多学者开始从不同的维度和深度去剖析边远地区发展与中国式现代化之间的内在联系。一方面，为了推动边远地区的发展，并力求实现其与全国的同步发展，学者们积极探索如何利用现代化手段为边远地区注入新的活力。郑长德等（2023）从全体人民共同富裕的现代化视角，指出共同富裕的难点在低收入的欠发达地区和低收入人群，并重点从区域协调发展角度探讨推进边远地区共同现代化的政策支持。黄泰岩等（2021）针对全面现代化目标定位与边远地区经济发展现状存在的差距，提出了边远地区的现代化建设必须坚持扩大内需，畅通国内大循环，促进国内国际双循环的现代化思路。另一方面，学者们还对边远地区发展与加强中华民族共同体意识之间的关系进行了深入研究。他们认为，要想实现各地区的现代化发展，强烈的共同认同感和归属感是必不可少的支撑。马成明等（2022）研究讨论了边远地区在国家现代化建设发展和中华民族伟大复兴事业中的重要战略地位，并且从政治、经济、文化、社会、生态五个层面展开论述，认为这些相互联系的层面共同决定着各地区的健康发展，王岚等（2023）认为，推动各地区同步实现现代化，必须牢牢抓住新时代民族工作的主线—铸牢中华民族共同体意识。通过传承和弘扬优秀民族文化，加强民族团结教育，促进多元文化融合，使得各地区居民能够凝聚共同的意识和目标，为各地区的现代化建设提供持续动力。总体来看，众多学者已经从理论和实际两个方面深入探讨了各地区发展与中国式现代化的紧密联系，以及实现各地区同步现代化的关键性。然而，如何具体实现各地区共同发展的目标，以及如何利用中国式现代化的思路来推动这一过程仍有许多重大问题需要研究。

现有文献对数字经济在推动中国式现代化及不同地区发展中的积极作用进行了广泛探讨，然而，关于数字经济如何具体促进不同地区发展和现代化的机制研究尚显不足，共识也未完全形成，特别是在解析其作用机理和提供经验证据方面，还存在明显的缺口。鉴于此，本章的创新之处在于：首先，提出了数字经济对不同地区在中国式现代化中同步发展的理论逻辑，并实证检验了省级面板数据。其次，构建了包括六个维度的边远地区现代化水平的综合指标以及涵盖四个维度的数字经济发展指数，以更宏观的视角验证了数字经济发展的影响。最后，从理论和实证两个层面深入探索了数字经济对区域经济发展的内在机理和效应。这些研究不仅填补了现有知识的空白，也为进一步理解数字经济与区域经济发展的关系提供了新的视角。

三、数字经济促进区域经济发展的理论基础和研究假设

（一）数字经济赋能边远地区现代化的整体效应

在数字经济高速发展的背景下，边远地区如何利用这一时代机遇，实现现代化进程的加速，成了一个值得深入探讨的议题。数字经济对边远地区现代化的赋能作用，可以从数字基础设施建设的带动效应和边远地区数字经济发展的乘数效应两个方面进行深入剖析。

1. 数字基础设施建设的带动效应

数字基础设施，作为数字经济的基石，其建设不仅直接推动了相关产业的发展，更在边远地区产生了深远的带动效应。根据新古典经济增长理论，技术进步是推动经济增长的关键因素。数字基础设施建设，如 5G 网络、数据中心等，为边远地区带来了前沿的技术支持，提高了生产效率，从而促进了经济的增长，这种增长是可持续的，因为它不仅仅是量的增加，更是质的提升。产业经济学理论中也提到，良好的基础设施有助于产业的集聚，形成规模效应，边远地区通过数字基础设施的建设，能够吸引更多的企业和资本进入，进而推动本地产业的升级和转型。此外，数字基础设施的建设还具有相应的产业集聚与扩散效应，具体而言，数字基础设施的完善，使得边远地区能够更好地融入全球产业链和价值链。

发挥好数字基础设施建设的带动效应，一是带动边远地区电子商务蓬勃发展。随着数字基础设施建设的深入推进，边远地区的电子商务迎来了前所未有的蓬勃发展。大数据、物联网、区块链等尖端技术如同智慧的种子，在这里落地生根，苗壮成长，共同构建起了先进而高效的电子商务平台。这无疑为边远地区与外部世界之间架起了一座坚实的沟通桥梁，曾经因地理位置偏远而带来的种种劣势，在数字技术的赋能下逐渐被削弱，甚至转化为独特的地理和文化优势，边远地区的特色产品和文化，得以通过

电子商务平台，以更直观、更便捷的方式展示给全世界的消费者。更为重要的是，数字基础设施的建设加速了边远地区农业产业链的数字化步伐。传统的农业生产方式在数字化的驱动下，逐渐转型升级，实现了精准种植、智能管理、高效销售，这不仅提高了农业生产的效率和品质，更让边远地区的农业产业焕发出新的生机与活力。同时，它也加速了边远地区农业产业链的数字化步伐。电子商务不仅为边远地区带来了经济效益的提升，更在文化传承、生态保护等方面发挥了积极作用。边远地区的特色文化和自然景观，通过电子商务平台得到了更广泛的传播和保护，进一步增强了边远地区的软实力和影响力。

二是带动了边远地区人口的数字素养和技能提升。随着数字基础设施建设的深入推进，边远地区人口的数字素养和技能得到了显著提升，互联网不仅成为民众获取信息、主动学习的新途径，更是他们提升自我、实现梦想的重要平台。在这一进程中，实际操作能力的提升使得一批批专业的本地数字化人才如雨后春笋般涌现，这些数字化人才，他们凭借着对数字技术的深入理解和精湛技能，不仅为当地创造了更多的就业机会，还引领着边远地区科技发展的新浪潮。他们的创新思维和技术实力，为边远地区的科技发展注入了源源不断的创新活力，推动着当地产业结构的优化升级。数字人才的崛起，不仅仅是技术进步的体现，更是边远地区现代化进程的重要推动力，他们以自己的专业知识和技能，助力边远地区跨越数字鸿沟，拥抱现代化的新机遇。可以说，这些数字人才正成为推动边远地区现代化进程的关键力量，他们的存在和发展，将为边远地区的未来描绘出一幅更加美好的蓝图。

三是带动提升边远地区乡村治理的数字化水平。数字基础设施的建设使得边远地区乡村治理的数字化水平得到了显著提升，这一历史性的变革不仅重塑了乡村管理的传统模式，还为当地居民带来了前所未有的便捷与高效公共服务，为边远地区城乡一体化的发展注入了强大的动力。过去，边远地区乡村治理往往面临着信息不畅、管理手段落后等问题。然而，随着数字基础设施的完善，这些问题正逐步得到解决。一方面，数字基础设施的建设，为边远地区乡村带来了诸多实实在在的好处。比如，通过数字化平台，村民可以更加便捷地获取各类公共服务信息，如医疗、教育、就业等。同时，数字化手段也使得政府能够更加精准地了解村民的需求，提供更加贴心的服务。另一方面，数字基础设施的完善还有力地推动了边远地区城乡一体化的发展进程。城乡之间的差距在数字化技术的助力下正逐渐缩小，乡村地区的居民也能享受到与城市居民相似的高质量服务，这无疑为城乡融合发展奠定了坚实的基础。同时，曾经困扰乡村地区的"农业农村优先发展"难题，在数字化的推动下正逐步得到解决。数字化技术为农业农村发展提供了新的思路和方法。比如，通过大数据分析，可以更加科学地制定农业生产计划；通过物联网技术，可以实现对农作物生长的实时监控和管理；通过电子商务平台，可以将农产品销售到更广阔的市场。这些数字化手段的应用，为边远地区农业农村的发展注入了新的活力。

四是带动就业创造与社会稳定。数字基础设施的建设和运营，为边远地区创造了大量的就业机会。根据劳动经济学理论，就业是社会稳定的重要基石，数字基础设施不仅提供了高技术含量的工作岗位，还通过相关产业的发展，带动了更多辅助性就业岗位的产生。同时，通过完善的数字基础设施，边远地区得以实现生产效率的提升、产业链的融入以及就业的稳定增加，这不仅为边远地区带来了直接的经济效益，更为其长远的社会和经济发展奠定了坚实的基础。

未来，随着数字技术的不断进步和基础设施的持续优化，可以预见边远地区将进一步融入全球化和信息化的大潮中，数字基础设施将继续发挥其带动效应，促进边远地区经济的快速增长和产业结构的升级转型。同时，边远地区在数字基础设施的推动下，将能够探索出更多具有地方特色的经济发展模式，实现经济与社会的全面和谐发展。

2. 边远地区数字经济发展的乘数效应

数字经济发展在边远地区不仅具有直接的经济效益，更产生了显著的乘数效应。根据内生增长理论，知识是经济增长的重要推动力，数字经济的发展，使得知识和信息在边远地区更加快速地传播和应用。边远地区通过数字经济的发展，实现了知识的有效溢出，激发了本地的创新能力，推动了更多高科技产业的涌现。增长极理论认为，经济增长往往并非在所有地区和部门同时出现，而是首先在一些具备高度创新能力的行业和主导部门中凸显，这些部门多数位于大城市中心，随后，该增长通过乘数效应等方式向更广泛的区域经济扩散，产生深远的影响。从空间角度来看，一个区域内的生产要素和经济主体的集中是推动边远地区经济发展的根本动力，当数字技术融入传统生产要素时，数字经济产业开始崭露头角，其产出逐渐增加，这种增长并非孤立，而是与产业间的相互作用和居民部门的更高效运作紧密相连，进一步引发各部门产出的普遍增加。这正是数字经济为边远地区现代化带来的乘数效应，这种乘数效应在推动边远地区经济增长和产业转型中发挥着至关重要的作用，不仅改变了传统的产业结构，更为边远地区带来了新的发展机遇。

发挥数字经济赋能边远地区现代化的乘数效应，一是数字经济发展助力产业升级与结构优化，为传统产业的转型升级提供新的动力。一方面，边远地区利用数字技术对传统产业进行改造，提高了产品的附加值和市场的竞争力。数字技术对于优化产业结构调整的贡献不可忽视，通过高效的数据处理能力和精准的市场分析，使得资源能够更加合理地分配到各个产业部门，从而提高了整体经济效率。同时，数字经济也在推动着生产方式的革新，智能化、自动化的生产流程不仅提升了生产效率，还降低了成本。此外，数字经济也在重塑消费方式，为消费者提供了更加便捷、个性化的购物体验，进一步拉动了内需，促进了产业升级。另一方面，数字基础设施的广泛接入和数字技术的深入应用，其"乘数效应"正在对农民收入产生积极影响。随着数字化进程的推进，农民能够利用互联网平台进行农产品销售，这不仅拓宽了销售渠道，还提高了农产品的附加值。数字技术的普及也使得农民能够接触到更多的市场信息和农业技术，从而提高了农业生产效率，持续增加农民收入。这些变化不仅缩小了城乡收入差距，还在一定程度上升级了农村消费结构，推动了边远地区经济结构的全面转型。

二是数字经济能够推动实现有效的社会分工，为边远地区就业扩容提质创造新机遇。一方面，在就业数量方面，随着数字经济推动社会分工不断深化，生产规模日益扩大，产品价值链延长，产品种类和新的生产部门不断产生，从而为边远地区创造了更多的就业机会、吸纳了更多的就业人口；另一方面，在就业质量方面，随着数字技术的迭代升级不断强化，数字经济赋能边远地区发展正在加快改善就业环境、优化就业结构、提高就业能力、增加劳动报酬等，从而促使边远地区民众在现代化进程中受益。

三是数字经济的发展使得边远地区的特色产品和服务能够更广泛地进入市场，为经济增长注入了新的活力。一方面，不仅极大地拓展了产品的展示和销售平台，使得这些产品和服务能够被更多消费者所知晓和接受。另一方面，更是扩大了消费需求，有效地拉动了边远地区的内需，为经济增长注入了前所未有的新活力。随着消费者需求的日益多样化和个性化，数字经济为满足这些需求提供了便捷的途径。边远地区的企业和组织通过数字平台，能够更精准地把握市场动态，推出更符合消费者需求的产品和服务，从而实现了经济的快速发展。总的来看，数字经济发展的乘数效应为边远地区带来了深远的影响。通过经济结构转型升级、优化社会分工和扩大内需等多方面的综合作用，数字经济不仅推动了边远地区经济的快速增长，更在优化产业结构、提升边远地区创新能力等方面发挥了重要作用，这种乘数效应使得边远地区能够更好地适应全球经济发展的新趋势，实现自身的可持续发展。

假设4：在数字经济过程中，通过数字基础设施建设的带动效应和数字经济的乘数效应，对边远地区现代化的实现具有正向促进作用。

（二）数字经济赋能边远地区现代化的内在机制

在社会主义市场经济条件下，数字经济以其独特的优势和强大的动力，正在为边远地区现代化提供强大的赋能。这种赋能主要体现在两个方面：一是产业集聚水平的提升，二是产业结构的优化升级，这两者共同构成了数字经济发展赋能边远地区现代化的内在机制。

1. 产业集聚水平

产业集聚指的是在某一特定区域内，相同或相关产业的企业高度集中，形成产业链和产业集群的现象，这种集聚不仅包括了企业的地理集中，还涉及产业资源的共享、技术的互补以及市场的共同开发等多个方面。产业集聚理论强调了企业通过空间上的接近，可以降低交易成本，促进知识和技术的扩散，从而提高整体的竞争力和创新能力。在边远地区，产业集聚水平的提升显得尤为重要。由于历史、地理等多方面原因，边远地区的经济发展相对滞后，产业集聚的形成有助于快速提升区域经济的整体实力，而数字经济在这一过程中起到了关键的推动作用，数字经济通过数据资源和数字技术的广泛应用，正在深刻改变着边远地区的经济格局。首先，数字经济提高了市场信息的透明度和流通性，使得各类生产要素能够更高效地配置。在边远地区，这种高效的资源配置机制能够吸引更多的企业和资本进入，从而促进产业集聚的形成。其次，数字经济为产业协同提供了便利。在数字技术的支持下，企业之间的沟通和协作变得更加便捷高效，这有助于形成产业链上下游的紧密配合，进一步提升产业集聚的效应。特别是在一些需要高度协同的产业中，数字技术的应用能够显著提升产业集聚的水平和效率。最后，数字经济还能促进边远地区创新能力的提升。通过大数据分析和云计算等技术手段，加快数字技术创新交互，数字环境下企业之间的联系和信息交互增多，信息不对称减少，从而为数字技术的创新及应用提供了知识共享平台，同时也使得企业能够更准确地把握市场需求，进行有针对性的研发和创新。这种创新能力的提升不仅能够增强边远地区产业的竞争力，还能吸引更多的创新资源和人才集聚，从而推动产业集聚水平的持续提升。

产业集聚体现了生产的社会化和专业化的发展，是一种先进的生产组织形式，对于边远地区而言，产业集聚水平的提升更是引领其走向现代化的不可或缺的动力，它不仅能够帮助边远地区实现经济的高质量发展，更是促进区域内共同富裕的有效途径。一方面，产业集聚对于边远地区比较优势的发挥起到了至关重要的作用。边远地区在能源、矿产、特色农业以及旅游业等领域拥有得天独厚的优势资源。然而，资金的短缺常常成为制约这些优势转化为经济实力的瓶颈。随着产业集聚水平的提升，资本要素得以更有效地在产业间流动和集聚。大量的资金投入不仅为培育高增长的优势产业和基础设施产业提供了强有力的支持，更使得边远地区的资源优势能够真正转化为经济优势，从而打破了长期以来限制其经济产业发展的桎梏。另一方面，产业集聚也极大地推动了边远地区经济的高质量发展。在产业集聚的区域内，企业之间通过精细的垂直分工或职能分工，形成了高效且专业的生产协作网络，这种分工协作不仅拓展了劳动的作用范围，还显著地节约了非生产性费用，优化了空间利用，并减少了劳动时间。这些因素共同作用，大幅提高了生产效率，为资本的进一步增值创造了广阔的空间，更重要的是，这种集聚效应还极大地激发了边远地区的经济活力，为其现代化建设注入了源源不断的动力。总的来看，产业集聚水平的提升是边远地区现代化建设的重要推动力，它不仅有助于发挥边远地区的比较优势，更能够促进其经济的高质量发展，最终实现共同富裕。

2. 产业结构优化

数字经济对边远地区产业结构的优化升级同样具有显著的赋能作用。首先，数字经济加速了传统产业的数字化转型。通过引入数字技术，传统产业的生产效率、产品质量和服务水平都得到了显著提升。例如，在农业领域，通过应用物联网和大数据技术，可以实现精准农业的管理，提高农作物的产量和品质；在制造业领域，通过引入工业机器人和智能制造技术，可以实现生产线的自动化和柔性化生产。这种数字化转型不仅使得传统产业焕发新的活力，还为边远地区经济发展注入了新的动力。其次，数字经济推动了新兴产业的发展。在数字技术的驱动下，一批以数据为核心的新兴产业如大数据、云计算、人工智能等正在边远地区蓬勃发展。这些新兴产业不仅具有高附加值、高技术含量的特点，还能够带动相关产业的发展，促进边远地区第一、二、三产业延伸发展，实现了产业效率的提升和产业结构的升级，进而为边远地区产业现代化发展提供支撑。最后，数字经济还促进了产业融合发展。在数字技术的推动下，不同产业之间的边界逐渐模糊，产业融合成为一种新的发展趋势，这有助于发挥地区比较优势，促进区域经济协调发展，助力边远地区形成线上带动线下，线下促进线上的协同发展格局，加快边远地区特色产业发展进程。例如，旅游业与农业、手工业的融合，可以将边远地区的自然风光和独特文化转化为旅游产品，吸引更多游客，从而带动当地经济发展。由此可见，数字经济带来的产业融合不仅能够产生新的经济增长点，还能够提升整个产业体系的创新能力和竞争力。实际上，在一些边远地区，数字经济已经成为推动产业结构优化升级的重要力量。例如，新疆地区就借助数字技术大力发展电子商务和旅游业等新兴产业，有效提升了当地的经济实力和人民生活水平，同时，通过数字技术的引入和应用，新疆的传统农业和畜牧业也得到了显著的改造和提升。

产业结构优化升级是推动边远地区现代化建设的重要引擎，为边远地区经济注入了新的活力，并为现代化发展奠定了坚实的基础。当前，我国传统产业中有一部分已经进入成熟阶段，甚至有的开始步入衰退期。因此，对现有产业结构进行深刻的优化与调整，强化创新驱动，大力培育现代产业体系，已成为构建现代化产业体系、走出结构性陷阱的必由之路。数字经济与各类产业的深度融合，正是在这样的时代背景下应运而生，它不仅催生了诸如直播电商、休闲农业等充满创意与活力的新型数字化业态，更结合边远地区独特的文化和资源，推动了当地产业的创新发展，这些新业态的诞生让边远地区人民切实享受到了数字化带来的丰硕果实，更进一步点燃了当地的经济活力。此外，随着产业结构的逐步合理化以及数字技术的广泛应用，数据和信息能够更加自由、高效地在不同区域间流通。这一转变不仅弱化了地理位置的固有优势，更使得产业分布日趋均衡，有力地促进了边远地区产业的协调发展。电子商务、在线教育、在线娱乐等新兴产业的异军突起，不仅极大地满足了消费者日益增长的个性化需求，更有效地激发了居民的消费潜力，为边远地区的现代化水平提升注入了强劲的动力。总的来看，产业结构优化升级为边远地区现代化建设提供了源源不断的动力，边远地区正以前所未有的速度迈向现代化的大门。

假设 5：内在机制分析表明，数字经济能够通过促进边远地区产业集聚水平和产业结构优化赋能边远地区现代化。

第二节 数字经济对区域经济社会 发展的影响效应

一、模型设定、数据选取和数据来源

(一) 模型设定

为验证数字经济赋能边远地区中国式现代化的影响效应,文章构建如下基本模型:

$$CPTM_{i,t} = \alpha_0 + \alpha_1 DIG_{i,t} + \alpha_2 CONTROL_{i,t} + \mu_i + \varepsilon_{i,t} \qquad (6-1)$$

其中,$CPTM_{i,t}$ 表示边远地区 i 在时期 t 的现代化程度,$DIG_{i,t}$ 表示边远地区 i 在时期 t 的数字经济发展水平,$CONTROL$ 表示地区经济、社会和环境等方面的控制变量,μ_i 表示个体固定效应;$\varepsilon_{i,t}$ 为随机扰动项。

为了进一步检验数字经济发展影响边远地区现代化进程的内在机制,研究构建如下计量模型:

$$CPTM_{i,t} = \alpha_0 + \alpha_1 DIG_{i,t} + \alpha_2 CONTROL_{i,t} + \mu_i + \varepsilon_{i,t} \qquad (6-2)$$

$$Med_{it} = \beta_0 + \beta_1 DIG_{i,t} + \beta_2 CONTROL_{i,t} + \mu_i + \varepsilon_{i,t} \qquad (6-3)$$

$$CPTM_{i,t} = \gamma_0 + \gamma_1 DIG_{i,t} + \gamma_2 Med_{it} + \gamma_3 CONTROL_{i,t} + \mu_i + \varepsilon_{i,t} \quad (6-4)$$

其中,Med_{it} 为中介变量,将产业集聚水平和产业结构优化指标分别代入。α_1 表示数字经济对边远地区现代化影响的总效应,β_1 表示数字经济对中介变量影响的效应,γ_1 表示数字经济对边远地区现代化的直接中介效应,γ_2 表示中介变量在数字经济对边远地区现代化影响中的间接中介效应。

(二) 变量选取

1. 中国式现代化指数构建

中国式现代化指数(CPTM)。基于中国式现代化目标内涵和实践要求，以"五位一体"总体布局为基本架构，通过维度解构、系统分析和指标筛选，在已有研究的基础上，构建出由人的现代化、经济现代化、治理能力现代化、文化现代化、社会现代化、生态文明现代化6个维度（一级指标）组成的中国式现代化评价指标体系，如表6-1所示，该指标体系包括3级层次结构模型，共计41个指标变量。基于此，在无量纲化的基础上，选用熵权法测算中国式现代化指数。

表6-1　　　　　　　　　中国式现代化评价指标体系

一级指标	二级指标	三级指标	属性
人的现代化	社会财富	人均国内生产总值（万美元）	正向
	共同富裕	居民人均可支配收入（万元）	正向
		城镇居民恩格尔系数（%）	正向
		共同富裕指数	正向
经济现代化	经济结构	第二三产业增加值占 GDP 的比重（第二三产业增加值之和/GDP）	正向
		泰尔指数倒数	正向
		第二三产业从业人数占地区总人数比例（%）	正向
		政府数字关注度	正向
	创新能力	每万人口发明专利拥有量（授权专利数/每万人口数）	正向
		R&D 经费投入强度	正向
		高技术产业主营业务收入占比（/地区 GDP）	正向
		技术市场成交额/GDP	正向
	开放程度	外商直接投资	正向
		外贸依存度（进出口总额/GDP）	正向
治理能力现代化	治理效能	公共服务支出占比（公共服务支出占 GDP 的比重）	正向
		公共安全财政支出占比（公共安全财政支出占财政支出的比重）	正向
	人民民主	社会组织单位数（个/年末人口）	正向
文化现代化	文化产业	文化市场经营机构营业利润占 GDP 比重	正向
		教育文化娱乐消费支出占比（个人教育文化娱乐消费/消费性支出）	正向
		人均公共图书馆藏量（公共图书馆藏书量/人口数）	正向
		每万人拥有群众文化设施建筑面积	正向
	文化教育	主要劳动年龄人口受过高等教育的比例	正向
		地区人口平均受教育年限	正向
		教育支出强度（教育支出/GDP）	正向

一级指标	二级指标	三级指标	属性
文化现代化	文化传播	电视普及率	正向
		广播普及率	正向
		文物藏品（件、套）	正向
社会现代化	区域协调	常住人口城镇化率（城镇化率）	正向
		城乡居民收入水平（城镇居民人均收入/农村居民人均收入）	正向
	民生保障	每千人口执业（助理）医师数（人）	正向
		基本养老保险参保占比（基本养老保险参保人数/地区人口）	正向
		失业保险覆盖率	正向
		公共教育、医疗、住房保障支出占财政支出比重	正向
		每千人口医疗卫生机构床位	正向
		城镇登记失业率	负向
生态文明现代化	绿色低碳	碳排放强度（万吨/亿元）	正向
		建成区绿化覆盖率（建成区植被面积/建成区面积）	正向
	生态环境	PM2.5年平均浓度（$\mu g/m^3$）	负向
		绿色GDP（GDP/综合环境污染指数）	正向
		森林覆盖率（%）	正向
		交通出行便利情况（人均公路&铁路&高铁里程/人均通勤时长）	正向

（1）人的现代化。中国式现代化的核心，归根结底，聚焦于人的现代化。这一进程以人为本，将人的全面发展视为至高无上的追求。为了全面衡量这一发展，本章从社会财富的积累和共同富裕的实现两个维度，精心构建了人的现代化指标体系。这一体系不仅深刻反映了人们的物质生活水平，更体现了社会公正与和谐，确保每一个人都能在中国式现代化的道路上找到属于自己的位置。

（2）经济现代化。经济发展作为中国式现代化的基石，承载着国家繁荣与民族复兴的希望。为了精准刻画这一进程，本章从经济结构的优化、创新能力的提升以及开放程度的深化三个层面，构建了一套全面的经济现代化指标体系。这一体系不仅揭示了经济发展的速度与规模，更凸显了质量与效益，描绘了一个充满活力与创造力的经济新图景。

（3）治理能力现代化。治理能力现代化，是政府在新的时代背景下，通过高效、透明的制度与法规，推动地区治理水平不断迈上新台阶的过程。为了量化这一进步，本章从治理效能的提升和人民民主的实践两个角度，构建了治理能力现代化的指标体系。这一体系不仅彰显了政府在公共服务、市场监管等方面的卓越表现，更体现了民主决策、社会参与等现代治理理念的深入人心。

（4）文化现代化。文化现代化强调的是物质文明与精神文明的和谐共进。在全面建设社会主义现代化国家的新征程中，我们必须坚定不移地走中国特色社会主义文化道路。为了全面评估这一进程，本章从文化产业的繁荣、文化教育的普及以及文化传播的影响力三个维度，构建了文化现代化的指标体系。这一体系不仅展示了文化产业的蓬勃发展，更凸显了文化教育对于提升国民素质、塑造国家形象的重要作用。

（5）社会现代化。区域协调发展是实现资源合理配置、推动社会和谐发展的关键。为了全面衡量这一进步，本章从区域发展的均衡性和民生保障的完善程度两个方面，构建了社会现代化的指标体系。这一体系不仅反映了各地区在经济发展、基础设施建设等方面的均衡性，更体现了政府在教育、医疗、养老等民生领域的投入与成效。

（6）生态文明现代化。"绿水青山就是金山银山"，这一理念深刻揭示了经济与环境之间的紧密联系。在中国式现代化的道路上，我国致力于实现人类与自然的和谐共生。为了量化这一进程，本章从绿色低碳发展的推进和生态环境的保护两个层面，构建了生态文明现代化的指标体系。这一体系不仅凸显了我国在节能减排、绿色产业发展等方面的努力与成效，更体现了我国对于生态环境保护的坚定决心与实际行动。

2. 数字经济发展指数构建

数字经济发展指数（DIG）。借鉴数字经济指标体系构建相关的研究，结合数字经济发展的现状和趋势，并综合考虑省级层面数据的可比性、完整性、可靠性和可获得性，构建数字经济发展指标体系。从数字发展载体、数字产业化、产业数字化和数字发展环境四个维度25个指标构建了数字经济发展指数，具体指标体系见表6-2。

表 6 – 2 　　　　　　　　　　　数字经济发展评价指标体系

一级指标	二级指标	三级指标	属性
数字发展载体	互联网发展规模	互联网宽带接入端口（万个）	正向
		互联网宽带接入用户（万户）	正向
		域名数（万个）	正向
		网页数（万个）	正向
	信息化发展规模	长途光缆线路长度（万公里）	正向
		移动电话基站（万个）	正向
数字产业化	电子信息产业	电子信息制造业资产总计（亿元）	正向
		电子信息产业制造业企业个数（个）	正向
	软件和信息技术服务业	电信业务总量（亿元）	正向
		软件产品收入（亿元）	正向
		软件研发人员就业人数（万人）	正向
		嵌入式系统软件收入（亿元）	正向
		软件和信息技术服务业上市公司数量（个）	正向
产业数字化	农业数字化	农林牧渔业增加值	正向
		农村用电量	正向
	工业数字化	工业企业每百人使用计算机数（台）	正向
		高技术产业主营业务收入（亿元）	正向
		高技术产业专利情况	正向
	服务业数字化	有电子商务交易活动的企业比重（%）	正向
		电子商务销售额（亿元）	正向
		数字普惠金融指数	正向
数字发展环境	知识资本发展环境	普通高等学校数	正向
		教育经费支出（万元）	正向
	数字创新发展环境	R&D 项目经费（万元）	正向
		R&D 人员	正向

（1）数字发展载体。数字经济的蓬勃发展，其根基和归宿都体现在数字发展载体上。这一载体不仅是数字经济战略得以实施的关键支撑点，更是推动数字化浪潮向前涌动的基石。为了深入量化这一载体的实力与发展状况，本章从互联网的发展规模以及信息化的推进程度这两个角度，精心构建了数字发展载体的评价指标。这一指标体系旨在全面反映网络覆盖的

广度、信息传输的速度以及信息化服务的深度，从而准确描绘出一个地区或国家数字发展载体的全貌。

（2）数字产业化。数字产业化作为数字经济的核心组成部分，正日益显现出其强大的生命力和巨大的发展潜力。围绕数字产业化所催生的新型业态，不仅为经济增长注入了新的活力，更成为推动数字经济高质量发展的关键力量。为了科学评估数字产业化的进程与成果，本章从电子信息产业以及软件和信息技术服务业这两个重要方面着手，构建了一套全面而细致的数字产业化评价指标体系。这套体系能够深入反映数字产业化的规模、速度、质量以及效益，为决策者提供有力的数据支撑和决策依据。

（3）产业数字化。产业数字化是传统行业与数字技术深度融合的必然结果，也是提升产业效率和竞争力的重要途径。在这个过程中，农业、工业和服务业等各个领域都在积极探索和引进先进的数字技术，以实现对业务流程的全面升级和规模扩张。为了全面衡量产业数字化的成果和影响，本章从农业数字化、工业数字化以及服务业数字化这三个维度出发，建立了一套系统而全面的产业数字化评价指标体系。这套体系不仅关注数字技术的应用广度和深度，还注重评价数字化转型带来的实际效益和长远影响。

（4）数字发展环境。数字知识资本的积累是衡量一个地区或国家数字经济发展环境优劣的重要指标之一。它不仅反映了人力资本的储备情况和劳动者的整体素质水平，更体现了数字经济运行的软性环境条件是否优越，与此同时，数字创新能力的高低也直接影响着数字产业与传统产业融合发展的外部环境条件是否成熟。为了深入剖析和量化这一复杂的发展环境因素，本章从知识资本的发展环境和数字创新的发展环境这两个层面入手，构建了一套科学而全面的数字发展环境评价指标体系。这套体系旨在准确把握数字经济发展的脉搏和趋势，为相关政策的制定和实施提供有力的数据支持和科学依据。

3. 中介变量

产业集聚水平（IA），借鉴唐建荣等（2021）的研究，运用标准化的区位熵测算，此方法可以消除各样本单位的区域规模差异，准确表现出地理要素的集中情况，计算公式如下：

$$IA_{it} = \frac{IDE_i \Big/ \sum\limits_{i=1}^{n} IDE_i}{GDP_i \Big/ \sum\limits_{i=1}^{n} GDP_i} \tag{6-5}$$

其中，IA_{it} 表示地区 i 在 t 时期的产业集聚水平，IDE_i 为 i 地区的工业增加值，分子 $IDE_i \Big/ \sum\limits_{i=1}^{n} IDE_i$ 为 i 地区的工业增加值占工业增加值总额的比重，GDP_i 为 i 地区的生产总值，分母 $GDP_i \Big/ \sum\limits_{i=1}^{n} GDP_i$ 为 i 省份的生产总值占生产总值总额的比重。IA_{it} 值的取值范围大于等于 0，数值越大，代表该地区产业集聚水平越高。

产业结构优化（AIS）采用第三产业产值与第二产业产值的比值衡量。

4. 控制变量

为更加准确估计数字经济发展赋能边远地区现代化的溢出效应，选取如下控制变量：金融发展水平（FINA）、政府干预程度（GOV）、交通基础设施（TR）、人口增长速度（PS），分别使用各地区的年末金融机构各项贷款余额占地区生产总值的比重、地方政府一般预算内公共财政支出与地区生产总值之比、地区公路总里程与地区土地总面积之比、人口自然增长率加以表示。

（三）数据来源

在本章的实证研究中，采用了 2011～2021 年多个省份和自治区的面板数据，这些数据涵盖了内蒙古自治区、宁夏回族自治区、新疆维吾尔自治区、广西壮族自治区，以及少数民族聚居的贵州、云南和青海三省。需要注意的是，由于西藏自治区的数据缺失较多，因此在分析中被剔除。本章所使用的数据主要来源于国家统计局官方网站以及各省份历年发布的统计年鉴。

为了确保数据的准确性和可靠性，对模型中的相关变量进行了详细的定义，并进行了描述性统计分析。分析结果呈现在表 6-3 中，观察表 6-3

可以发现，模型中的所有变量都表现出良好的平稳性。此外，各个变量的方差膨胀因子（VIF）值均保持在 10 以下，这表明在本章的研究模型中，并不存在严重的多重共线性问题。

表 6 - 3　　　　　　　　　相关变量定义与描述性统计

变量类型	变量名称	变量符号	均值	标准差	最小值	最大值	VIF
被解释变量	中国式现代化指数	CPTM	0.15	0.02	0.10	0.22	
解释变量	数字经济发展指数	DIG	1.25	0.36	0.42	2.05	2.74
中介变量	产业集聚水平	IA	0.89	0.12	0.60	1.23	1.48
	产业结构优化	AIS	1.07	0.27	0.55	1.62	2.31
控制变量	金融发展水平	FINA	1.54	0.38	0.96	2.52	4.14
	政府干预程度	GOV	0.36	0.11	0.21	0.64	9.44
	交通基础设施	TR	61.60	36.88	11.88	128.90	3.96
	人口增长速度	PS	6.52	2.70	- 1.28	11.47	1.45

二、实证分析

（一）基准回归结果

表 6 - 4 详尽地展示了数字经济发展赋能边远地区现代化的基准回归结果。具体来看，列（1）揭示了核心解释变量的回归情况，清晰指出数字经济的蓬勃发展对边远地区现代化的显著推动作用，而列（2）~列（5）则进一步探究了在控制其他影响边远地区现代化的要素及个体固定效应后，数字经济对边远地区现代化的具体影响。值得注意的是，所有这些估计系数都在 1% 的显著性水平上呈现正值。列（5）表明每当数字经济发展指数上升 1 个单位，边远地区的现代化水平就会显著提升 0.0567 个单位。这一实证结果深刻表明，数字经济在推动边远地区共同富裕和实现中国式现代化的道路上，扮演着举足轻重的角色。探究其背后的原因，可以从乘数效应和带动效应两个方面来解读。首先，从乘数效应的角度来看，最初数字经济的投资可能只是集中在少数企业和领域，如建设数据中心、开发数字应用等。然而，这些投资会迅速引发一系列相关产业的发展，比如，数据

中心的建设会促进硬件设备、网络通信、电力供应等相关行业的发展，而这些行业的发展又会进一步推动其他相关产业链的增长。此外，数字经济的乘数效应还体现在对就业和消费的拉动上。随着数字经济的发展，新的就业机会被创造出来，从而提高了居民的收入水平，这些新增的收入又会被消费到其他产品和服务上，进一步推动经济的增长。其次，从带动效应的角度来看，数字经济的发展会带动新兴产业以及智能化生态系统的发展。通过数字技术的运用，各种产业组织逐渐形成了紧密相连、协同发展的生态系统，这种生态系统不仅提高了资源利用效率，还促进了不同行业之间的创新与合作，为边远地区的可持续发展奠定了坚实基础。此时，随着大数据、云计算、人工智能等技术的普及，越来越多的行业开始与科技融合，催生了新的产业和业态，这些新兴产业的发展又会进一步推动数字经济的增长，形成良性的循环。综上所述，数字经济为边远地区的共同富裕和中国式现代化进程注入了强大的动力，研究假设4得以验证。

表6-4　　　数字经济发展影响边远地区现代化的基准回归结果

变量	(1) CPTM	(2) CPTM	(3) CPTM	(4) CPTM	(5) CPTM
DIG	0.0862 *** (0.0082)	0.0568 *** (0.0112)	0.0587 *** (0.0106)	0.0638 *** (0.0101)	0.0567 *** (0.0091)
FINA		0.0483 *** (0.0136)	0.0503 *** (0.0129)	0.0540 *** (0.0122)	0.0448 *** (0.0110)
GOV			− 0.1640 *** (0.0572)	− 0.1770 *** (0.0539)	− 0.1220 ** (0.0495)
TR				0.0004 *** (0.0001)	0.0003 ** (0.0001)
PS					− 0.0035 *** (0.0008)
_cons	0.0463 *** (0.0104)	0.0085 (0.0143)	0.0622 *** (0.0232)	0.0280 (0.0243)	0.0631 *** (0.0230)
固定效应	YES	YES	YES	YES	YES
N	77	77	77	77	77
R^2	0.6180	0.6780	0.7130	0.7510	0.8070

注：括号内为标准误，***、** 和 * 分别表示在1%、5%、10%水平下显著。

在深入研究控制变量的过程中，可以观察到金融发展水平和交通基础设施对边远地区现代化进程起到了不容忽视的推动作用。这一发现归因于两方面的主要因素。首先，随着地区经济的蓬勃发展，金融环境的不断优化为边远地区的共同富裕注入了强大的动力，这种环境的改善吸引了大量的数字化资本和先进技术的涌入，为产业结构的转型升级以及农业产业的规模经济效应的实现提供了有力的金融支持。换言之，金融发展环境的优化，就像是一场及时雨，为边远地区的现代化进程提供了必要的滋养。其次，交通基础设施的完善也在提升边远地区共同富裕水平上发挥了关键作用。当交通的"最后一公里"被打通，各类生产要素得以更加高效地流动，这无疑大大提高了资本周转和价值实现的效率。这种流动性的提升，为边远地区现代化的推进集聚了更多的资源力量，形成了一种良性的循环。然而，研究也揭示了一些对边远地区共同发展产生负面影响的因素。其中，政府干预程度和人口增长速度的问题尤为突出，这可能是由于边远地区的治理现代化尚处于起步阶段，缺乏科学有效的治理手段。在这种情况下，过度的政府干预可能导致"数字鸿沟"的加剧，将阻碍边远地区的共同发展。为了应对这一问题，政府需要更加审慎地运用政策法规、伦理规范和技术标准，对人工智能进行多方协同共治，以遏制大数据杀熟和规制算法运行逻辑，从而在现代化进程中逐步消除"数字鸿沟"，推动数字经济生态圈的良性循环。另外，边远地区面临的人口问题也不容忽视。近年来，边远地区人口自然增长率的逐渐降低和人口结构的老龄化趋势日益严峻，这种人口变化导致了主要创造社会价值的劳动年龄人口的匮乏，从而对边远地区经济发展产生了显著影响。为了应对这一挑战，边远地区需要采取更加积极的人口政策，鼓励生育和吸引外来人口，以优化人口结构并促进经济的持续发展。

（二）内在机制分析

为了深入探索并验证研究假设5，本章采用了中介效应模型，对数字经济在推动边远地区现代化进程中的内在作用机制进行了考察。结果如表6-5所示。其中列（1）、列（4）汇报了基准回归模型的估计结果。列

（2）、列（5）分别报告了数字经济发展对产业集聚水平和产业结构优化的影响效应，结果显示数字经济发展显著提高了产业集聚水平，优化了产业结构，表明在数字经济服务边远地区同步发展的二维影响效应中，其发展对产业集聚水平和产业结构优化均产生显著正向影响。

表 6-5　　　　　　　数字经济发展赋能边远地区现代化的中介效应

变量	（1）CPTM	（2）IA	（3）CPTM	（4）CPTM	（5）AIS	（6）CPTM
DIG	0.0567 *** (0.0091)	0.1550 ** (0.0622)	0.0518 *** (0.0094)	0.0567 *** (0.0091)	0.3660 *** (0.108)	0.0409 *** (0.0086)
IA			0.0318 * (0.0179)			
AIS						0.0432 *** (0.0091)
FINA	0.0448 *** (0.0110)	-0.1750 ** (0.0750)	0.0504 *** (0.0113)	0.0448 *** (0.0110)	0.4230 *** (0.130)	0.0266 ** (0.0103)
GOV	-0.1220 ** (0.0495)	0.0789 (0.3370)	-0.1240 ** (0.0487)	-0.1220 ** (0.0495)	1.6170 *** (0.5860)	-0.1910 *** (0.0453)
TR	0.0002 ** (0.0001)	0.0022 ** (0.0009)	0.0002 (0.0001)	0.0003 ** (0.0001)	0.0032 ** (0.0015)	0.0001 (0.0001)
PS	-0.0034 *** (0.0007)	0.0027 (0.0055)	-0.0036 *** (0.0008)	-0.0034 *** (0.0008)	-0.0393 *** (0.0095)	-0.0018 ** (0.0008)
_cons	0.0631 *** (0.0230)	0.7940 *** (0.157)	0.0379 (0.0267)	0.0631 *** (0.0230)	-0.5720 ** (0.2730)	0.0878 *** (0.0206)
固定效应	YES	YES	YES	YES	YES	YES
N	77	77	77	77	77	77
R^2	0.8070	0.7010	0.8270	0.8070	0.6940	0.8580

注：括号内为标准误，***、** 和 * 分别表示在1%、5%、10%水平下显著。

可能的原因是，一方面，数字经济的蓬勃发展为边远地区带来了翻天覆地的变化。它以边远地区数字基础设施的全面建设和数字环境的持续优化为坚实基石，不仅为边远地区的产业发展打造了稳固的基础，还为其提供了丰富的生产要素和高效的公共服务环境。在这样的背景下，企业间的交流与合作变得更为便捷，资源的共享与利用也更为高效，从而实现了产业集聚水平的显著提升。这种集聚不仅仅是物理空间上的集中，更是信息、技术和人才的汇聚，为边远地区的共同发展注入了强大的动力。另一方面，数字经济不仅具有巨大的增长潜力，更展现出强大的融合与改造能力。它深入渗透到传统产业的每一个角落，精确地识别并优化那些陈旧的产业结构和布局。在数字经济的引领下，传统产业得以焕发新的生机，其运营效率和质量得到了显著提升，更为重要的是，数字经济推动着传统产业向更加智能化、绿色化的方向转型升级。这种转型不仅提高了边远地区的经济效益，更让其在可持续发展的道路上迈出了坚实的步伐。因此，数字经济通过优化产业结构，进一步促进了边远地区的共同发展，让这片土地焕发出前所未有的活力与希望。

列（3）、列（6）则是分别将数字经济发展和边远地区产业集聚水平、产业结构优化程度同时放入模型中对中国式现代化指数进行回归，可以发现产业集聚水平提升显著加速了边远地区现代化进程，且产业集聚水平的中介效应占比8.69%，可能是由于在数字经济蓬勃发展的时代背景下，产业集聚现象日益凸显，这不仅促进了地区间的分工与紧密协作，更在逐步淘汰落后产能的同时，推动了产业的集中和规模经济的实现。这种集聚效应为地区发展注入了新的活力，使得各地能够依托自身优势，发展特色产业。特别是对于边远地区而言，因地制宜地发展优势产业，不仅可以全面提高其产业发展的竞争力，更有助于缩小与其他地区的发展差距。同时，这种发展模式还能够加强产业创新，形成良性循环，为边远地区的现代化进程提供源源不断的动力。此外，产业结构的优化对于边远地区的现代化同样起到了显著的正向推动作用。数据显示，产业结构优化的中介效应占比高达27.89%。这一现象的背后，是数字经济驱动的产业结构升级为消费领域带来了新的变革，促进了数字基础设施的大规模建设，同时也为社会创造了更多的就业岗位。这些变化共同推动了边远地区整体的现代化水平提升，显著增强了人民的民生福祉，也为数字经济的发展提供了有力的支撑，进一步赋能边远地区的现代化进程。综合上述分析来看，研究假设5得以验证。

（三）稳健性检验与内生性检验

为了深入探究数字经济发展对边远地区现代化的深远影响，并确保前文所得实证结果的稳固性，本章选取了两种方法进行检验，这两种方法旨在从不同角度验证本章的研究结论，以确保其科学性和可信度。首先，考虑到数字经济发展指数可能存在的时间滞后效应。毕竟经济对社会发展影响往往不是一蹴而就的，而是需要时间的沉淀和积累，因此，将解释变量——数字经济发展指数滞后一期，并以此作为新的解释变量进行回归分析。列（3）所示的结果令人信服地表明，即使考虑到这种时间滞后，数字经济发展指数依然在1%的显著性水平下呈现出正向影响，且其估计系数与基准回归的结果相去不远。这无疑为前文的研究结论提供了有力的支撑，证明了其稳健性。其次，为了排除极端数据值对回归分析的潜在干扰，采取了缩尾处理的方法。具体而言，本章对样本数据进行了1%的双侧缩尾处理，以剔除那些可能对结果产生误导的极端值。如表6-6列（4）所示，经过这样的处理后，核心解释变量——数字经济发展指数的系数并未发生显著变化，与前文的研究结果保持高度一致，这一发现进一步印证了前文的回归模型设定的稳健性和可靠性。综上所述，本章所构建的模型以及由此得出的估计结果是坚实可靠的。这不仅为深入理解数字经济发展与边远地区现代化之间的关系提供了科学依据，也为相关政策制定和实践操作提供了有力的数据支撑。

考虑到潜在内生性问题，本章引入1984年每百万人邮局数量与前一年全国信息技术服务收入的交互项，作为互联网发展指数的工具变量（Ⅳ），并采用两阶段最小二乘法进行估计。表6-6中的列（1）和列（2）详细展示了工具变量法的回归结果。在列（1）的一阶段回归中，可以清晰地看到所选取的工具变量对数字经济这一内生变量产生了显著的影响，从而验证了工具变量与内生变量的相关性假设。进一步地，在列（2）的二阶段回归结果中，数字经济在1%的显著性水平下呈现出正向且显著的影响。这一发现强有力地表明，即使在考虑了内生性问题后，数字经济发展对边远地区现代化的推动作用依然十分显著。此外，还进行了严格的工具变量有效性检验，在原假设"工具变量识别不足"的检验中，LM检验的p值达到了0，这意味着显著地拒绝原假设。同时，在工具变量的弱识别检验中，F检验的统计量均超过了Stock-Yogo弱工具变量识别检验在10%显著性水平下的临界值。这些结果共同证明了所选择的工具变量是合理的，且能够有效地处理内生性问题。综上所述，即使在考虑了潜在的内生性问题后，本章的研究结论依然稳健可靠，这一发现再次印证了前文的论点，即数字经济的发展对于推动边远地区实现现代化具有积极的作用。

表 6 – 6   内生性与稳健性检验结果

变量	内生性检验		滞后一期解释变量	缩尾检验
	(1) DIG	(2) CPTM	(3) CPTM	(4) CPTM
DIG		0. 118 *** (0. 018)		0. 057 *** (0. 009)
IV	0. 327 *** (0. 036)			
L. DIG			0. 051 *** (0. 009)	
控制变量	控制	控制	控制	控制
固定效应	YES	YES	YES	YES
观测值	77	77	70	77
R^2		0. 672	0. 788	0. 807
LM 检验 p 值	0. 000			
F 检验统计量	81. 46 [16. 38]			

注：小括号内为标准误，中括号内为在10%的显著性水平下 Stock-Yogo 弱工具变量识别 F 检验的临界值，*** 、** 和 * 分别表示在1%、5%、10%水平下显著。

第三节　数字经济对区域经济社会发展的研究结论与检验

一、研究结论

本章建立在数字经济助力边远地区共同发展的理论基础之上，利用

2011~2021 年七个省区的综合数据，进行了数字经济对边远地区现代化进程的推动效果及其驱动机制的实证研究。研究得出了以下几点重要结论：首先，数字经济的发展对于推动边远地区实现中国式现代化具有显著的促进作用。随着数字技术的广泛应用，边远地区的经济社会发展得到了有力推动，为中国式现代化铺平了道路。其次，数字经济的发展催生了数字基础设施的大规模建设，这不仅提升了民众的生活质量，也成了实现中国式现代化的重要支撑。数字基础设施的完善，让边远地区的人们享受到了更加便捷、高效的生活服务。再次，数字经济的发展在提升产业集聚水平和优化产业结构方面展现出强大的潜力。通过数字技术的引入，边远地区的产业得以更加高效地集聚，产业结构也得到了进一步的优化升级。最后，研究还发现，产业集聚水平的提升和产业结构的优化可以作为中介因素，对边远地区的同步发展产生积极的推动作用。这一发现揭示了数字经济发展是推动边远地区现代化的有效路径，为边远地区的长远发展注入了新的活力。

二、研究建议

（一）边远地区数字化革新：为边远地区共同发展注入新动力

随着数字经济的蓬勃发展，边远地区正迎来前所未有的经济现代化机遇。数字经济不仅为边远地区铺设了通往现代化的快车道，更为新型工业化、信息化、城镇化和农业现代化的"四化"融合注入了强劲动力。第一，为了紧紧把握这一时代机遇，需要将数字经济与民族工作紧密结合，不断深化数字化发展理念，并坚定推进数字化改革的决心。同时，应当优化政策环境，激发市场活力，政府应出台一系列优惠政策和措施，鼓励和支持企业在边远地区投资数字经济相关项目。例如，可以提供税收优惠、资金扶持等政策支持，降低企业的创业和创新成本。同时，要建立健全的监管机制，保护数字经济市场的公平竞争和消费者权益。通过优化政策环境，可以吸引更多的资本和人才流入边远地区，推动数字经济的快速发展。第二，应当聚焦于铸牢中华民族共同体意识，将顶层设计与基层实践相融合，推动民族工作领域内的数据资源整合、流通与共享，从而激发创新应用场景的潜力，加快技术迭代升级，显著提升民族工作的智能化水平。通过这样的方式，数字化将成为强化民族共同体意识的有力抓手，推动民族事务治理体系和治理能力的现代化，进而引领新时代党的民族工作实现质的飞跃。第三，提升民众数字素养，培养数字经济人才。民众的数字素养是数字经济发展的关键，边远地区应通过开设数字技能培训课程、举办数字化转型讲座等方式，普及数字技术和应用知识，提升民众的数字素养。同时，要重视数字经济人才的培养和引进，通过建立激励机制，吸引更多数字化专业人才到边远地区工作和生活。例如，可以设立数字经济人才计划，为优秀人才提供优厚的待遇和发展空间。第四，深化产教融合，推动校企合作。产教融合是培养实用型人才的有效途径，边远地区的高校和研究机构应与当地企业建立紧密的合作关系，共同开展数字经济相关的教学和研究工作。通过校企合作，不仅可以为学生提供实习和就业机会，还能为企业提供定制化的人才培养和技术支持。这种合作模式有助于实现教育资源和产业资源的优化配置，推动边远地区的数字经济发展。第五，继续深入挖掘民族文化资源，发展数字文创产业。边远地区拥有丰富的民族文化和自然景观资源，这是发展数字文创产业的宝贵财富。通过数字化技术，可以将这些独特的文化资源转化为具有市场竞争力的文创产品。例如，可以利用虚拟现实（VR）技术重现民族传统节庆活动，或者开发基于民族文化的网络游戏和动漫作品，这样不仅能保护和传承民族文化，还能为边远地区带来可观的经济效益。第六，要大力发展战略性新兴产业和现代服务业，摒弃传统的工业化路径，特别是要响应国家新旧动能转换的号召，积极发展具有战略意义的新兴产业和现代服务业，为边远地区的现代化建设注入新的活力。第七，在推进沿边地区的开放开发方面，同样需要积极行动。历史已经证明，开放是进步之源，封闭则必然导致落后。随着我国对外开放的不断深化，边远地区应充分发挥其地处沿边开放前沿的地理优势，主动融入"一带一路"倡议，深化与周边国家的区域合作，从而引领经济实现高质量发展。通过这一系列的举措，坚信边远地区将在数字经济的驱动下，迎来更加繁荣富强的未来。

（二）边远地区数字基建布局：通往经济现代化的必由之路

在经济现代化的征途上，基础设施的完善如同稳固的基石，承载着经济活动的重量，迈向经济现代化，基础设施的完善至关重要。俗话说，"要想富，先修路"，这正映射出我国经济增长的宝贵经验。而今，在新的时代背景下，不仅要修路，更要修建"信息的高速公路"，以适应数字经济蓬勃发展的需求。如今，经济质量的提升与科技革命的浪潮紧密相连，这也要求必须牢牢把握数字经济发展的主动权。因此，在中国式现代化进程中，新型基础设施的建设显得尤为重要，它不仅关乎经济发展的质量，更决定了数字经济发展的格局。

第一，为了避免区域发展不平衡，特别是防止"数字鸿沟"的出现，不仅要参照更高的技术标准来推进硬件与软件的融合建设，更要在传统基建的基础上，充分发挥数字化的最大效用，从而为边远地区的共同发展注入强大的数字动力。

第二，在推动新型数字基础设施建设时，政府应发挥主导作用，进行统筹规划，避免重复建设和资源浪费。要充分考虑地区差异和需求，优化基础设施布局，确保数字基础设施能够覆盖到更广泛的地区和人群，特别是偏远地区。通过科学合理地规划，提高数字基础设施的利用效率和覆盖范围，为实体经济的发展提供有力支撑。

第三，强化技术研发，提升创新能力，数字基础设施的建设离不开先进技术的支持。因此，要加大对数字技术的研发投入，鼓励企业、高校和科研机构加强合作，共同推动技术创新。特别是在5G、人工智能、大数据等关键领域，要加强自主研发能力，提高我国在全球数字技术领域的竞争力。通过技术创新，不断提升数字基础设施的性能和稳定性，为实体经济的发展提供更加可靠的技术支持。

第四，加强数据安全保护，确保信息安全。随着数字基础设施的不断完善，数据安全问题也日益凸显。在推动新型数字基础设施建设的过程中，必须高度重视数据安全保护工作，要建立完善的数据安全管理制度和技术防护体系，确保数据在传输、存储和使用过程中的安全性。同时，要加强对企业和个人的数据安全教育，增强全社会的数据安全意识，共同维护数字基础设施的安全稳定运行。

第五，促进数字经济与实体经济深度融合。数字基础设施建设的最终目的是服务于实体经济的发展，因此，在推动新型数字基础设施建设的过程中，要注重促进数字经济与实体经济的深度融合。要鼓励企业利用数字技术优化生产流程、提高生产效率、降低运营成本，推动传统产业转型升级。同时，要积极培育新业态、新模式，拓展数字经济的发展空间，为实体经济注入新的增长动力。

第六，完善政策体系，营造良好环境，政府在推动新型数字基础设施建设的过程中应发挥关键作用。要制定和完善相关政策体系，为数字基础设施建设和数字经济发展提供有力的政策保障，包括提供财政支持、税收优惠等激励措施，引导社会资本投入数字基础设施建设；加大监管和执法力度，维护市场秩序和公平竞争环境；加强与国际社会的合作与交流，共同推动全球数字经济的发展。

（三）边远地区产业提档升级：构建新发展格局的助推器

在推进全面发展的进程中，各地区需紧密结合自身特色与实际状况，精心培育并强化优势产业，巧妙地将资源及比较优势转化为实实在在的产业、产品及服务优势，这些独特的竞争优势将成为边远地区融入崭新发展格局的有力支撑。首先，深挖资源全力打造边远地区独有的特色产业。在数字经济的驱动下，边远地区得以更加积极地参与到以国内大循环为主体、国内国际双循环相互促进的新型发展格局中，迈向高质量发展的道路。这要求边远地区在资源配置和利用上，必须放眼国内国际两个市场，充分挖掘并利用各类资源。举例而言，一方面，边远地区可以依托其得天独厚的生态环境资源，吸引海内外资金、技术及人才，共同推动绿色经济的蓬勃发展。另一方面，随着全国消费结构的不断升级，健康、养老、旅游和体育等新兴需求日益旺盛，这为边远地区的服务业提供了巨大的发展空间。其次，数字产业的集聚效应不容忽视。应大力提升数字产业的集聚水平，借助数字平台的"虚拟集聚"功能，进一步提升地区产业的集中度。这将有助于引导资金流向边远地区，不仅发挥其资源优势发展特色产业，更能利用这些产业的比较优势，在国内外资本市场上进行融资，从而吸引更多区域内外资金，推动边远地区更好地融入双循环的发展格局。例如，边远地区可以规划建设数字产业园区，吸引数字经济相关企业入驻，形成产业集聚效应。通过提供优惠政策、完善的基础设施和高效的政务服务，吸引更多企业投资，推动数字经济相关产业的快速发展。同时，产业园区内的企业可以相互合作，形成产业链上下游的协同效应，提升产业集聚水平。再次，加快产业结构调整的步伐，推动特色产业实现质的飞跃。通过数字技术的深度应用，实现不同产业间的信息共享、资源整合与模式创新，加速产业要素的高效流通，这将有助于打造符合边远地区经济社会发展的新业态，形成跨界融合、创新发展的新型产业集群，进一步优化产业结构，完善并延伸边远地区的产业链，共同推动边远地区的繁荣发展。最后，政府应出台一系列优惠政策和措施，支持数字经济的发展，包括提供税收优惠、资金扶持、项目支持等，降低企业的创业和创新成本。同时，要加强知识产权保护，鼓励企业加大研发投入，推动技术创新和成果转化，通过完善政策体系，为边远地区的数字经济发展营造良好环境。

（四）边远地区数字经济发展策略：探寻差异化与协调性的新路径

在数字经济时代背景下，边远地区必须精准定位自身的发展动力点。鉴于地区间存在的显著差异，其产业抉择、资源利用方式以及现代化建设步伐均会有所区别。需要强调的是，边远地区不应盲目模仿东部沿海地区的现代化模式，而应深刻认识到自身的独特资源、发展条件及相对优势，并据此精确谋划现代化建设的入手点，铺就一条贴合自身特色的发展道路。同时，必须正视数字经济在地域发展中的不均衡问题，具体来说，这种不均衡不仅体现在数字基础设施和技术的运用上，还反映在新兴数字产业的成长方面。数字经济发展的不均衡有可能阻碍边远地区的现代化步伐。因此，需要引导数字技术从先进地区向边远地区流转和融入，强化边远地区的区域协作，探索一种数字经济与边远地区和谐共进的发展模式。再者，应加速数字经济示范区的构建与推广，将发达地区的成功数字经济经验与边远地区的实际情况相结合，助推边远地区数字经济的蓬勃发展。同时，做好发达地区与边远地区之间的产业转移与承接工作，强化地域间的产业对接，充分发挥各自的比较优势。此外，边远地区在规划发展时，应充分考虑自身的资源特点和产业优势，稳步提升自身的数字化和信息化水平，拓宽数字技术的应用领域和深度。数字技术在一个地区的发展总是遵循由易到难、由简至繁的规律。考虑到欠发达地区的产业和科技基石相对较弱，可以从较为容易的环节切入，先推动第三产业的数字化转型，随后再逐步推进至第二、第一产业的数字化转型之路。最后，边远地区需要紧紧抓住数字经济发展的时代机遇，不断提升自身的创新能力和市场竞争力，进而为当地带来更多的发展机遇。同时，也应关注数字经济带来的新问题和挑战，如数据安全、隐私保护等，确保数字经济的健康可持续发展。应该相信在数字经济的推动下，边远地区将迎来更加广阔的发展前景和更加美好的未来。

第七章

区域经济实现中国式现代化进程中化"数字鸿沟"为"数字红利"

第一节　各地区数字鸿沟的现状与挑战

一、各地区数字鸿沟现状

数字经济已成为全球经济发展的核心动力之一，其在推动经济增长、优化资源配置、促进创新及提升社会福利方面展现出巨大潜力。党的二十大报告明确指出，需要加快数字经济的发展，并促使其与实体经济深度融合，进而打造具有国际竞争力的数字产业集群。报告强调优化基础设施布局、结构、功能和系统集成，构建现代化基础设施体系，这是实现现代化的关键步骤。随着科技的快速进步和互联网技术的普及，数字化已深入影响各行各业，改变了传统的生活方式和商业模式。数字经济的崛起不仅带来了经济效益，还对社会各界产生了深远影响。在中国，数字经济的发展已被定位为国家战略的核心内容，它在推动中国式现代化发展中扮演着不可或缺的角色。实现数字经济和实体经济的深度融合，需要通过优化技术应用和加强基础设施建设来实现，构建具有高效能和广覆盖的网络基础设施，是确保数字技术广泛应用的前提。此外，政策制定者需制定相应政策，以引导和支持数字技术在农业、制造业、服务业等传统领域的应用，推动产业升级和经济结构的优化。

同时，中国正致力于各地区的经济社会发展，习近平总书记强调，推动各民族为全面建设社会主义现代化国家共同奋斗，是新时代党的民族工作的重要任务①。各地区的发展不仅可以满足人民对美好生活的需求，也是维护民族团结、社会稳定和国家安全的关键，因此，深入理解和把握数字经济与各地区发展的结合，对于推动全面建设社会主义现代化国家具有重要意义。探索适合中国特色的各地区现代化建设之路，意味着我们需要将数字经济的发展与各地区的特定需求和实际情况相结合。通过在这些地区推广数字技术和建设数字基础设施，可以有效地促进信息的获取和资源的利用，从而提高这些地区的生产效率和居民的生活质量。此外，加强对边远地区的教育和培训，特别是在信息技术领域的教育，将为当地居民提供更多就业机会，促进社会经济的全面发展。为实现这一目标，政府和社会各界应共同努力，投入必要的资金和资源，建立合作机制，共同推动数字经济和边远地区的协调发展。通过这样的努力，我们不仅能够促进经济的快速发展，还能确保社会的长期稳定和各民族的共同繁荣。总的来说，数字经济的推动和边远地区的现代化建设是中国全面建设社会主义现代化国家战略的两个关键方面。通过深化数字经济的集成和推广，以及确保所有边远地区都能在现代化进程中发挥其潜力，中国能够实现包容性增长，确保国家的持续繁荣和稳定。这一战略不仅反映了对经济发展趋势的深刻理解，也展示了对民族平等和发展的坚定承诺。

数字经济的快速发展已经在全球范围内重塑经济和社会结构，对传统生产方式产生了显著影响，尤其是在中国这样一个多元化和快速发展的国家中，这种影响尤为深远。中国式现代化是一个综合性的现代化进程，旨

---

① 2021 年 8 月，习近平总书记在中央民族工作会议上发表的重要讲话。

在保持中国独特文化特色的前提下，推动经济、社会和政治各个领域的现代化。数字经济作为这一进程的重要引擎，不仅为经济社会发展注入了新的动力和活力，同时也在推动区域发展平衡方面起到了关键作用。首先，数字经济的基础是数字技术的发展。从数字技术革命到数字经济革命，这一过渡对经济社会的发展产生了深刻影响。新经济增长理论强调，技术进步是推动经济增长的核心动力，而数字经济恰恰以数字技术为基础，推动产业生产率的提升。例如，先进制造业和现代服务业对技术的应用需求较高，这些行业在数字技术的驱动下，其生产效率和服务质量得到了显著提升。然而，数字技术应用在地区之间存在明显差异，尤其是在基础设施配备程度上。相对于经济发达地区，边远地区的数字基础设施配置通常较为落后，这限制了这些地区在接入和利用数字经济方面的能力。这种差异导致了数字经济在不同地区的渗透和效益存在不均现象，进而影响了区域经济的均衡发展。此外，数字技术与不同产业的融合程度也存在差异性。在边远地区，由于产业结构的限制，数字技术与当地主导产业的融合程度较低，这在一定程度上抑制了这些地区经济的现代化进程。例如，如果一个地区主要依赖传统农业，而缺乏对农业数字化的投入和发展，那么该地区在提升农业效率和产值方面就会受到限制。数字经济的另一个重要方面是其在金融服务领域的应用。随着经济的深入数字化，数字经济与数字金融的融合为金融服务的普及和便捷性带来了新的机遇。然而，数字基础设施薄弱的边远地区可能无法充分享受到数字渠道畅通带来的好处，这些好处包括更广泛的金融服务覆盖和更低的交易成本等，这就在一定程度上加剧了区域发展的不平等。

在探索数字经济与边远地区实现同步现代化的过程中，政策制定者需要关注如何通过政策支持和技术投入来缩小这些差异。例如，通过提高边远地区的数字基础设施建设，加强当地人才培训和技术教育，以及促进数字技术与地方产业的有效融合，可以有效地推动这些地区的经济社会发展。总而言之，数字经济作为推动中国式现代化的重要引擎，其在不同地区的均衡发展中扮演着至关重要的角色。政府和社会各界应共同努力，通过合理的政策和技术投入，促进全国范围内的数字经济平衡发展，确保每一个地区都能在这场现代化浪潮中找到自己的位置，并充分发挥其潜力。在此基础上，由"数字鸿沟"和"数字红利"延伸出来的对数字经济与各地区实现同步现代化问题的探讨极具必要性。

二、各地区化"数字鸿沟"为"数字红利"的文献综述

数字经济在推动中国式现代化进程中起着至关重要的作用，尤其是在边远地区的现代化发展上，其影响力日益显著。近年来，伴随着全球信息技术的快速发展，数字经济已成为推动经济增长、促进区域发展的重要力量。刘美和刘亚芬（2023）的研究通过分析中国30个省际面板数据，实证发现数字经济能显著提升中国式现代化产业水平。该研究显示，数字经济的发展不仅提高了区域经济效率，还优化了产业结构，从而加速了现代化的步伐。刘颖等（2023）进一步揭示了数字经济在赋能中国式现代化建设中的内在逻辑。研究表明，数字经济通过激活人口规模的新红利，推动了社会财富的再分配和资源的优化配置，极大促进了全体人民的共同富裕。这种红利不仅体现在经济增长上，还体现在生活质量的普遍提升上，特别是在边远地区，数字经济的引入为当地提供了新的增长机遇和发展路径。顾兴树和吕洪楼（2023）则从农业的角度出发，探讨了数字技术在现代化农业转型中的作用。他们认为，数字技术是乡村产业现代化的关键推动力，能有效引领乡村振兴和产业升级。通过智能化的农业技术应用，如精准农业、智能物流系统等，数字技术有助于均衡配置乡村资源，提高农业生产效率，从而加快边远地区的现代化进程。然而，郑长德（2023）指出，尽管数字经济为边远地区的现代化提供了新的动力，边远地区作为较为欠发达的区域，在走向现代化的过程中仍然面临许多挑战，特别是在协调发展方面存在明显差距。他强调，当前的研究还未能系统分析数字经济对边远地区发展的全面影响，这表明有必要深入研究数字经济如何更有效地促进这些区域的经济和社会发展。以上研究结果共同指向一个关键观点：数字经济是中国式现代化的重要推动力，特别是在促进边远地区的经济社会发展方面，但当前研究还缺乏数字经济对边远地区发展影响的系统

分析。

随着数字经济的快速扩张，边远地区与其他地区之间的"数字鸿沟"问题日益凸显，成为阻碍这些地区现代化步伐的重大挑战。"数字鸿沟"主要体现在三个方面：数字基础设施的建设、数字技术的广泛应用以及数字人才的培养。在边远地区，这些差距尤为明显，直接影响到当地居民的生活质量和经济发展潜力。李琬和张国胜（2022）指出，由于资源分配的不均和技术普及的滞后，导致无法在所有地区同步推进数字基础设施的建设，进而使得边远地区的"数字鸿沟"问题愈加严重。这不仅限制了信息的流通速度和范围，也阻碍了知识和技能的普及，从而加剧了地区发展的不平衡。此外，郑国楠和李长治（2022）进一步强调，边远地区在数字技术应用和数字人才培养方面的落后，加剧了数字鸿沟的扩大。这种技术和人才的差距不仅限制了当地经济的数字化转型，还影响了边远地区居民参与全国乃至全球市场竞争的能力。缺乏足够的数字技术支持和专业人才，使得边远地区难以充分利用数字经济带来的机遇，如电子商务、远程教育和数字医疗等，这些都是推动地区经济社会发展的重要工具。

在中国式现代化的广阔框架内，数字经济的迅猛发展已成为推动区域经济增长的核心动力。尽管数字经济的广泛影响为发达地区带来了显著的经济和社会福祉提升，边远地区却面临着"数字鸿沟"问题。周慧珺和邹文博（2023）提出，持续扩大的"数字鸿沟"可能导致收入和财富差距的增加、市场垄断的加剧、企业创新能力的减弱以及社会阶层分化的加深，这些因素共同阻碍了社会的整体进步。数字技术和资源的不平等分配，使得发达地区享受到数字化带来的种种好处，而落后地区，尤其是边远地区，则因基础设施落后、技术普及不广和人才缺乏而难以有效接轨现代化快车。这种现象加剧了区域不平衡，导致边远地区在经济社会发展上落后于其他地区。董志勇（2022）等研究者指出，边远地区的数字基础设施严重滞后，缺乏足够的数字技术普及，这限制了当地经济和社会的整体发展潜力。在此背景下，李珍刚和古桂琴（2019）强调，公共服务的数字化在边远地区尤为薄弱，这影响了居民获取基本服务和信息的能力，加剧了社会福祉的不平等。此外，陆九天和陈灿平（2021）的研究显示，边远地区的产业结构单一，缺乏多元化发展的支撑体系，数字人才稀缺，这些因素共同阻碍了数字经济在这些地区的健康发展。尽管如此，一些积极的研究发现表明，通过恰当的策略和措施，边远地区的现代化发展仍具备潜力。李萍等（2023）在研究黑龙江地区的农业发展状况时，发现数字经济的引入对于地区三产融合、治理结构的完善及产业布局的优化起到了至关重要的作用。通过改善基础设施、加强人才培养和建立有效的系统，黑龙江地区的农业现代化取得了实质性进展。数字技术的应用促进了农业生产的现代化，提高了效率和质量，优化了产品流通和市场接入，从而为地区经济带来了新的增长点。以上研究表明，虽然边远地区面临"数字鸿沟"和多重发展挑战，但通过政策支持和技术援助，这些地区完全有潜力实现同步现代化。关键在于政府和社会各界必须共同努力，制定和实施针对性强、覆盖面广的措施，以确保数字经济的红利能够平等地惠及每一个角落，推动全面的社会经济发展。这不仅需要加大对基础设施的投资，还要强化教育和培训体系，提升本地人才的技术能力，以及优化地方产业结构，促进经济多元化发展。通过这些综合措施，边远地区可以有效缩小与发达地区的差距，实现持续且包容的增长。

综合来看，尽管已有研究探讨了数字经济对边远地区中国式现代化建设的影响，但这些研究仍存在一定的局限性，未能充分深入探究数字经济对边远地区现代化的影响机制和作用路径。此外，对数字经济在不同地区内部的差异性和特殊性的深入研究也不足，且在分析数字经济对边远地区同步现代化影响的过程中，缺乏对"数字鸿沟"变化趋势的深入考察。相对于已有研究，本章的边际贡献主要体现在以下三个方面：首先，本章通过分析数字经济的发展对边远地区的具体影响，区分了其带来的积极效果（数字红利）与潜在负面影响（数字鸿沟），提供了一个全面的视角来理解这一复杂现象；其次，本章不仅识别了数字经济中存在的主要鸿沟（数字接入鸿沟和数字能力鸿沟），还对这些鸿沟进行了多层面的分析，研究详细讨论了这些鸿沟如何具体影响边远地区的现代化进程，从而深化了对数字经济差异影响的理解；最后，通过实证研究，本章探索了数字经济在推动边远地区现代化过程中可能存在的从"数字红利"到"数字鸿沟"的转变点。这一研究不仅关注了数字经济带来的直接短期影响，还考察了长期趋势和潜在的结构性变化，为制定相关政策提供了科学依据。通过这三个方面的深入探讨，本章旨在填补现有文献中的空白，提供一个更为系统和全面的视角来理解数字经济在不同发展阶段对边远地区现代化的影响，同时为政策制定者在设计旨在缩小数字鸿沟、促进区域均衡发展的策略时提供参考。

三、理论机制和研究假设

为深入探索数字经济对边远地区中国式现代化建设的影响，本章着重解析了"数字红利"与"数字鸿沟"之间的内生困境，并将数字经济对中国式现代化的影响分为直接传导机制和间接传导机制，包括数字接入鸿沟和数字能力鸿沟。此外，本章还旨在探讨"数字鸿沟"的非线性特征，以深化对其复杂影响的理解。

（一）基本影响机制及研究假设

边远地区在中国式现代化的进程中面临诸多挑战，如产业结构失调、发展成果共享困难以及区域发展失衡等（戚聿东和杜博，2024）。数字经济通过其普惠性、高融合性和强外部性，提供了解决这些问题的新动能和新路径，有潜力将"数字鸿沟"转化为"数字红利"。

途径一：直接传导机制，体现为数字经济如何直接影响边远地区实现中国式现代化的各个方面。

首先，数字经济通过物联网、大数据和人工智能等技术赋能边远地区产业的发展，提高产业动态协同的效率，促进供需两侧的平衡。这样的技术应用不仅提升了边远地区在国内经济大循环中的角色，还有助于重塑全球分工格局，实现产业结构现代化。通过这些技术的应用，边远地区能更有效地参与国内外市场，提升全要素生产效率，从而推动地区经济的整体增长。

其次，依托数字技术的发展和数字基础设施的建设，数字经济能够显著提高边远地区市场信息的匹配效率。这包括破除信息壁垒，降低获取信息的成本，同时，通过实施数字普惠金融政策，可以从资金和信息资源两个层面提升民族地区的创业活跃度，增加就业机会，提高居民收入。这些因素共同作用下，有助于促使人才回流和就业增加，从而提升地区的整体发展水平。

最后，数字经济的普及有助于打破边远地区的学习壁垒和地理限制，使当地居民能够以较低成本接受专业技能培训和教育，提升地区人力资本水平。通过提高教育和技能训练的普及率，不仅可以提升个人的生活质量，也为地区产业提供了更为丰富和专业的人力资源。这样的"产业—人力资本"循环互促机制，有助于推动边远地区在经济、教育和社会生活等多个方面的同步现代化进程。基于以上分析，提出以下研究假设。

假设6：数字经济的发展对边远地区实现中国式现代化具有显著的促进作用。

途径二：间接传导机制，体现为数字经济发展形成数字鸿沟，进而对中国式现代化产生间接效应。

尽管数字经济为边远地区的中国式现代化建设提供了显著的推动作用，其普惠性理应让各区域均能享受到数字化带来的便利和效益，然而，由于资源禀赋的不均衡、人才集聚的不平衡以及部分地区的先发优势，数字经济的快速发展反而可能加剧了地区间的发展差距。这种现象通常被称为"马太效应"，意味着在数字经济的推动下，先进地区得以进一步加速发展，而落后地区则面临更大的发展挑战，导致两极分化的现状越发严重，这种分化主要表现为"数字鸿沟"，即数字经济发展中的不平等现象，其中数字接入鸿沟和数字能力鸿沟尤为显著。

数字接入鸿沟主要体现在基础设施建设的差异，导致不同地区居民在接触和使用数字技术方面的机会不均。例如，一些偏远地区可能由于地理和经济条件的限制，难以获得与发达地区相同水平的网络服务和技术支持。这种差异不仅限于硬件设施如宽带光缆、互联网基站以及网络终端设备等，还包括对这些技术的访问能力和质量。数字能力鸿沟则体现在即便数字接入条件得到满足，不同个体或集体在数字素养和技能方面的差异仍然阻碍他们充分利用数字资源。这种差异主要体现在教育水平和文化程度上，数字素养不仅包括基本的操作技能，还包括处理信息、批判性思维和创造性使用数字技术的能力。在边远地区，由于教育资源的相对匮乏，居民往往缺乏获取和利用先进数字技术的知识和技能，这限制了他们从数字经济增长中获得好处。

数字经济的持续发展对于边远地区的中国式现代化具有深远影响，尤其在加剧数字接入鸿沟方面表现明显。数字接入鸿沟体现数字技术的可及性，即不同地区、不同群体之间存在明显的数字信息获取能力的差距，这种差距是由多种因素造成的，包括基础设施的布局、投资的不均等以及人才分布的不平衡等。数字基础设施的建设是推动数字经济发展的基石，而经济条件较好的地区因其较强的财政能力和更好的初始基础设施，往往能够较快地建设起高速网络和其他数字服务平台，从而获得明显的先发优势。这种优势不仅体现在基础设施的快速改进上，也体现在随之而来的数字服务的普及和提速上，例如，高速的网络连接使得当地居民和企业能够更方便地获取信息、使用在线服务、参与电子商务活动，从而推动了地区经济的增长和社会的全面发展。然而，数字技术的研究与发展极大依赖于数字人才的供给，人才优势明显的地区往往能在数字经济竞争中获得进一步的发展优势。此外，数字经济的快速发展还可能引发人才"虹吸效应"，即高发展地区通过更好的工作机会、更高的生活质量吸引周边甚至更广范围内的专业人才。这种效应不仅加剧了人才在区域间的不平衡分布，而且导致那些经济条件较差或发展较慢的地区在数字经济的竞争中逐渐落后，进一步拉大了不同地区间的数字经济发展水平差异，这种区域发展的失衡最终阻碍了边远地区中国式现代化的整体进程。当部分地区因数字经济的快速发展而加速现代化进程时，其他地区则可能因为"数字鸿沟"而陷入发展瓶颈，难以享受到数字经济带来的全面社会经济福利。因此，这种发展的不均衡性不仅影响了经济的均衡发展，更有可能在长远中影响社会稳定与和谐。

与此同时，数字经济发展对边远地区中国式现代化带来的间接影响还体现在数字能力鸿沟的形成上，这个鸿沟直接影响了边远地区的社会和经济结构。虽然数字基础设施的建设促进了边远地区生产生活和公共服务的数字化，提升了区域的信息流通和服务效率，但同时也揭示了一个重要问题：边远地区由于居民数字素养的不均，导致部分人群无法充分接触和利用数字技术及资源。这种现象在低教育水平或技术训练不足的群体中尤为突出，他们因缺乏必要的数字技能而无法享受数字经济带来的便利，逐渐被社会主流边缘化。这种负面效应不仅加剧了社会的信息不平等，而且在一定程度上扩大了数字能力鸿沟。然而，数字经济的普惠性和减贫效应也不容忽视。在边远地区，这些特征有助于低收入群体和其他弱势群体获得更高质量的数字服务。例如，政府和社会企业可以通过提供低成本的互联网服务、数字教育资源和在线健康咨询等，提高这些群体的生活质量和获取信息的能力。这不仅促进了教育和机会的平等，还激发了经济活力和人力资本的提升，为区域均衡发展奠定了基础。通过这些正面效应，数字经济有潜力缩小数字能力鸿沟，从而促进整个社会的和谐发展。因此，由数字经济引起的数字能力鸿沟的正面效应和负面效应共同作用，最终综合影响边远地区的中国式现代化进程。基于上述分析，提出以下研究假设。

假设7：在数字经济影响边远地区的中国式现代化过程中，数字接入鸿沟和数字能力鸿沟发挥中介效应。

（二）非线性影响机制及研究假设

数字经济的发展呈现出显著的非线性特征，尤其是在其对不同区域影响的方式和强度上，这种非线性主要表现在数字经济发展过程中"城镇地区先发展，再向农村地区扩散"的路径上。在这一过程中，数字接入鸿沟和数字能力鸿沟的动态变化尤为明显，这两种鸿沟的变化对边远地区的中国式现代化产生了深远影响。对于数字接入鸿沟而言，数字经济的发展初期往往见证了城镇地区因其更强的经济基础和更好的初始基础设施而率先发展数字经济。这一时期，城镇地区优先接入高速互联网、建设更为先进的通信设施，享受到数字化带来的各种便利，如更广泛的信息获取、更便捷的服务和更丰富的商业机会。相比之下，农村地区由于基础设施的落后和投资的不足，数字接入程度远低于城镇，造成了城乡之间在数字资源分配上的不均衡。这种情况导致了数字接入鸿沟在数字经济发展的初期迅速扩大。然而，随着数字经济进入发展的中后期，城镇地区的数字基础设施建设逐渐趋于饱和和完善，政策制定者和投资者开始将更多的关注转向农村地区。这一转变通常伴随着政府的推动和私营部门的扩展，农村地区开始逐步建设起与城镇地区同等水平的数字基础设施。此外，随着技术成本的降低和覆盖能力的提升，农村居民开始能够以较低的成本接入高质量的数字服务。这种趋势有助于农村地区逐渐获得与城镇地区相同的数字资源，从而使得数字接入鸿沟逐渐缩小。

数字能力鸿沟，作为区分不同群体或地区在数字技术知识、技能和应用方面差距的重要指标，对边远地区的中国式现代化具有深刻影响。随着数字基础设施逐步完善，虽然数字经济初期产生的数字接入鸿沟有所减弱，各地区间数字资源趋向均衡，但边远地区在数字能力上的差距却越发显现。这种差距主要受到历史、文化和经济发展水平等因素的影响，导致边远地区居民在数字经济和数字社会的整合上存在困难，难以充分利用数字化带来的服务和机遇。先发地区不仅在数字基础设施上具有优势，在数字人才的积累上也占据领先地位，这使得这些地区能够促进知识和技术密集型产业的发展。相比之下，缺乏数字技能的后发地区的人群在数字经济所带来的新就业机遇中难以找到位置，这不仅限制了他们的职业发展，也加剧了地区间的经济不平衡。此外，后发地区由于缺乏必要的数字素质，往往难以把握数字经济所提供的创业机会，进一步加深了数字能力鸿沟。然而，随着时间的推移和政策的调整，数字经济的普惠性和减贫效应开始逐渐显现，特别是在边远地区。通过各种政府和非政府项目的支持，这些地区开始获得提升数字素养的机会，特别是通过在线教育资源的普及，帮助缩小了教育资源差距，并提升了居民的数字应用技能。这种趋势有助于逐步缩小边远地区的数字能力鸿沟，从而使这些地区的居民更好地融入快速发展的数字经济中。基于上述分析，提出以下研究假设。

假设8：在数字经济影响边远地区的中国式现代化过程中，"数字鸿沟"呈现非线性特征。

第二节　跨越数字鸿沟的实证分析

一、化"数字鸿沟"为"数字红利"研究设计

（一）模型设计

1. 基础模型

为了研究数字经济与边远地区中国式现代化之间的关系，构建基本计量模型如下：

$$lnCM_{it} = \alpha_0 + \alpha_1 Dige_{it} + \beta_1 X_{it} + \mu_i + \varepsilon_{it} \qquad (7-1)$$

其中，CM 为中国式现代化指数，$Dige$ 为数字经济发展指数，i 表示城市，t 表示年份，X 表示一系列控制变量；α_0 表示截距项，α_1 表示核心解释变量的估计参数；μ 为个体固定效应，ε 表示随机误差项。此外，为避免量纲不一致产生的异方差问题，对被解释变量 CM 取对数处理。

2. 中介效应模型

根据巴伦和肯尼（1999）的研究思路，对中介效应模型设计如下：

首先，考察数字经济发展过程中数字接入鸿沟的中介效应：

$$DAG_{it} = \alpha_0 + \beta_1 Dige_{it} + \beta_2 X_{it} + \varepsilon_{it} \qquad (7-2)$$

其次，考察数字经济发展过程中数字能力鸿沟的中介效应：

$$DCG_{it} = \alpha_0 + \beta_1 Dige_{it} + \beta_2 X_{it} + \varepsilon_{it} \qquad (7-3)$$

最后，分别考察数字经济、数字接入鸿沟和数字能力鸿沟对中国式现代化的整体效果：

$$lnCM_{it} = \alpha_0 + \beta_1 DAG_{it} + \beta_2 Dige_{it} + \beta_3 X_{it} + \varepsilon_{it} \qquad (7-4)$$

$$lnCM_{it} = \alpha_0 + \beta_1 DCG_{it} + \beta_2 Dige_{it} + \beta_3 X_{it} + \varepsilon_{it} \qquad (7-5)$$

其中，DAG_{it} 表示数字接入鸿沟；DCG_{it} 表示数字能力鸿沟。其他变量与基准回归模型含义一致。

3. 门槛效应模型

根据研究假设，数字经济对边远地区中国式现代化的影响并非单一的线性过程，而可能存在复杂的非线性特征。这种非线性可能源于数字经济的不同发展阶段或不同地区之间的发展差异。为了科学地捕捉这种非线性特性，尤其是由结构性变化所引起的，本章提出使用门槛回归分析。门槛回归模型允许我们在有确定因果关系的变量之间寻找潜在的门槛变量，并估计该门槛变量的门槛值。一旦门槛值被确定，模型便可以根据不同的门槛状态描述因变量和自变量之间的关系变化。这种方法特别适用于处理由于变量间关系而在不同条件下发生显著变化的情况。借鉴汉森（1999）的研究方法，构建的门槛回归模型将尝试识别影响边远地区中国式现代化的关键门槛变量。

$$\ln CM_{it} = \alpha_0 + \beta_1 DAG_{it} \times I(Dige_{it} \leq \gamma_1)$$
$$+ \beta_2 DAG_{it} \times I(Dige_{it} > \gamma_1) + \beta_3 X_{it} + \varepsilon_{it} \qquad (7-6)$$

$$\ln CM_{it} = \alpha_0 + \beta_1 DCG_{it} \times I(Dige_{it} \leq \gamma_1)$$
$$+ \beta_2 DCG_{it} \times I(Dige_{it} > \gamma_1) + \beta_3 X_{it} + \varepsilon_{it} \qquad (7-7)$$

其中，γ_i 表示数字经济的门槛值。其他变量与上文含义一致。

（二）变量测度与数据来源

1. 被解释变量：中国式现代化

中国式现代化是一个综合性的发展模式，它不仅须符合中国的国情，还需体现中国的独特特色。习近平总书记精确描述了中国式现代化的特征，强调了其全面性和多维度的特征，这包括：人口规模巨大的现代化、全体人民共同富裕的现代化、物质文明和精神文明相协调的现代化、人与自然和谐共生的现代化，以及走和平发展道路的现代化。这些描述凝练了中国式现代化的核心理念和发展目标。在此基础上，借鉴刘兴远和蒋薇（2023）、任保平等（2023）以及邹红等（2023）的研究方法，本章提出紧密结合中国式现代化的中国特色、本质要求、核心要义、重人关系和战略布局，坚持普遍性与特殊性相结合的原则，以"五位一体"总体布局为基本视角，科学构建了一个具象化、实践性强的中国式现代化指标体系。这个体系旨在从六个维度全面反映中国式现代化的进程和成效，这六个维度包括：人的现代化，关注人民生活质量的提升、健康水平的改善以及教育资源的普及与均等化；经济现代化，强调经济结构的优化升级、高质量发展以及创新能力的增强；治理能力现代化，涵盖法治体系的完善、政府效率的提升以及公共服务的优化；文化教育现代化，包括文化产业的发展、公民文化素质的提升以及教育体系的现代化改革；社会现代化，关注社会保障体系的完善、社会治理的创新以及社会公平正义；生态文明现代化，强调可持续发展、生态环境的保护以及绿色生活方式的推广。

这一指标体系的构建以准确刻画中国式现代化的发展状态为基点，确保导向性明确为重点，并以应用性强为落点，为评估和引导中国式现代化的实践提供了科学的工具和参考。通过这种综合性指标体系，可以更加系统地理解和推进中国特色的现代化进程，同时也为相关政策的制定和实施提供了依据。具体如表7-1所示。

表7-1　　　　　　中国式现代化的综合评价指标体系

目标	一级指标	二级指标	三级指标	单位	权重（%）	方向
中国式现代化指数	人的现代化	社会财富	人均国内生产总值	万元	2.10	正向
		共同富裕	居民人均可支配收入	万元	1.83	正向
			城镇居民恩格尔系数	%	0.79	正向
			共同富裕指数	—	1.99	正向
	经济现代化	经济结构	第二三产业增加值占GDP的比重	%	0.61	正向
			泰尔指数倒数	—	5.95	正向
			第二三产业从业人数占地区总人数比例	%	0.86	正向
			政府数字关注度	—	0.94	正向
		创新能力	每万人口发明专利拥有量	件	5.70	正向
			高技术产业主营业务收入占比	%	2.98	正向
			技术市场成交额/GDP	—	7.89	正向
		开放程度	外商直接投资	万美元	8.73	正向
			外贸依存度（进出口总额/GDP）		4.24	正向
	治理能力现代化	治理效能	公共服务支出占比	%	2.05	正向
			公共安全财政支出占比	%	1.21	正向
		人民民主	社会组织单位数/年末人口（万人）	个	3.05	正向

目标	一级指标	二级指标	三级指标	单位	权重（%）	方向
中国式现代化指数	文化教育现代化	文化产业	文化市场经营机构营业利润占 GDP 比重	%	0.17	正向
			教育文化娱乐消费支出占比	%	0.56	正向
			人均公共图书馆藏量	万册	3.33	正向
			每万人拥有群众文化设施建筑面积	平方米	2.29	正向
		文化教育	主要劳动年龄人口受过高等教育的比例	%	2.80	正向
			地区人口平均受教育年限	年	1.14	正向
			教育支出强度	—	2.27	正向
		文化传播	电视普及率	%	0.24	正向
			广播普及率	%	0.21	正向
			文物藏品	件、套	3.90	正向
	社会现代化	区域协调	常住人口城镇化率	%	1.15	正向
			城乡居民收入水平	元	1.34	正向
		民生保障	每千人口执业（助理）医师数	人	1.21	正向
			基本养老保险参保占比	%	1.10	正向
			失业保险覆盖率	%	3.94	正向
			公共教育、医疗、住房保障支出占财政支出比重	%	0.92	正向
			每千人口医疗卫生机构床位	个	1.20	正向
			城镇登记失业率	%	1.08	负向
	生态文明现代化	绿色低碳	碳排放强度	—	3.11	负向
			建成区绿化覆盖率	%	0.47	正向
		生态环境	PM2.5 年平均浓度	μg/m³	0.47	负向
			绿色 GDP	—	10.18	正向
			森林覆盖率	%	2.07	正向
			交通出行便利情况	—	0.95	正向

2. 解释变量：数字经济水平

随着数字经济的迅速发展，其内涵和影响正在持续扩展，表现出高度的融合性和渗透性。这种发展不仅改变了经济结构，也重塑了业务操作和市场环境。为了精确地测量和评估数字经济的发展水平，借鉴了王军等（2021）、杨慧梅和江璐（2021）、盛斌和刘宇英（2022）的研究成果，本章提出了一个综合性的指标体系。该体系从数字经济的基础条件、产业应用和发展环境等方面进行了全面考虑，具体构建了包括 4 个一级指标、9 个二级指标和 25 个三级指标的框架。四个维度分别为：数字发展载体，涉及数字基础设施的建设和优化，如数据中心、宽带网络和移动通信设施等，这是支持数字经济发展的物理基础；数字产业化，关注将数字技术应用于产业创新中，推动传统产业的升级以及新型数字业务模式的发展，例如云计算、大数据、人工智能等在不同行业中的应用；产业数字化，指传统产业如制造业、农业、服务业通过采用先进的数字技术实现的转型升级，从而提升整体效率和竞争力；数字发展环境，涵盖政策支持、市场环境、法律法规以及数字安全等方面，是推动数字经济健康持续发展的外部条件。

通过这个综合指标体系，为本章研究能够提供一个多维度、层次分明的视角，以评估和分析数字经济的发展状态和趋势。该体系的设计旨在捕捉数字经济发展的关键驱动因素，从而为政策制定者、企业领导者和研究人员提供有价值的数据和见解，帮助他们作出更为明智的决策。具体内容见表 7 – 2。

表 7 – 2　　　　　　数字经济发展水平的综合评价指标体系

目标	一级指标	二级指标	三级指标	单位	权重（%）	方向
数字经济综合发展指数	数字发展载体	互联网发展规模	互联网宽带接入端口	万个	0.31	正向
			互联网宽带接入用户	万户	0.38	正向
			域名数	万个	2.86	正向
			网页数	万个	0.60	正向
		信息化发展规模	长途光缆线路长度	万公里	3.39	正向
			移动电话基站	万个	3.27	正向
	数字产业化	电子信息产业	电子信息制造业资产总计	亿元	1.29	正向
			电子信息产业制造业企业数	亿元	2.38	正向
		软件和信息技术服务业	电信业务总量	亿元	0.52	正向
			软件产品收入	亿元	4.33	正向
			软件研发人员就业人数	万人	3.05	正向
			嵌入式系统软件收入	亿元	13.65	正向
			软件和信息技术服务业上市公司数量	个	52.88	正向

目标	一级指标	二级指标	三级指标	单位	权重（%）	方向
数字经济综合发展指数	产业数字化	农业数字化	农林牧渔业增加值	亿元	0.44	正向
			农村用电量	千瓦时	1.29	正向
		工业数字化	工业企业每百人使用计算机数	台	0.27	正向
			高技术产业主营业务收入	亿元	1.50	正向
			高技术产业专利情况	件	2.19	正向
		服务业数字化	有电子商务交易活动的企业比重		2.19	正向
			电子商务销售额	亿元	3.16	正向
			数字普惠金融指数	—	0.32	正向
	数字发展环境	知识资本发展环境	普通高等学校数	所	0.42	正向
			教育经费支出	万元	0.03	正向
		数字创新发展环境	R&D 项目经费	万元	0.15	正向
			规模以上 R&D 人员全时当量	人/年	0.33	正向

3. 中介变量

借鉴国际电信联盟及国内外学者对数字鸿沟内涵的界定，将数字鸿沟分为数字接入鸿沟和数字能力鸿沟两个维度进行表征。

（1）数字接入鸿沟。数字接入鸿沟（DAG）指社会不同层面的个人、家庭和企业由于所在地区数字硬件设施的建设状况不同，从而产生数字资源可及性的差异，主要体现在互联网宽带和移动互联网基站等数字发展载体的硬件差异。基于数字接入鸿沟的内涵，借鉴马黄龙和屈小娥（2021）的做法，选取每万人每平方公里的长途光缆长度表征数字接入鸿沟，数值越大说明该地区数字接入鸿沟程度越深。

$$数字接入鸿沟 = \frac{长途光缆长度（万公里）\times 年末常住人口（万人）}{建成区面积（平方公里）}$$

（2）数字能力鸿沟。数字能力鸿沟（DCG）指社会不同地区的经济主体由于数字素养的差异，造成获取、运用数字资源的能力差异，与当地人民的教育文化素质有关，因此借鉴樊轶侠等（2022）的做法，结合数字能力鸿沟的内涵，选取城镇与农村居民平均受教育年限的比值表示，变量的数值越大说明该地区数字能力鸿沟越深。

$$数字能力鸿沟 = \frac{城镇居民平均受教育年限（年）}{农村居民平均受教育年限（年）}$$

4. 控制变量

金融发展水平（FINA）即年末金融机构各项贷款余额占地区生产总值的比重；交通基础设施（TRAE）为地区公路总里程数除以地区土地总面积；研发强度（RD）即 R&D 经费内部支出与地区生产总值的比值；环境规制（ERI）用工业污染治理完成投资额与工业增加值之比衡量；老龄财政负担（ELD）用地方财政科学技术支出和地方财政教育支出之和除以财政一般预算支出计算。

5. 数据说明

本章选取我国 2011～2021 年 30 个省份（不包括西藏及港澳台地区）的面板数据进行动态演进分析，并选用内蒙古、宁夏、新疆、广西、贵州、云南和青海 7 个地区的面板数据进行实证分析。所使用数据分别来自《中国统计年鉴》《北京大学数字普惠金融报告》《中国科技统计年鉴》《中国农村统计年鉴》等，部分缺失数据用线性插值法进行填补，同时为了防止异方差等因素的影响，对部分变量进行对数化处理。

此外，为避免主观赋权造成指数测度不准确，中国式现代化指数和数字经济综合发展指数均采用客观赋权法中的熵值法对指标进行赋权。特别地，上述指标来源于不同层次，其指标值的量纲与数量级均存在显著的差异，因此，只有将这些不同指标进行正规化之后，才具有横向的可比性和实用性，才能保证最终估出指数的精准性。在对指标进行正规化处理之后，使用熵值法求出每个指标的客观权重，最终得出中国式现代化指数（lnCM）和数字经济综合指数（Dige）。

二、数据初步分析

（一）描述性统计和相关性分析

表 7-3 为各变量的描述性统计结果。由表 7-3 可知，各变量之间的

量纲差距是可以接受的，且各变量的数值都为正。对上述变量进行 VIF 检验，结果均小于 10，此外各变量 Pearson 相关系数绝对值基本小于临界值 0.75，说明不存在严重的多重共线性问题，样本具备回归分析的可行性。

表 7 - 3 描述性统计结果

变量	变量名	N	Mean	SD	Min	Max
lnCM	中国式现代化	77	0.143	0.023	0.098	0.198
Dige	数字经济	77	0.798	0.164	0.353	1.114
DAG	数字接入鸿沟	77	2.439	0.666	0.881	3.223
DCG	数字能力鸿沟	77	0.862	0.035	0.779	0.941
FINA	金融发展水平	77	0.923	0.141	0.673	1.260
TRAE	交通基础设施	77	3.917	0.716	2.556	4.867
RD	研发强度	77	0.008	0.002	0.004	0.015
ERI	环境规制	77	0.006	0.005	0.000	0.031
ELD	老龄财政负担	77	0.153	0.027	0.101	0.197

（二）核密度分析

为了深入探索我国数字经济与中国式现代化的发展动态，本章选取了 2011～2021 年的时间序列数据进行分析。特别地，为保证数据的代表性并观察长期变化趋势，我们选择了这一时间段内每隔两年的数据作为样本点，并特别关注了 2021 年的数据。这一年是中国数字经济发展的一个标志性节点，根据中国信息通信研究院的白皮书数据，2021 年中国的数字经济总值达到全球第二，显示出显著的增长和发展。此外，中国国务院新闻办公室在 2022 年发布的《携手构建网络空间命运共同体》白皮书进一步强调了数字经济对国家增长的推动作用。这些重大政策和发展成就使 2021 年成为理想的数据点，以使用核密度估计法探讨数字经济对中国式现代化进程的具体影响。

1. 数字经济动态特征

如图 7 - 1 所示，2011～2021 年，中国数字经济发展指数的核密度图显示了明显的变化趋势。从图 7-1 可以直观地观察到，核密度曲线整体向右移动，这表明数字经济的整体水平在逐年提升。同时，曲线的峰值有所降低，坡度减小，整体形状趋于扁平化。这些变化说明在此期间，我国的数字经济不仅在整体水平上得到了提高，而且各地区之间的发展差异开始固化，数字经济的强弱分化特征越发明显，即强区域更强，弱区域改善缓慢，进一步反映了区域间的发展不均衡。

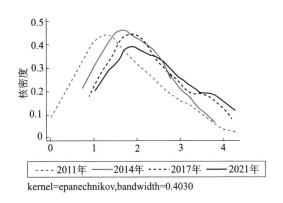

kernel=epanechnikov,bandwidth=0.4030

图 7-1 数字经济核密度

2. 中国式现代化动态特征

如图 7-2 所示，2011~2021 年中国式现代化的核密度图揭示了一系列重要的趋势变化。首先，整体的核密度曲线向右移动，这表明在此期间中国式现代化的整体水平有所提升。更具体地，2021 年的曲线峰值相较于 2011 年有明显的下降，这种变化从尖峰型向宽峰厚尾型的演变，显示了结构固化的逐渐瓦解。同时，坡度的减少和曲线形状的扁平化趋势，表明从多峰型逐渐过渡到双峰型，反映出中国式现代化发展中的一种新的分布特征。这些变化说明，2011~2021 年，虽然中国式现代化的总体水平得到了提升，但地区之间的差异也在增大，地区极化现象开始显现。这种极化可能是由于不同地区在资源配置、政策支持和发展战略上的差异，导致部分地区现代化进程加速，而其他地区则相对滞后。这种现象对于制定针对性的区域发展策略和均衡社会经济发展具有重要的指导意义。

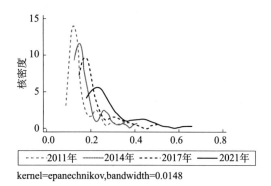

kernel=epanechnikov,bandwidth=0.0148

图 7 - 2　中国式现代化核密度

三、化"数字鸿沟"为"数字红利"实证结果分析

(一) 基准回归分析

模型经 Hausman 检验，适用固定效应面板模型，由于对变量取对数可以减少异方差带来的影响且不会改变变量之间的关系，因此对控制变量取对数后进行回归，依据公式（7 - 1），未加入控制变量进行回归，结果如表 7 - 4 中列（1）所示，数字经济对中国式现代化的回归系数为正且达到了 1% 的显著水平。之后，加入控制变量进行回归，回归结果如表 7 - 4 列（2）所示，加入控制变量后数字经济对中国式现代化的系数为正，且通过了 1% 的显著性检验。最后，同时加入控制变量和省份固定效应，结果如表 7 - 4 中列（3）所示，数字经济对中国式现代化的回归系数为正，且通过了 10% 的显著性检验。

表 7 - 4　　　　数字经济对中国式现代化总体效应的估计结果

变量	基准回归			稳健性检验	内生性检验			
	（1）lnCM	（2）lnCM	（3）lnCM	（4）lnCM	（5）lnCM	（6）lnCM	（7）第一阶段	（8）第二阶段
Dige	0. 073 *** (6. 748)	0. 101 *** (7. 134)	0. 066 * (2. 397)		0. 282 *** (2. 965)			0. 223 *** (5. 510)

续表

变量	基准回归			稳健性检验	内生性检验			
	(1)lnCM	(2)lnCM	(3)lnCM	(4)lnCM	(5)lnCM	(6)lnCM	(7)第一阶段	(8)第二阶段
L. Dige				0.073** (3.069)		0.051*** (2.947)		
phone							0.134*** (5.910)	
FINA		0.028 (1.404)	0.115* (2.405)	0.098 (1.800)	−0.050 (−0.464)	0.127*** (3.870)	0.257* (1.680)	−0.039 (−0.860)
TRAE		0.001 (0.170)	0.000 (0.009)	0.002 (0.273)	0.010 (0.611)	−0.003 (−0.546)	−0.043 (−1.540)	0.007 (1.020)
RD		3.437** (2.849)	5.082*** (4.358)	4.651** (3.581)	2.314 (0.623)	5.144*** (6.605)	−3.515 (−0.510)	2.490 (1.580)
ERI		−0.935** (−2.473)	−0.734* (−2.205)	−0.571 (−1.777)	−0.035 (−0.105)	−0.662** (−2.395)	0.611 (0.380)	−0.401 (−1.050)
ELD		−0.412*** (−3.918)	−0.016 (−0.235)	−0.068 (−1.133)	0.427 (0.905)	−0.128 (−1.249)	−0.678 (−0.830)	0.255 (1.260)
常数项	0.085*** (10.928)	0.076* (2.202)	−0.022 (−0.481)	−0.013 (−0.255)	−0.139 (−1.464)	0.008 (0.262)	−0.354* (−1.790)	−0.064 (−1.530)
控制省份	NO	NO	YES	YES	YES	YES	YES	YES
N	77	77	77	70	70	70	77	77
adj. R-sq	0.265	0.661	0.840	0.840	0.641	0.903		0.697
F 统计量							34.97	
LM 统计量								27.209
P 值							0.000	0.000

注：括号内数值为 t 统计值，***、**、*分别表示在 1%、5%、10%水平下显著。

面板基准回归模型表明数字经济与中国式现代化之间存在明显的正向关系，显示了数字经济的发展显著促进了各地区的现代化建设。这种关系首先表现在直接影响上，即随着数字经济的发展，各地区在社会、经济、政治和文化等多个方面得到了显著提升，充分显示出数字经济的内核与中国式现代化需求的高度匹配和深度融合。特别是数字平台的经济、技术以及数据驱动的赋能作用，显著地推动了区域经济的综合发展。从表中进一步的回归结果看，数字经济对中国式现代化的影响在控制其他变量后依然显著，而且在加入省份固定效应之后，这种正向关系虽然在统计显著性上有所减弱，但仍然保持了正向影响，这进一步证实了假设6的正确性。此外，金融发展水平（FINA）和研发强度（RD）在模型中同样显示出对中国式现代化有积极的推动作用。这表明，除了数字经济外，金融资源的有效配置和持续的研发投入也是推动区域经济现代化不可忽视的因素。然而，环境规制（ERI）的系数表明，过度的行政管制可能对区域经济的现代化构成阻碍，这需要政策制定者在推动环保和发展经济之间寻求更合理的平衡。这些控制变量的显著性不仅能帮助我们更全面地理解数字经济与中国式现代化之间的关系，也提示了在实际政策制定中需要注意的其他影响因素。

综上所述，数字经济通过其内在的技术优势为区域经济的现代化提供了重要的动力和平台，通过优化资源配置和激发创新活力，加速了这些地区的现代化进程，同时也提示了在未来发展中需要平衡的多方面因素。通过数字经济的平台经济赋能、技术赋能和数据要素赋能，深刻影响边远地区的中国式现代化建设过程，从而提升区域经济的现代化水平。此外，表7-4列（3）中控制变量的回归结果表明，金融发展水平（FINA）显著促进区域经济中国式现代化的发展，说明金融业为区域经济配置金融资源、提供金融服务等金融活动有效推动了边远地区的中国式现代化建设；研发强度（RD）显著促进了区域经济的中国式现代化建设，表明对R&D经费的持续投入，有利于提升创新能力和科研成果转化，进而促进区域经济的中国式现代化建设；环境规制（ERI）显著抑制区域经济的中国式现代化发展，表明对生态环境的行政管控会对区域经济的中国式现代化建设产生不利影响。

（二）内生性检验与稳健性估计

为保证实证分析的有效性和可信性，本章采取了一系列稳健性检验措施。首先，考虑到可能存在的反向因果关系，我们选取了数字经济的滞后

一期作为工具变量，并根据模型（7-1）进行了重新估计。根据表7-4
列（4）的结果显示，数字经济对中国式现代化的影响显著且为正，这与
前文的结论一致，从而验证了研究假设的稳健性。

此外，为进一步减弱潜在的反向因果影响，本章还采用了两阶段最小
二乘法（2SLS），使用数字经济作为工具变量对模型（7-1）进行估计，
结果见表7-4列（5）；此外，将数字经济及所有控制变量均滞后一期，
再次进行估计，结果见表7-4列（6）。根据表7-4列（5）和列（6）的
回归结果，数字经济始终显著正向促进各地区的中国式现代化建设，这进
一步降低了反向因果的可能性，增强了研究结果的可信度。

进一步地，为了解决潜在的内生性问题，本章借鉴赵涛等（2020）和
黄群慧等（2019）的方法，选取1984年每百人固定电话数作为数字经济
发展的工具变量。此外，参考纳恩和钱（2014）的做法，我们将各地区
1984年每百人固定电话数量与前一年全国信息技术服务收入的交互项作为
互联网发展指数的工具变量，使用广义矩估计（GMM）进行估计。根据
表7-4列（7）和列（8）的结果，一阶段工具变量回归系数显著为正，
表明选取的工具变量有效地促进了数字经济发展，且 Wald F 统计值大于
10，说明不存在弱工具变量问题。K-LM 工具变量不可识别检验进一步证
实了工具变量的可靠性。二阶段的结果显示，核心解释变量的系数显著且
方向与前文结论一致，验证了数字经济对中国式现代化的显著正向影响。

这些结果表明，数字经济的技术内核可以与中国式现代化建设中的经
济、社会、政治和文化等方面有效融合，透过数字经济的平台经济赋能、
技术赋能和数据要素赋能，深刻影响各地区的中国式现代化建设过程，从
而提升各地区的现代化水平。上述内生性检验表明，前文结论可靠。

至此，假设6通过了稳健性和内生性检验，结论可靠。

（三）内在机制检验

1. 中介效应

前文从理论层面分析了数字接入鸿沟和数字能力鸿沟对中国式现代化
建设可能存在的中介效果。为验证这些假设，进一步选用中介效应模型进

行实证检验。对中国式现代化用模型（7-1）检验数字经济的直接效应，回归结果见表7-5列（1），用模型（7-2）检验数字经济对数字接入鸿沟的影响作用，回归结果见表7-5列（2），用模型（7-3）检验数字经济对数字能力鸿沟的影响作用，回归结果见表7-5列（3），最后将数字经济、数字接入鸿沟和数字能力鸿沟分别代入模型（7-4）、模型（7-5），检验数字鸿沟对中国式现代化的中介效应，回归结果见表7-5列（4）、列（5）。

表 7-5　　　　　　　　　　　中介效应的估计结果

变量	(1) lnCM	(2) DAG	(3) DCG	(4) lnCM	(5) lnCM
Dige	0.101*** (8.260)	1.786*** (4.836)	-0.075*** (-3.421)	0.125*** (9.725)	0.085*** (6.915)
DAG				-0.014*** (-3.818)	
DCG					-0.212** (-3.411)
控制变量	YES	YES	YES	YES	YES
常数项	0.076*** (3.282)	2.445*** (3.471)	0.791*** (18.960)	0.110*** (4.775)	0.102*** (4.543)
N	77	77	77	77	77
adj. R-sq	0.661	0.632	0.544	0.716	0.705

如表7-5所示，通过详细的实证分析，我们可以深入探讨数字经济与中国式现代化之间的复杂联系。首先，从列（1）的结果可以看出，数字经济对中国式现代化的直接效应显著且为正，这表明数字经济的发展本身是推动中国式现代化的一个重要驱动力，这一发现为进一步分析中介效应奠定了基础。其次，从列（2）的结果来看，数字经济对数字接入鸿沟有显著的促进作用，这意味着随着数字经济的快速发展，不同地区在数字基础设施的建设与接入方面的差异正在加剧，这种差异可能导致资源分配不均，进而影响到某些地区的现代化进程。数字接入鸿沟的扩大反映了虽然整体上数字经济在推动现代化，但也可能带来区域不平衡的副作用。再

次，列（3）的分析结果显示，数字经济显著抑制了数字能力鸿沟，表明数字经济的扩展有助于提升广泛群体的数字技能与素养，尤其是在教育和培训方面的投入，可以提升各地区居民的教育水平，使他们更能有效利用数字资源，这对缩小数字能力鸿沟具有积极作用。然而，列（4）的结果揭示了一个相对复杂的现象：数字经济促进了数字接入鸿沟的扩大，同时这种鸿沟抑制了中国式现代化的进程，形成数字经济的发展扩大了数字接入鸿沟进而抑制中国式现代化的传导链条。这表明，数字经济的快速发展虽然带来了许多积极效应，但如果不加以适当管理和调整，其导致的数字鸿沟可能会成为阻碍全面现代化的新障碍。最后，结合列（3）和列（5）的分析进一步表明了数字能力鸿沟对中国式现代化存在减弱作用，但这种减弱作用可以被数字经济的发展有效减缓，即形成了数字经济的发展可缩小数字能力鸿沟进而促进中国式现代化的传导链条。随着数字经济的深入发展，尤其是在提升广泛的数字能力方面的努力，可以减轻数字能力鸿沟对现代化进程的负面影响，从而在更广泛的层面上推动中国式现代化的实现。可以看到，数字经济与中国式现代化之间的关系是多层次、多维度的。数字经济不仅直接推动了现代化进程，而且通过影响数字接入鸿沟和数字能力鸿沟，间接地塑造了现代化的质量和深度。这些发现强调了在推动数字经济发展的同时，需要采取措施确保数字鸿沟不会成为新的社会分割线，从而确保数字经济的可持续发展能更公平地惠及所有区域和群体。

为了进一步验证数字接入鸿沟和数字能力鸿沟在数字经济和中国式现代化之间的中介效应，并确保这一分析的精确性和可靠性，本章采用了Bootstrap方法进行中介效应的稳健性检验。具体而言，通过运用蒙特卡洛马尔可夫链（MCMC）技术，进行了2 000次的Bootstrap重抽样，旨在通过大量的重复实验来估计中介效应的统计特性和置信区间。根据表7-6的详细统计结果，我们观察到数字接入鸿沟和数字能力鸿沟的中介效应置信区间均不包含0，这一统计结果充分表明中介路径确实存在，从而支持了假设7的成立。具体来看，数字接入鸿沟的中介效应比重达到了-24.45%，这表明虽然数字经济在一定程度上通过提高接入水平促进了现代化，但地区间的不平等扩大了数字接入鸿沟，进而对中国式现代化的整体发展构成了阻碍，这种效应的存在反映了数字经济增长背后可能隐藏的区域不平衡问题，需要政策制定者关注并采取措施来缓解这一问题。同时，数字能力鸿沟在数字经济与中国式现代化之间的中介效应比重为15.73%，这一结果表明数字经济的扩散有助于提升各地区居民的数字技能和素养，从而有效地缩小了数字能力鸿沟，并推动了中国式现代化的进程。这种正向的中介效应强调了教育和培训在推动现代化中的核心作用，尤其是在提升广泛群体的数字化应对能力方面。

总的来说，经过 Bootstrap 方法验证的结果不仅证实了数字接入鸿沟和数字能力鸿沟的中介效应确实存在，而且进一步强化了初步实证分析的结论。这些发现强调了在推动数字经济发展的同时，需要更加关注和平衡区域发展，以及通过教育和技能提升，减少数字鸿沟，从而更全面地促进中国式现代化的进程。基于上述分析，中介效应存在且结论与上文一致，假设 7 得到验证。

表 7-6　　　　　　　　　　中介效应 Bootstrap 检验

变量	路径	间接效应	BootSE	95% 置信区间	中介效应占比	判断
DAG	数字经济→中国式现代化	0.1254	(0.01396590)	(0.0997432, 0.1534205)	-24.45%	是
	数字经济→数字接入鸿沟→中国式现代化	-0.0246	(0.01059061)	(-0.0478608, -0.0074831)		
DCG	数字经济→中国式现代化	0.0849	(0.01218573)	(0.0609777, 0.1090457)	15.73%	是
	数字经济→数字能力鸿沟→中国式现代化	0.0158	(0.00620921)	(0.0068174, 0.0328107)		

2. 门槛效应

为深入探索数字经济对中国式现代化影响的复杂性，尤其是考虑到可能存在的非线性关系，本章采用了门槛回归模型来分析数字经济是否作为一个关键的门限变量影响数字接入鸿沟和数字能力鸿沟。这一方法可以帮助我们理解在不同水平的数字经济发展状态下，这些变量如何影响中国式现代化的进程。根据表7-7的结果,我们初步检验了数字经济是否存在作为门限变量的潜力。门槛回归模型的设定旨在捕捉数字经济达到某一特定水平时,对中国式现代化影响路径的可能变化。结果表明,数字接入鸿沟在某些特定的数字经济水平下确实显示出门槛效应,这表明数字经济的增长至某一点后,其对数字接入鸿沟的影响发生了显著变化。然而,对于数字能力鸿沟,模型中并未发现明显的门槛效应,这可能意味着数字经济对于提升地区间的数字能力具有持续正向效应,无论其发展阶段如何。这种发现提示我们,在推进数字经济时,除了注重基础设施的物理接入外,还需要持续关注人们数字技能的提升和教育,确保数字技能普及的广泛性和均等性。此外,通过门槛模型的应用,我们能够更准确地定位政策干预的重点,例如在特定的数字经济发展阶段,可能需要更加精细化的策略来平衡区域发展,并针对性地解决因技术发展不平衡带来的社会问题。这些结果为政策制定者提供了实证基础,可帮助他们制定更有效的政策,以促进全面均衡的现代化进程。

表7-7 门槛效应检验结果

变量	门槛类型	F 值	P 值	临界值		
				1%	5%	10%
DAG	第一门槛	11.07	0.0880	18.4917	12.6600	10.7170
	双重门槛	11.86	0.0305	14.6313	10.4640	8.7056
	三重门槛	5.27	0.4500	96.4113	14.5855	11.7530
DCG	第一门槛	8.31	0.1550	16.0616	11.9560	9.5891

根据表7-8的分析结果,数字经济与中国式现代化之间的关系确实存在明显的双重门槛效应。这一发现提供了重要的洞见,指出数字经济发展水平的不同阶段对数字接入鸿沟影响的变化特征,以及这种变化如何进一步影响到中国式现代化的进程。具体而言,当数字经济发展指数低于0.6383时,数字接入鸿沟对中国式现代化的抑制效果最为显著,回归系数为 -0.043,表明在数字经济较低发展阶段,数字接入的不均衡显著阻碍了中国式现代化的进展。这可能是因为在初期阶段,尽管数字技术开始普及,但基础设施建设、网络接入等方面的不足造成了资源分配的不公,特

别是在较为落后的地区，这些不足加剧了地区间的发展差异。随着数字经济的进一步发展，当指数超过 0.6383 但仍低于 0.9083 时，虽然数字接入鸿沟仍然对中国式现代化产生抑制作用，但这种抑制作用有所减弱。这表明在数字经济发展的中期阶段，随着技术的进一步普及和基础设施的逐步完善，数字接入的差异开始缩小，对中国式现代化的阻碍效果也相应减轻。当数字经济指数超过 0.9083 后，尽管数字接入鸿沟在统计上仍显著抑制中国式现代化，但抑制作用进一步减弱，显示出在数字经济高度发展的阶段，虽然地区间仍存在一定的数字接入差异，但由于高水平的技术渗透和广泛的网络覆盖，这些差异的实际影响力已大大降低。这些分析结果明确揭示了数字经济发展水平不同阶段对中国式现代化的不同影响，强调了在推动数字经济发展的同时，需要采取更加精准和有针对性的措施，来逐步解决数字接入的不平衡问题，以确保数字经济的健康、均衡发展，从而促进全面和谐的社会现代化进程。这一系列发现不仅为理解数字经济与现代化之间的复杂关系提供了实证支持，也为制定相关政策提供了重要依据。至此假设 8 得到验证。

表 7-8　　　　　　　　　　　门槛效应估计结果

变量	模型（5） lnCM
$DAG_{it} \times I(Dige_{it} \leq 0.6383)$	-0.043 *** (-4.07)
$DAG_{it} \times I(0.6383 < Dige_{it} \leq 0.9083)$	-0.039 *** (-3.52)
$DAG_{it} \times I(Dige_{it} > 0.9083)$	-0.034 *** (-2.91)
常数项	0.069 (1.44)
控制变量	YES
N	77
adj. R-sq	0.8917

注：括号内为 t 统计值，*** 表示在 1% 水平下显著。

第三节　化"数字鸿沟"为"数字红利"的结论与策略

本章立足于数字经济促进中国式现代化建设的理论假设，从中国各地区视角切入，实证检验了数字经济对中国式现代化促进效果和驱动路径，并为探究如何化"数字鸿沟"为"数字红利"提供了现实依据。主要结论如下。

一、研究结论

在本章中，通过对 2011～2021 年中国数字经济及其对中国式现代化影响的深入分析，我们得出了一系列重要的研究结论。这些结论不仅阐释了数字经济在促进区域发展中的作用，同时也揭示了其带来的一些潜在问题，特别是在地区发展不均衡方面。

首先，研究发现，随着时间的推移，中国的数字经济呈现显著增长，数字化水平在全国范围内普遍提升。然而，这种提升并非均衡发展，而是表现出结构固化与地区间发展的分化趋势。尽管数字经济为较发达地区带来了更多增长机会，但同时也加剧了与较欠发达地区的发展差距，这种"赢者通吃"的格局可能导致地区极化现象的进一步加剧；同时，随着我国的中国式现代化水平不断提高，地区差异逐渐拉大，地区极化现象开始显现。

其次，数字经济在推动各地区中国式现代化方面起到了积极作用。通过其高融合性和强渗透性，数字经济有效地影响了各地区的经济结构和社会发展模式，促进了从传统向现代的转变。此外，金融发展的加强与研发投入的增加同样为各地区的现代化提供了必要的支持，金融资源的合理配置和科研成果的转化加速了地区创新能力的提升，为持续发展注入了新动力。

然而，数字经济的发展同时伴随着数字鸿沟的扩大。本章通过中介效应模型发现，数字鸿沟在数字经济与中国式现代化之间起到了显著的中介作用，尤其是数字接入鸿沟在某种程度上制约了各地区的现代化进程，而数字能力鸿沟则在数字经济发展下逐渐缩小并形成促进各地区现代化进程的综合效果。随着数字经济的不断发展，虽然总体上促进了现代化，但在没有有效政策干预的情况下，数字鸿沟的负面效应同样不容忽视。

此外，本章通过门槛效应检验进一步探讨了数字接入鸿沟和数字能力鸿沟对各地区中国式现代化的具体影响。结果显示，数字接入鸿沟存在双重门槛效应，其抑制作用随着数字经济水平的提高而逐步减弱。这表明在数字经济高度发展的阶段，通过增强基础设施建设和提升服务质量，可以有效减轻数字接入鸿沟带来的负面影响。相反，数字能力鸿沟虽然在统计上未显示出明显的门槛效应，但其对现代化的积极推动作用表明，提高民众的数字素养和技能是促进区域均衡发展的关键。

综上所述，本章不仅揭示了数字经济在促进中国式现代化中的重要作用，同时也指出了其在地区发展不均衡中可能造成的问题。通过深入分析数字鸿沟对现代化的影响，研究提供了对策略调整和政策制定的重要参考，强调了在推进数字经济过程中需要关注的多维度因素。这些发现有助于理解在快速数字化进程中如何更好地平衡发展与公平的关系，从而实现全面且均衡的社会经济发展。

二、研究启示

基于上述研究结论，得到以下启示。

第一，应为边远地区因地制宜制定差异化、高协同的数字经济发展战略。要协调发展数字经济，深入研究数字经济的各个环节，以数字经济的自身优势巩固民族地区中国式现代化的均衡发展。对不同地区的数字经济发展水平实行针对性策略，充分理解不同地区的特殊性和普遍性，统筹兼顾各地区的中国式现代化建设，实现各地区间的均衡发展。坚持"东数西算"战略，充分利用数字经济先发地区推动后发地区、利用城镇地区拉动农村地区的数字经济发展战略。政府可持续加强在数字经济基础设施建设方面的支持力度，填补后发地区、城乡之间数字经济发展的不足，推动各地区的数字经济新型基础设施实现空间重构，缩小数字鸿沟。

第二，充分发挥数字经济的强外部性、普惠性和高融合性，促进边远地区的产业结构升级，实现"数实融合"，打破产业互通的信息壁垒，推动产业数字化转型，重构各地区产业布局，探索形成各地区农业现代化，突破各地区农业、工业和服务业的信息化"串联"发展，改善三大产业"并联"效率。同时，大力推进各地区数字普惠金融服务，从而缩小数字能力鸿沟，包括数字支付、农业保险和创业贷款等，提高各地区城乡居民金融包容度，降低金融服务成本，促进各地区产业可持续发展。利用数字经济引导各地区发展高附加值和技术密集型数字产业，化数字鸿沟为数字红利，促进各地区的中国式现代化建设。

第三，在中国式现代化框架下，以"五位一体"总体布局出发，推动边远地区数字化公共服务。在医疗、教育和社会保障等领域，引入远程医疗、在线教育等数字化服务，确保各地区居民能够享受高质量的公共服务。加强数字化社会保障服务的建设，通过数字化社会保障平台为各地区的居民提供便捷的社会保障信息查询、社会保险缴纳和社会救助申请服务，保障各地区居民的基本生活需求，提升社会保障服务的便利性和效率性。通过推动数字经济提供公共服务，将不断改善各地区居民的生活品质和幸福感，促进各地区的经济社会发展，实现边远地区居民与全国其他地区居民共同分享中国式现代化的发展成果。

第四，注重培养数字人才，注重提高边远地区农村居民的数字化应用能力。先发地区应充分发挥科技、教育和资本的优势，增加数字经济研发支持力度，开发数字普惠技术，从而降低数字技术使用门槛，扩大数字经济受益人群，在数字经济的刺激下，不断注入资金、人才和机遇，促使各地区居民提高对数字要素的鉴别、获取和利用能力，从而适应数字经济和中国式现代化的发展，缩小各地区城乡之间的数字能力鸿沟。通过云计算、人工智能、区块链等新兴数字技术的应用模式，助力数字经济与各地区传统产业的有机融合。同时，要消除制约各地区要素自由流动的各种障碍，优化人力资本和生产要素均衡布局，促使各地区产业数字化转型。

第五，提高对新兴技术的投资和应用是推动边远地区持续发展的关键。随着技术的迅速进步，如物联网（IoT）、大数据、云计算等新兴技术在推动数字经济发展中扮演着越来越重要的角色。政府和企业应加大对这些技术的投资，尤其是在边远地区，通过建设智慧城市和智能制造工厂等项目，不仅可以提升当地的产业技术水平，还可以通过技术转移和知识共享促进当地人才的培养和技能提升，这种技术和知识的溢出效应将有助于缩短城乡之间以及不同地区间的发展差距。

第六，加强跨区域合作，促进资源共享和信息流通。数字经济的高速发展需要良好的区域协同和资源共享机制，政府应鼓励并支持跨区域合作项目，如共建数据中心、共享教育资源和医疗资源等，特别是在边远地区。通过建立区域间的信息共享平台，不仅可以优化资源配置，还能有效解决一些地区在教育、医疗等公共服务方面的不足。此外，这种合作还应包括技术培训和职业教育，以帮助当地居民提升技能，适应数字经济的需求。

第七，持续优化数字经济的法规政策环境。为了保障数字经济健康有序发展，需要构建一个公平、透明的政策环境。政府应制定和完善与数字经济相关的法律法规，包括数据保护法、网络安全法和电子商务法等，以保护消费者权益，促进公平竞争，并创造一个良好的商业环境。此外，还需要关注数字经济发展可能带来的社会问题，如就业结构变化、隐私保护等，通过政策引导和调整，助力社会各界平稳过渡到数字化时代。

第八，实施地区特色的数字创新孵化项目。鉴于边远地区在文化和自然资源上的多样性，政府应开发专门的数字创新孵化项目，支持本土创新和创业。这些项目不仅应关注高技术产业，还应涵盖旅游、文化艺术和环保等领域，利用数字技术增强这些行业的市场接入能力和服务质量。例如，通过建设数字化旅游平台，提供虚拟现实（VR）旅游体验，或通过在线平台销售地方特色产品和手工艺品，不仅可以开辟新的经济增长点，还可以促进地方文化的传承和保护。此外，这些孵化项目应与高等教育机构和研究中心合作，确保科技成果能迅速转化，并为地区青年提供就业和实践机会，从而促进人才的留存和地区经济的自我循环增长。

第九，加强对农村和偏远地区数字基础设施的定向支持。尽管城市地区的数字基础设施建设进展迅速，农村和偏远地区仍面临显著的数字鸿沟。政府应制定明确的政策，提供财政补贴和技术支持，推动互联网、宽带和移动通信服务的普及。特别是在教育和医疗领域，通过建设远程教育和远程医疗系统，不仅可以提高当地居民的生活质量，还能有效提升整个区域的吸引力，避免人才流失。此外，应鼓励和支持私营部门参与这些基础设施项目，通过政府和社会资本合作模式（PPP），利用私营部门的创新能力和资金，以更高效的方式实现覆盖广泛的数字服务网络。这些措施将有助于缩小城乡之间的发展差距，确保所有社区都能平等地访问和利用数字资源，共享数字化带来的便利和机遇。

以上提出的九点政策建议构成了一个全方位的策略框架，旨在全面推动边远地区数字经济的发展，并促进中国式现代化的进程。这些建议不仅着眼于解决技术和基础设施的不平衡，还关注了如何通过技术创新和跨区域合作来实现社会经济的均衡发展。首先，通过因地制宜地制定和实施差异化、高协同的数字经济发展战略，可以有效地促进各地区数字经济的均衡发展，同时利用"东数西算"战略缩小地区间的发展差异。其次，推动数字经济的普惠性和高融合性，通过打破信息壁垒和推动产业数字化转型，可以实现产业结构的优化升级。此外，通过加强数字化公共服务，如远程医疗和在线教育，确保所有居民都能享受到高质量的公共服务，从而提升居民的生活质量和幸福感。这些政策建议还特别强调了培养和提高边远地区居民的数字化应用能力，通过科技、教育和资本的优势，促进各地区的持续自我发展和现代化。推动新兴技术的投资和应用，加强跨区域合作，以及优化数字经济的法规政策环境，都是实现这一目标的关键措施。综合而言，这些综合性的策略将有助于将"数字鸿沟"转变为"数字红利"，解决产业结构失调、发展成果共享困难和区域发展不平衡等问题。通过这些措施，可以实现边远地区在人的现代化、经济现代化、治理能力现代化、文化教育现代化、社会现代化以及生态文明现代化各个方面的全面和可持续发展，从而推动中国式现代化建设的全面进程。

第八章

案例研究与实践探索

第一节　各地区数字经济发展的成功案例分享

一、贵州大数据产业的成功案例分享

贵州，位于中国西南部，近年来凭借其得天独厚的地理位置和气候条件，以及政府的强力推动，成功打造了全国领先的大数据产业。贵州大数据产业的成功，不仅推动了当地经济的快速发展，也为全国乃至全球的数字经济发展提供了宝贵的经验。近年来，贵州积极抓住国家西部大开发战略实施机遇，以大数据应用作为产业发展的战略引领，坚持"应用驱动、创新引领，政府引导、企业主体，聚焦高端、确保安全"的原则，通过改革、开放、创新，挖掘数据资源价值，集聚大数据技术成果，形成大数据企业集群。

（一）贵州大数据产业发展现状

目前，贵州省大数据产业发展迅速，大数据与实体经济深度融合，自2015年起，数字经济增速连续7年全国第一。贵州省政府高度重视大数据产业的发展，出台了一系列政策措施，支持大数据产业的创新与发展。例如，贵州获批建设全国一体化算力网络国家（贵州）枢纽节点，是"东数西算"8大枢纽之一，综合算力位居全国"第一方阵"。此外，贵州还获批成立全国首个大数据国家技术标准创新基地，建设了全国首个省级政务数据"一云一网一平台"，为大数据产业的发展提供了有力支持。贵州省积极培育大数据电子信息产业企业，累计培育国家级专精特新"小巨人"企业31家、省级专精特新中小企业141家，上市企业达7家。这些企业的茁壮成长，支撑起了贵州大数据电子信息产业的快速发展。同时，贵州省还打造了一批差异化、特色化数字产业园区，如贵阳大数据科创城等，集聚了众多大数据企业，形成了大数据产业集群。

此外，贵州省还积极打造了数据中心、智能终端、数据应用三个千亿级主导产业集群。其中，贵安新区成为全球聚集超大型数据中心最多的地区之一，华为云全球总部等一批世界级大数据企业落户贵州。这些数据中心的建设，为贵州省大数据产业的发展提供了强大的基础设施支持，推动了人工智能、北斗、元宇宙、平台经济、渲染、电竞、动漫等新兴产业的发展，为贵州省大数据产业注入了新的活力，推动了数字经济的快速发展。

贵州在大数据产业的发展上，注重基础设施建设。通过建设高标准的数据中心、云计算平台、宽带网络等，为大数据产业的发展提供了坚实的基础。同时，贵州还积极引进国内外知名的大数据企业，形成了产业集聚效应，推动了大数据产业的快速发展。贵州省政府在大数据产业的发展中起到了关键作用，出台了一系列优惠政策，如税收优惠、土地优惠等，吸引了大量的大数据企业入驻贵州。同时，还加大了对大数据产业的投入，支持企业开展技术创新和产品研发，提高了大数据产业的核心竞争力。

在贵州大数据产业的发展中，涌现出了一批典型企业。如贵州中铝铝业有限公司通过引入大数据技术，实现了生产过程的智能化管理，提高了生产效率和产品质量。奇瑞万达贵州客车股份有限公司则利用大数据技术，对市场需求进行精准分析，推出了符合市场需求的新能源汽车产品。这些企业的成功，不仅为贵州大数据产业的发展树立了榜样，也为其他企业提供了可借鉴的经验。

（二）贵州大数据产业的成功案例

1. 贵阳农村商业银行的物联网金融实践

贵阳农村商业银行股份有限公司在金融服务领域积极运用物联网技术，实现了金融服务的精准性和安全性提升。在肉牛养殖领域，该行通过采集体重、体温等生物信息，结合市场价值评估，实现了"按头放款"的金融服务模式。在存栏期间，利用物联网技术实时监测作为活体抵押资产的肉牛生长状态和市场价值，有效保障了贷后管理的安全性。在出栏时，根据肉牛对应的贷款信息，预估市场价值并偿还本金利息，实现了"按头还款"的金融服务闭环。这一模式不仅解决了养殖企业的融资难题，也提高了金融服务的效率和安全性。

2. 贵阳大数据交易所赋能征信业务

贵阳大数据交易所定位于建设国家级数据交易所、打造国家数据生产要素流通核心枢纽，是全国第一家数据流通交易场所，通过研究探索市场信息主体与信用体系建设关系，结合数据要素流通市场的发展情况，成功推动了顺丰科技有限公司与圣辉征信有限公司达成合作，是全国首例物流大数据赋能征信业务的案例，实现了金融场景数据流通的创新。通过大数据技术的应用，征信机构可以更加精准地评估借款人的信用状况，为金融机构提供更加可靠的信用信息支持，从而降低了金融风险，提高了金融服务的质量和效率。

3. 区块链金融人才培养

贵州省在发展大数据和区块链技术的过程中，始终把"大数据＋金融"和"区块链＋金融"的融合发展作为重中之重。为了培养相关人才，贵州省与驻地高校合作，设立区块链技术与应用学院，设置区块链技术专业课程，培养区块链专业人才。同时，鼓励有条件的区块链企业、科研机构和高校联合建立区块链实验室和人才实训基地，培养区块链职业人才。这些举措为贵州省大数据和区块链金融产业的发展提供了有力的人才支持。

（三）贵州大数据产业的经济社会效益

贵州大数据产业的成功发展，对当地经济产生了深远的影响，并带来了显著的经济效益。首先，从产业规模来看，贵州大数据产业的产值持续增长，已成为当地经济增长的重要引擎。这不仅为当地创造了大量的就业机会，还吸引了众多国内外企业的投资，进一步推动了当地经济的繁荣。其次，大数据产业的发展还带动了相关产业的兴起和壮大。云计算、物联网、人工智能等产业与大数据产业相互融合，形成了产业集群效应，这些产业的发展不仅为贵州注入了新的经济活力，还促进了当地产业结构的优化和升级。随着技术的不断进步和应用，这些产业将继续保持高速增长，为贵州经济的持续发展提供强大动力。此外，大数据产业的发展还促进了当地经济的国际化。通过与国际接轨，贵州的大数据产业吸引了众多国际企业的关注和合作，为当地企业提供了更广阔的发展空间，这不仅提升了贵州在国际上的知名度和影响力，还为当地经济的国际化发展奠定了坚实基础。

贵州大数据产业的发展不仅在经济效益上取得了显著成果，还在社会效益方面产生了积极影响。首先，大数据技术的应用为政府决策提供了有力支持。通过收集和分析大量数据，政府可以更加精准地了解民生需求和社会问题，为政策制定提供科学依据，这不仅提高了政策制定的针对性和有效性，还增强了政府的公信力和执行力。其次，大数据技术的应用还提高了公共服务水平和社会治理效率。在教育、医疗、交通等领域，大数据技术的应用使得服务更加便捷、高效。例如，通过大数据分析，医疗机构可以更加精准地预测疾病流行趋势，为疫情防控提供有力支持；交通部门可以通过实时数据分析优化交通流量，减少拥堵现象。最后，大数据产业的发展还促进了人才培养和科技创新。贵州通过建设大数据学院、实验室等机构，培养了大量大数据领域的专业人才，同时，通过引进国内外优秀人才和团队，贵州的大数据产业取得了显著成果。这些成果不仅为当地经济发展提供了有力支撑，还为推动全国乃至全球大数据产业的发展作出了积极贡献。

二、新疆电商扶贫的成功案例分享

（一）新疆电商扶贫发展现状

新疆地处我国西北部，是一个多民族聚居的地区。近年来，新疆充分利用电子商务平台，开展电商扶贫工作，取得了显著成效。2023 年，新疆紧抓电商快速发展新机遇，拓宽优质特色产品网络销售渠道，网络交易额首次突破 3 000 亿元，达到 3 098.9 亿元，同比增长 18.43%，较全国水平高出 7.69 个百分点。数据显示，2023 年新疆网络零售额实现 640.93 亿元，同比增长 23.68%。从工业品下乡到农产品进城，随着农村与互联网商业联结日趋紧密，电商这趟"高速列车"正给新疆乡村生活带来巨变，农村电商成为促进农民增收、推动乡村振兴的新路径。更多农企"触网"加快产销精准对接，2023 年新疆农村网络零售额、农产品网络零售额分别实现 338.88 亿元、193.2 亿元，实现同比增长 31.07%、22.81%，分别高出全国水平 14.55 个、11.72 个百分点。

新疆在电商扶贫工作中，采用了多种模式。如"服务中心带公司、公司带农户"的双带模式，通过建设电商服务中心和电商平台，引导农民参与电商销售，实现农产品的线上销售。同时，新疆还积极培育本土电商企业，鼓励企业开展电商扶贫工作，形成了政府、企业、农户三方共同参与的电商扶贫格局。新疆在电商扶贫工作中注重农产品品牌建设。通过挖掘当地特色农产品资源，打造具有地方特色的农产品品牌，提高了农产品的知名度和附加值，如"麦盖提灰枣""麦盖提核桃"等特色品牌的建设，不仅为当地农民带来了丰厚的收益，也为新疆的农产品树立了良好的品牌形象。为了提高农民参与电商销售的能力和水平，新疆还积极开展电商培训和支持工作，通过组织电商培训班、邀请专家授课等方式，提高了农民对电商销售的认识和了解。同时，新疆维吾尔自治区政府还出台了一系列扶持政策，如资金支持、税收优惠等，为农民参与电商销售提供了有力支持。

（二）新疆电商扶贫的成功案例

1. 麦盖提县的电商扶贫之路

新疆维吾尔自治区麦盖提县近年来抢抓"互联网＋"发展机遇，大力发展电商产业，走出了一条独具特色的电商扶贫之路。麦盖提县实行"服务中心带公司、公司带农户"的双带模式，致力于打造"麦盖提灰枣""麦盖提核桃"等特色品牌，通过加大与电商平台的合作，建设了京东"中国特产·麦盖提馆"、淘宝"喀什优选"等线上销售平台。此外，麦盖提县还积极培育、帮扶本土电商企业，如红日乐友、刀郎果农等，这些企业在线上平台常年销售当地农产品，为农特产品的销售打通了新渠道。在电商扶贫的过程中，麦盖提县还注重运用新零售形式和线下展示展销活动，如短视频、直播带货等，有效拓宽了农特产品的上行渠道。同时，麦盖提县政府鼓励电商企业优先吸纳贫困人口就业，采用"互联网＋农业＋扶贫"的模式，带动了当地经济的发展，帮助贫困户实现了脱贫致富。

2. 阿克苏市的电商扶贫模式

阿克苏市也积极推行电商扶贫模式，通过打造电子商务创业孵化基地，吸引电商企业入驻，形成产业集聚效应。基地内的电商企业与农村电商服务站点结对，利用线上线下帮扶，以点带面，帮助解决当地群众卖难问题。苹果、核桃、土鸡蛋、蜂蜜、木耳等农副产品通过电商平台打开了销路，由"土味农货"变为"网红尖货"，持续助力村民致富增收。阿克苏市还积极推行"电商＋物流＋农产品"发展模式，打通农产品上行"最初一公里",为村民开辟一条"富口袋"新路。据统计,四个主要特色果品苹果、香梨、红枣、核桃的年电商销售量突破 18 万吨,总产值达 12 亿元,电商促进农民年人均增收超过 2 000 元。

3. 和田地区皮山县的电商扶贫实践

和田地区皮山县桑株镇托格热塔孜滚村的新疆财源电子商务有限公司,通过"佰食果"电商平台,积极运用电商扶贫模式,整合资源在第三方线上平台交易。该公司生产出的混合果仁系列产品在线上销售火爆,同时线下也销往乌鲁木齐各大连锁超市以及连锁药店。通过降低成本、提高复购率等措施积极销售和田农产品,有效解决了村民销路问题,让村民受益更多。

(三) 新疆电商扶贫的经济社会效益

新疆的数字经济发展为当地经济注入了新的活力,并带来了显著的经济效益和社会效益。随着信息技术的不断进步和普及,数字经济在新疆地区得到了快速发展,为这片古老而神秘的土地带来了新的发展机遇。数字经济的发展为新疆的特色产品提供了新的销售渠道,通过电商平台,新疆的农产品、手工艺品等特色产品得以更广泛地展示给消费者,从而打破了地域限制,拓宽了销售市场。电商平台的推广使得新疆的农产品能够直达消费者,减少了中间环节,提高了销售效率。同时,通过品牌包装和营销手段,新疆农产品的附加值也得到了提升,为农民带来了更高的收益。电商扶贫工作的成功开展不仅带动了农产品销售的增长,还促进了相关产业的发展,例如,物流、包装、网络服务等产业在电商扶贫的推动下得到了快速发展,为当地经济注入了新的活力。

除了经济效益外,新疆数字经济的发展还带来了显著的社会效益。电商扶贫工作的成功开展使得农民能够通过网络销售农产品,获得了更高的收益,进一步提高了农民的生活水平,激发了农民发展生产的积极性。电商扶贫工作的开展促进了农村经济的繁荣和发展。随着农产品销售量的增长和相关产业的发展,农村经济结构得到了优化和升级,为当地经济的持续发展奠定了坚实基础。电商扶贫工作的成功开展增强了社会凝聚力，在电商扶贫的过程中，政府、企业和社会各界形成了合力，共同为农民脱贫致富贡献力量。这种合作精神不仅促进了当地经济的发展，还增强了社会的和谐稳定。

三、西藏旅游数字化的成功案例分享

（一）西藏旅游数字化发展现状

西藏是我国西南边陲的重要省份之一，拥有丰富的旅游资源。近年来，西藏借助数字化技术，推动旅游业的发展取得了显著成效。2022年年末，西藏共有国家级旅游度假区1个，A级旅游景区151个，其中5A级景区5个。在文化资源方面，西藏共有3项联合国非遗，106项国家级非遗，460项自治区级非遗。西藏在智慧旅游建设方面取得了显著进展。通过建设智慧旅游平台、推广智慧旅游应用等方式，提高了旅游服务的智能化水平，游客可以通过手机App等方式获取旅游信息、预订门票、酒店等服务，实现了旅游服务的便捷化和个性化。西藏积极加快推动"旅游＋""＋旅游"，深化旅游与文化、体育、教育研学、高原农牧业、健康养生等领域相加相融、协同发展，做优"藏医药康体瘦身、旅游研学科考、旅游田园采摘、高原徒步"等特色产品，促进空中旅游、滑翔体验、航空摄影等特色旅游发展。

（二）西藏旅游数字化的成功案例

1. 巴松措景区智慧化建设

巴松措景区，作为西藏首个自然风景类国家5A级旅游景区，近年来在旅游数字化方面取得了显著成果。景区借助梦旅程智慧景区系统，健全了全场景数字化体系，对项目在售检票、电商营销、智慧停车等多方面进行提升，并打通了线上线下、软硬件、各环节之间的数据融通，与游客间构建起了智能化的票务交互场景，实现了景区全域智慧旅游数字化协同。

过去，巴松措景区采用的是传统的人工检票的方式进行查验，这种方式不仅效率低且容易出错，通过智慧化建设，景区采用了电子门票系统，游客可以通过手机或自助售票机购买门票，并在景区入口通过闸机快速验票，大大提高了检票效率，减少了游客等待时间。同时，景区还通过大数据分析，对游客流量进行精准预测，为景区管理和游客服务提供了有力支持。

2. 西藏博物馆数字化场景构建

西藏博物馆在数字化场景构建方面也取得了显著成果。馆内有一块名为"地球脉动"的超高清微小间距球形屏，由三思公司特别打造。屏幕弦长 1.4 米，弦高 0.455 米，总面积为 2.2 平方米，采用逐点校正技术，色彩鲜艳、分辨率高、精度高。屏幕无缝拼接让画面更流畅，展示了地球自诞生以来的繁衍与变化，为观众带来了沉浸式的视听体验。此外，西藏博物馆还利用 LED 显示屏塑造了多个沉浸式空间，如卡若遗址、达尼钦波桑波贝传奇、民俗文化等展区。当观众迈入其中，高清的画面加上灯光与音效向观众展现了西藏人文自然的魅力以及藏区人民建设美好家园的精神面貌。

3. 自驾游大会数字化赋能

近年来，自驾游成为西藏旅游的重要组成部分。为了推动自驾游的发展，拉萨市人民政府联合拉萨市旅游发展局、北京阿哈科技有限公司举办了 2023 中国（拉萨）首届数字化自驾游大会活动。此次大会以"不到长城非好汉，自驾西藏真英雄"为主题，发布了拉萨拉北环线自驾路线并推介了拉北环线路精品路线。为了方便游客自驾到拉萨，大会还制作了从全国 30 个省会城市出发直达拉萨的数字化路书。这些数字化路书包含了详细的路线规划、沿途景点介绍、餐饮住宿推荐等信息，为游客的自驾游提供了有力支持。

4. 智慧边防与旅游安全

在西藏旅游数字化的过程中，智慧边防与旅游安全也得到了高度重视。借助数字化技术，西藏边防部门可以实时监控边境地区的动态，及时发现并处理异常情况。同时，景区还通过安装监控摄像头、人脸识别系统等设备提高了旅游安全水平，游客在景区内可以通过手机 App 等方式获取实时安全信息并报告异常情况，为游客的安全提供了有力保障。

（三）西藏旅游数字化经济社会效益

西藏旅游数字化的成功开展，极大地提升了旅游服务的智能化水平。通过运用大数据、云计算、人工智能等先进技术，旅游服务变得更加便捷、高效和个性化，游客可以通过手机 App、官方网站等渠道，轻松获取旅游信息、预订门票、酒店和交通工具等，大大提高了旅游体验。同时，数字化手段还通过多媒体、虚拟现实等技术，生动展示了西藏的自然风光和人文景观，进一步增强了旅游资源的吸引力。这些数字化的展示方式，让游客在未到达西藏之前就能感受到其独特的魅力，从而激发了他们的旅游欲望。这些变化为西藏带来了大量的游客。游客的涌入不仅直接促进了交通、住宿、餐饮等相关产业的发展，还带动了当地特色产品的销售，如藏药、藏饰、手工艺品等。这些产业的繁荣，为当地经济注入了新的活力，推动了经济的快速增长。

除了经济效益外，西藏数字经济的发展还带来了显著的社会效益。首先，数字经济的发展为西藏创造了更多的就业机会。随着旅游数字化的推进，越来越多的企业开始涉足数字旅游领域，这为当地居民提供了更多的就业机会。同时，数字经济的发展还带动了相关产业的繁荣，进一步扩大了就业规模。其次，数字经济的发展促进了西藏文化的传承和保护。通过数字化手段，西藏的传统文化和民俗得到了更好的展示和传播，这不仅增强了游客对西藏文化的了解和认同，还激发了当地居民对传统文化的自豪感和保护意识。最后，数字经济的发展还推动了西藏的对外交流与合作。通过数字化平台，西藏可以更便捷地与国内外其他地区进行交流和合作，分享发展经验、学习先进技术和管理经验等，这不仅有助于提升西藏的知名度和影响力，还有助于推动西藏的对外开放和经济发展。

第二节　各地区数字经济创新实践的
经验与教训

一、各地区数字经济创新实践的经验

（一）贵州大数据产业发展的经验

贵州在全国率先制定了大数据与实体经济深度融合的系列地方标准。这些标准涵盖了数据采集、存储、处理、分析、应用等各个环节，为大数据产业的规范化、标准化发展提供了有力支撑。贵州始终把创新作为大数据产业发展的核心驱动力，通过实施大数据战略行动，贵州积极引进国内外的，如苹果、华为、腾讯、医渡云等大数据领军企业。同时，还鼓励本地企业进行技术创新和研发，培育了一批具有竞争力的本土大数据企业。此外，贵州省政府还出台了一系列政策措施，如《贵州省大数据产业发展应用规划纲要（2014—2020 年）》等，明确了大数据产业的发展目标、重点任务和保障措施，为大数据产业的发展提供了清晰的指导方向和有力的政策支持，确保大数据产业的健康、有序发展。

1. 注重数据治理与培育数据要素市场相结合

贵州在推动大数据产业发展的道路上，始终将信息基础设施建设作为重要基石。为了加快关键网络基础设施的完善，贵州不断加强网络通信、云计算、数据中心等领域的建设，努力形成全国数据存储交换的重要枢纽。在信息基础设施建设中，贵州特别注重数据资源的共享与开放，通过开展数据资源共享开放试验，贵州建设了数字政府的核心基础设施——"一云一网一平台"，这一平台整合了全省的政务数据资源，实现了数据的统一存储、管理和共享。同时，贵州还实施了"迁云"行动，推动政府数据从传统的物理存储向云计算平台迁移，实现了数据的集中管理和高效利用。

在数据中心建设方面，贵州积极探索推进一体化大数据中心建设。通过整合现有数据中心资源，优化布局，提高能效，贵州致力于打造中国南方数据中心基地，这不仅提升了贵州在全国数据存储交换领域的影响力，也为贵州大数据产业的发展提供了有力支撑。为了促进大数据资源的流通与交易，贵州还开展了大数据资源流通试验。通过建设大数据流通与交易服务平台，贵州为数据资源的买卖双方提供了便捷的交易渠道。同时，贵州还设立了全国第一个大数据交易所，为数据资源的流通提供了更加规范、透明的市场环境。

2. 注重新动能与高质量发展相结合

贵州在推动大数据产业发展的过程中，不仅注重量的增长，更强调质的提升，将培育壮大新动能与加快高质量发展紧密结合。通过构建以大数据产业为核心的数字经济体系，贵州不断推动"四个强化"，即强化创新驱动、强化政策引领、强化基础设施建设、强化人才支撑，确保大数据产业持续健康发展。同时，贵州致力于做实"四个融合"，即大数据与实体经济深度融合、大数据与社会治理深度融合、大数据与民生服务深度融合、大数据与创新创业深度融合，促进大数据技术的广泛应用，推动传统产业的转型升级，提高了社会治理的智能化水平。为实现更高层次的发展目标，贵州奋力实现"六个重大突破"，旨在大数据技术创新、产业集聚、企业培育、人才引进、应用示范和生态环境等方面取得显著成效。通过实施数字经济万亿倍增计划，贵州力求在数字经济领域实现跨越式发展，打造具有国际竞争力的数字经济高地。贵州注重培育一批具有核心竞争力的大数据企业，通过政策扶持和市场引导，推动这些企业做大做强。

"千企引进""万企融合"行动是贵州推动大数据产业发展的重要举措，进而推动了万家企业与大数据深度融合，促进企业的管理水平和生产效率提高，降低运营成本，增强了市场竞争力。为了支持大数据产业的快速发展，贵州积极打造数据中心集群。通过引进国内外知名大数据企业，建设了一批高标准、高质量的数据中心，为大数据产业的快速发展提供了有力支撑，而且促进了数据资源的共享和开放，推动了大数据在各个领域的应用和创新。

3. 坚持理论创新引领制度创新、实践创新和技术创新

贵州将服务模式创新、政策制度突破、体制机制探索作为试验区建设的重点，形成了以块数据、数权法、主权区块链等"数字文明三部曲"为标志的理论创新，以《贵州省大数据发展应用促进条例》《贵州省政府数据共享开放条例》《贵州省大数据安全保障条例》等法律为标志的制度创新，以国家技术标准（贵州大数据）创新基地、"数典工程"为标志的标准创新，以"数据铁笼""党建红云""社会和谐云""精准扶贫云""医疗健康云"等典型应用为代表的实践创新，以"享链"、易鲸捷融合分布式数据库为代表的技术创新，创造了有利于推动大数据创新发展的政策体系。

（二）新疆电商扶贫经验

新疆维吾尔自治区政府高度重视电商扶贫工作，出台了一系列政策措施来支持和推动电商扶贫的发展，涵盖了电商基础设施建设、电商平台搭建、电商人才培训、电商金融服务等多个方面，为电商扶贫提供了有力的政策保障。同时，新疆开展了"网上年货节""双品网购节""第四届直播电商节"等系列活动，培育电商消费热点，线上线下双向联动，电商促消费作用不断增强。此外，自治区政府还积极利用会展平台，发挥"公司＋农户""互联网＋农业"的带动作用，推动企业与贫困地区建立长期稳定的产销关系，让企业直接从农户手中采购农产品，减少了中间环节，提高了农产品的附加值和竞争力。同时，政府还探索出"商务援疆＋协会＋产销对接平台"农产品流通产业模式，对接扶贫（新疆）活动等，促成了新疆核桃、红枣等大宗产品交易市场的形成，为农户提供了更多的销售渠道和机会，推动了特色产业的发展和壮大。

1. 注重培育本土电商企业

自治区政府正积极培育本土电商企业，鼓励企业利用电商平台，将新疆的优质农产品和特色商品推向全国，甚至全球。为了进一步提升这些产

品的市场竞争力，政府还协助这些企业建立线上线下融合的销售渠道，让产品更容易被消费者发现和购买。

为了更有效地推进电商扶贫工作，新疆不断探索并创新电商扶贫模式。其中，"电商＋直播带货"模式成为一种新的趋势。通过直播平台，新疆的特色农产品可以直接面向全国消费者进行展示和销售，此外，"电商＋农产品＋贫困户"模式也取得了显著成效。电商平台将农产品与贫困户直接连接起来，让贫困户的农产品能够更快速地进入市场，实现增收。新疆地区通过各部门的协调合作，为企业提供了良好的发展环境，并不断优化电商发展的政策环境。同时，自治区政府着力完善县、乡、村三级电商综合服务体系，为电商扶贫提供了有力的支撑，进一步拓展了新疆的农产品销售渠道，为乡村振兴注入了新的活力。

2. 积极打造特色农产品品牌

近年来，自治区政府与企业紧密合作，共同打造了一批具有鲜明地方特色的农产品品牌，不仅提升了产品的附加值，也为电商扶贫和乡村振兴建设注入了强大动力。在品牌打造过程中，自治区政府将粮油、棉花和纺织服装、绿色有机果蔬、优质畜产品等产业集群作为重点推进对象。这些产业不仅具有新疆的地域特色，而且在全国乃至全球市场上都具有很高的竞争力，通过政策引导、资金扶持等方式，鼓励企业加大研发投入，提升产品质量和附加值，同时加强品牌宣传和推广，让更多人了解和认可新疆的农产品品牌。

自治区政府注重将优势资源转化为流量再转化为销售收入的操作过程。通过电商平台，新疆的农产品得以快速触达全国乃至全球消费者，实现了从产地到市场的无缝对接。同时，自治区政府积极引导企业创新营销方式，如直播带货、社交媒体营销等，进一步扩大了品牌的知名度和影响力，随着品牌建设的深入推进，新疆农产品的整体形象得到了显著提升。此外，新疆打造特色农产品品牌还大幅提升了新疆数字经济的发展水平。越来越多的企业开始利用大数据、云计算等先进技术，提升产品的生产效率和营销效果。

3. 积极加快完善物流配送体系

近年来，新疆不断加强交通基础设施建设，完善物流配送体系，特别是在农村地区，物流配送能力得到了显著提升。政府与企业紧密合作，共同建设了一批农村电商服务站和物流配送中心，为农民提供了线上线下融合的购物体验，还为他们提供了包装、发货、售后等一系列服务，极大地方便了农民参与电商活动。通过这些服务站和中心，农民可以更加便捷地将自己的农产品销售到全国各地，实现增收致富。同时，新疆还加强了与各大电商平台的合作，为新疆的农产品提供了更多的销售渠道和机会，让新疆的优质农产品能够更快速地走向市场。

新疆持续完善"通道＋枢纽＋网络"现代物流运行体系。通过加快物流配送点建设，积极整合快件干线通道运输资源，新疆成功降低了物流成本，解决了长期以来困扰电商发展的"不包邮、不发货"问题。随着物流体系的不断完善和电商产业的快速发展，新疆的电商快递包裹数量也呈现出稳步增长的态势。据统计，2023年新疆电商快递包裹数累计达到了1.56亿件，同比增长39.78%，充分证明了新疆在交通物流体系建设方面取得的显著成效，也展示了新疆电商扶贫和乡村振兴建设的广阔前景。

4. 注重人才培训和人才引进

在新疆，电商扶贫和乡村振兴已成为推动经济社会发展的重要力量。自治区政府高度重视电商人才的培养和引进工作，大规模开展了面向企业、创业者、农民等不同群体的针对性培训，这些培训课程涵盖了电商基础知识、营销策略、平台运营等多个方面，旨在帮助不同群体掌握电商技能，提高电商应用能力。特别是针对农民群体，自治区政府还组织了专门的培训班，教授他们如何将自己的农产品通过电商平台销售出去，实现增收致富。为了规范带货主播群体的发展，自治区政府还开展了"直播销售员"工种认定工作。同时，还加大了直播培训机构的培育、招商工作力度，进一步扩大带货主播规模。在培养和引进电商人才的过程中，自治区政府还特别注重用好、留住带货主播。通过出台一系列优惠政策和服务措施，鼓励带货主播在新疆发展事业，政策包括税收减免、场地租金优惠、人才公寓等，为带货主播提供了良好的发展环境和条件。同时，自治区政府还积极搭建平台，促进带货主播与电商企业、农产品生产基地的合作与交流，推动电商扶贫和乡村振兴的深入发展。

随着电商扶贫工作的深入推进，越来越多的年轻人开始加入电商、微商、直播带货等新型业态中，利用自己的专业知识和创新思维，将新疆的农产品销往全国各地，为县域经济的发展注入了新的动力。这些新型业态的兴起，不仅为年轻人提供了更多的就业机会和创业空间，也为新疆的乡村振兴带来了新的希望和机遇。

（三）西藏数字化旅游发展经验

1. 坚持绿色发展

西藏自治区党委始终坚守绿色发展理念，将"绿水青山就是金山银山、冰天雪地也是金山银山"的理念深深根植于心中，并将其转化为推动生态文明建设的强大动力。为了确保生态文明建设有法可依、有章可循，西藏自治区党委深入实施《中华人民共和国青藏高原生态保护法》，并在此基础上出台了《西藏自治区国家生态文明高地建设条例》。在生态文明建设的实践中，西藏自治区党委坚持节约优先、保护优先、自然恢复为主的方针，从根本上改变过去那种以牺牲环境为代价的发展模式，推动经济社会发展与生态环境保护相协调。结合本地实际，制定了一系列切实可行的绿化方案，并通过广泛宣传和教育，让各族干部群众充分认识到绿化行动的重要性和紧迫性。

2. 注重数字技术与文化资源相结合

西藏拥有丰富的自然风光、历史文化、民俗风情等特色资源，在数字化时代的浪潮下，西藏充分利用这些资源，为数字化旅游的发展提供了丰富的素材和灵感。通过 VR 技术，游客可以身临其境地感受西藏，而 AR 技术则让游客在现实中也能体验到西藏的文化和历史，通过扫描特定的物品或场景，就能触发与之相关的虚拟内容，让游客更加直观地了解西藏的民俗风情和历史文化。以拉萨为例，这座历史悠久的城市拥有着丰富的地域风情和旅游资源。通过数字技术，这些资源得以智能转化，形成具有地方特色的数字文旅产品，无论是拉萨的布达拉宫、大昭寺，还是周边的自然风光，都能以数字化的形式呈现给游客。同时，西藏还配套了人性化的服务，为游客提供线上线下一致的良好体验，无论是信息查询、预订、支付，还是导览、咨询等服务，都能通过手机 App、微信小程序等数字化平台轻松实现。

3. 积极加强数字平台建设

在数字化旅游的推广方面，西藏文旅产业积极融入各类平台，如电商平台、社交平台、直播及短视频应用平台等，为西藏文旅产业提供了更广阔的展示空间和更多的营销渠道。通过平台的力量，西藏文旅产业催生了许多新产品新业态，如线上旅游直播、旅游短视频、数字文创产品等，丰富了游客的旅游体验。同时，西藏旅游业充分利用社交媒体平台的传播优势，与知名旅游博主、网红等合作，共同推出具有西藏特色的旅游线路和体验活动，让游客能够更加深入地了解西藏的文化和历史。在数字化旅游产品和服务的创新方面，西藏也进行了许多有益的尝试，如利用无人机航拍、3D 打印等技术手段制作具有西藏特色的旅游纪念品和文创产品等。

4. 注重线上与线下相结合

西藏旅游业还通过线下线上联动的方式，为游客提供更加便捷、丰富的旅游服务。在线下，西藏旅游业加强与旅行社、酒店、景区等合作，提供优质的旅游产品和服务；在线上，则通过开发手机 App、微信小程序等数字化平台，为游客提供旅游信息查询、预订、支付等一站式服务。这种线上线下相结合的服务模式，不仅提高了游客的旅游体验，也促进了西藏旅游业的数字化转型和升级。此外，西藏旅游业还注重利用短视频平台等新兴媒体，以更加生动、直观的方式展示西藏的自然风光和人文景观，通过制作精美的短视频内容，让游客在短时间内就能感受到西藏的魅力和特色。

二、各地区数字经济创新实践的教训

（一）贵州大数据产业发展教训

1. 产业链不完整和领军企业缺乏

贵州大数据产业的基础仍然薄弱，这主要体现在整个产业链条上，核心龙头企业的数量严重不足，且在这些企业中，真正具备行业引领地位、能够在市场中起到决定性作用的领军企业更是寥寥无几。由于缺乏产业链上游的领军企业，导致整个大数据产业的核心竞争力不够强大，难以带动下游的中小企业共同发展，形成良性的产业链生态，对下游链条的中小企业来说，其带动力度显得不足。整个大数据产业链条未能实现上下游互为补充、协作发展的共赢模式，上游的领军企业未能为下游企业提供足够的支持和帮助，而下游的中小企业又因为缺乏强有力的引导和支持，难以在市场中取得突破性的发展。这种发展模式，限制了贵州大数据产业的整体发展速度，也影响了整个产业链条的稳定性和可持续性。

2. 数字人才短缺

大数据产业是一个人才密集型产业，也是一个智力密集型产业。然而，在贵州省的大数据产业发展过程中，人才问题却成为最大的短板，具体来说，贵州省在大数据产业中既缺少高层次的领军型人才，也缺乏中低层次的人才。高层次领军型人才，如大数据理论创新专家、大数据挖掘专家、大数据架构师等，是大数据产业中的核心力量。然而，在贵州省，领军型人才数量稀少，难以满足产业快速发展的需求，贵州省在大数据领域的技术研发和应用将难以取得突破性的进展。同时，在人才不足问题方面对贵州省大数据产业的发展也造成了巨大的阻碍。数据清洗人才、数据搜集人才等虽然看似基础，但作用同样重要，由于贵州省也面临着严重的中低层次人才短缺问题，将导致数据处理和分析的效率低下，进而影响整个产业的稳定性和可持续性。

3. 依赖政策驱动

尽管贵州在大数据产业发展方面得到了政府的大力支持和推动，这一政策红利无疑为产业的迅速崛起奠定了坚实的基础，然而，这种依赖政策驱动的发展模式也带来了一系列问题。随着市场竞争的日益激烈，如何更好地发挥市场作用，激发企业的创新活力，成为贵州大数据产业当前必须面对的重要课题。

首先，过度依赖政策驱动可能导致产业发展的内生动力不足。在政策的强力推动下，企业可能会过于关注短期利益，而忽视了长期的技术创新和产业升级。在初期可能能够迅速提升产业规模，但随着时间的推移，其内在的发展潜力将逐渐耗尽，难以应对日益激烈的市场竞争。其次，政策驱动的发展模式可能抑制了企业的创新活力。在政策的引导和扶持下，企业可能会更倾向于选择保守的发展策略，而非冒险尝试新的技术和商业模式。这种现象在大数据产业中尤为明显，因为大数据技术的更新迭代速度极快，需要企业具备高度的创新能力和敏锐的市场洞察力。然而，在政策的庇护下，一些企业可能会满足于现状，缺乏进取心和竞争意识。

（二）新疆电商扶贫发展教训

1. 基础设施尚不完善

新疆部分偏远地区的基础设施建设相对滞后，制约了电商扶贫的发展，网络覆盖不全，是新疆偏远地区面临的一大挑战。电商作为新时代的扶贫利器，其发展和普及离不开网络的支撑，然而，在这些地区，由于地理位置偏远、自然环境恶劣，网络信号难以覆盖到每一个角落。许多农户家庭仍然无法享受到互联网带来的便利，更无法通过网络平台销售自家的农产品，这无疑限制了电商扶贫的推进，许多农户因为缺乏销售渠道，农产品难以卖出好价钱，导致收入偏低。而电商扶贫作为一种新型扶贫模式，能够通过网络平台将农产品销售到全国各地，提高农户的收入水平，但由于基础设施建设的滞后，这一模式在新疆偏远地区的推广和应用面临诸多困难。

2. 电商人才短缺

新疆电商扶贫仍缺乏专业的人才支持，包括电商运营、物流管理等关键岗位的人才都相对匮乏，这导致电商扶贫的运营效率和服务质量难以提升。电商运营不仅仅是简单的商品上架和订单处理，它涉及市场分析、营销策略、用户运营等多个方面，没有专业的人才支持，这些复杂的运营工作难以得到有效执行，电商平台的运营效率和竞争力也会受到严重影响。此外，在物流管理这一关键环节，新疆也面临着人才短缺的困境。电商的快速发展对物流体系提出了更高的要求，需要高效、准确的配送服务来支撑，然而，由于专业人才的不足，新疆的物流体系在配送效率、服务质量等方面都难以满足市场需求，这也成为制约电商扶贫进一步发展的瓶颈之一。

3. 农产品品质与品牌建设不足

新疆尽管拥有如此丰富的农产品资源，但在农产品的品质和品牌建设方面却相对滞后，这主要表现在农产品标准化生产水平不高、品质参差不齐，以及缺乏有影响力的品牌引领等方面。这些不足使得新疆农产品在电商平台上难以凸显其独特优势，缺乏竞争力。在电商平台上，消费者往往更加关注产品的品质、品牌和口碑，然而，由于新疆农产品在品质和品牌建设方面的不足，使得消费者在选择时难以产生强烈的购买欲望，导致农产品的销量和市场份额影响，也制约了新疆电商扶贫的深入发展。

4. 物流配送困难

在电商交易中，物流环节至关重要，它连接着卖家和买家，是电商运作的纽带，但在新疆，由于地域辽阔和交通不便，物流体系的建设相对滞后，这使得许多农产品在运输过程中面临巨大的挑战。长途跋涉、颠簸不平的路况以及恶劣的气候条件都可能导致农产品受损，品质下降，进而影响到销售，更影响着消费者对新疆农产品的信任度和购买意愿。更为严重的是，物流设施的不完善还直接影响了农户参与电商扶贫的积极性。在新疆偏远地区，农户往往面临着发货、收货等诸多不便。由于缺乏完善的物流网络和设施，农户的农产品往往难以及时、安全地运送到消费者手中，这不仅增加了农户的运输成本和时间成本，也让农户对电商扶贫的效益产生了疑虑。

（三）西藏数字化旅游发展的教训

1. 基础设施建设滞后

在数字化旅游服务方面，网络覆盖和通信信号质量是至关重要的基础。然而，西藏地区由于地理环境的特殊性，导致网络建设和维护面临巨大挑战，一些偏远地区由于地形复杂、气候恶劣，网络建设难度大、成本高，导致网络覆盖不全。同时，由于高山、峡谷等自然屏障的存在，通信信号在传输过程中容易受到干扰和衰减，导致信号质量不稳定，甚至出现信号盲区。这些问题给数字化旅游服务的普及和应用带来了诸多困难。首先，游客在旅游过程中无法随时随地享受到高速、稳定的网络服务，无法实时获取旅游信息、预订旅游产品、分享旅游体验等，降低了旅游服务的便捷性和体验性。其次，对于旅游企业和景区来说，无法通过网络平台提供全面、准确、及时的旅游信息和服务，难以吸引更多游客前来旅游，限制了旅游产业的发展。此外，西藏地区的物流体系也相对落后，尤其是在偏远地区。由于交通不便、运输成本高、周期长等因素，物流配送效率低下，难以满足数字化旅游服务的高效运作需求，进而导致旅游产品的及时配送和售后服务受到影响，限制了旅游产业链的延伸和拓展。

2. 数字化旅游服务供给不足

旅游信息化服务平台的建设相对滞后，成为制约西藏旅游业进一步发展的重要因素。目前，西藏地区缺乏一个统一、高效、便捷的旅游信息服务平台，使得游客在旅游过程中无法获得全面、准确、及时的旅游信息和服务。旅游信息化服务平台的滞后导致游客在旅游过程中面临诸多不便，游客在规划行程、预订旅游产品、获取旅游信息等方面往往需要耗费大量时间和精力，甚至可能因为信息不全或错误而遭遇各种困扰。由于缺乏统一、高效的旅游信息服务平台，西藏地区的旅游资源无法得到充分整合和利用，各个景区、酒店、旅行社等旅游企业之间信息孤岛现象严重，无法实现资源的共享和优化配置，还可能因为信息不对称而导致市场秩序的混乱。在旅游产品方面，线上旅游产品的创新也显得不足，目前，西藏地区的旅游产品主要以传统的观光旅游为主，缺乏具有地方特色的数字化旅游产品。

3. 数据资源整合与应用能力有限

西藏地区在旅游数据资源的整合和应用方面，却存在着明显的不足。目前，各旅游企业、政府部门之间的数据共享和互通程度较低，导致旅游数据资源无法得到有效整合和利用，从而制约了旅游业的进一步发展。数据共享和互通程度低的问题，严重阻碍了旅游信息的流通和利用。由于各旅游企业、政府部门之间缺乏统一的数据标准和共享机制，导致数据资源分散、碎片化，难以形成全面、准确、及时的旅游信息体系。随着大数据时代的到来，旅游数据资源已经成为推动旅游业发展的重要驱动力。然而，在西藏地区，由于技术、人才等方面的限制，对旅游大数据的挖掘和分析能力有限，也是制约西藏旅游业发展的一个重要因素。

4. 旅游从业者数字化素养有待提高

在西藏，旅游从业者来自不同的背景和领域，他们的知识结构和技能水平各不相同。一些从业者对于数字化旅游服务有一定的了解，能够掌握基本的数字化工具和技术，如在线预订、移动支付等。然而，也有相当一部分从业者对数字化旅游服务的认知还停留在较为初级的阶段，缺乏必要的数字化技能和知识。他们可能不熟悉旅游电商平台的使用，不了解大数据分析在旅游行业的应用，更难以适应数字化旅游服务对人才的新要求。一方面，部分从业者无法充分利用数字化工具和技术提高服务质量和效率，导致游客体验不佳；另一方面，由于缺乏专业的数字化人才，旅游企业在数字化转型过程中也面临着诸多困难。除了从业者的问题，旅游企业在数字化人才队伍建设方面也存在不足。由于西藏地区相对偏远，经济发展相对滞后，很多优秀的数字化旅游服务人才可能不愿意来到这里工作。同时，旅游企业也缺乏对数字化人才的吸引和培养机制，导致数字化人才队伍建设滞后。

5. 民族文化与数字化融合不足

在数字化旅游产品的开发中，对民族文化元素的挖掘和利用却显得不足。很多数字化旅游产品只是简单地展示了一些自然风光和景点介绍，缺乏对民族文化的深入解读和展示，这导致游客在旅游过程中无法全面了解和感受西藏的民族文化，降低了旅游体验的深度和丰富性。此外，在数字化旅游服务中，对民族文化的传承和弘扬也缺乏足够的重视。随着全球化的加速和现代化的冲击，许多传统文化面临着流失和破坏的风险，在数字化旅游服务中，如果只注重商业利益而忽视对民族文化的保护和传承，就可能导致民族文化资源的流失和破坏。

第九章

政策建议与未来展望

第一节　推动区域数字经济发展的
政策建议

一、财政与税收政策支持

（一）财政政策方面

财政是现代化国家治理的根基，提升地方财政韧性是推进财政治理现代化的应有之义。针对当前各地区数字经济的发展态势，政府应予以高度的关注和重视。为实现精准决策，政府可以通过数据手段全方位涵盖地方各项财政业务。利用大数据、云计算等现代信息技术手段，对财政数据进行深度挖掘和分析，以更准确地了解财政收支状况、预测财政风险、评估政策效果等。政府可以通过制定更加科学合理的财政政策，提升财政资金的使用效率，盘活存量资金，降低财政风险，并强化财政监督治理。应进一步提升财政依存度和财政自给率，加强地方财政的收入和自给能力，为边远地区的经济发展提供更为坚实的财政支持，进而推动当地经济的持续健康发展。

数字经济的发展不仅能够推动边远地区的产业升级和经济转型，还能够为当地人民创造更多的就业机会和收入来源。为此，政府应当设立专项资金，旨在为边远地区数字经济领域的发展提供坚实的资金保障，从而推动该领域快速、健康地发展。专项资金的使用应聚焦于边远地区数字经济发展的重点领域和关键环节。在基础设施建设方面，应将资金用于提升网络覆盖率、优化数据中心布局、完善信息通信网络等，为数字经济的发展提供稳定、高效的基础支撑。在技术研发方面，应将专项资金用于鼓励和支持企业、高校及科研机构开展数字经济关键技术的研究与创新，提升各地区在数字经济领域的核心竞争力。在人才培养方面，可以将专项资金用于培养一批具备数字化技能的人才，为当地数字经济的发展提供人力支持。最后，在市场推广方面，可以将专项资金用于支持各地区的企业开展市场营销活动，以扩大产品的知名度和影响力。

除了设立专项资金外，政府还可以通过财政补贴的方式，进一步鼓励边远地区的企业和个人积极参与数字经济建设。对于在边远地区投入巨资建设数字经济基础设施的企业，如建设数据中心、高速通信网络、云计算平台等，政府可以根据其项目的实际规模、预计的经济效益以及对当地经济的带动作用，给予相应的财政补贴，有效减轻企业的投资压力，降低项目整体成本，使企业能够更加顺利地推进项目，为当地数字经济的发展奠定坚实基础。

（二）税收政策方面

数字经济时代，为围绕数字化转型建设，已有多地税务部门以数字化、智能化为动能，积极开展税务改革工作。对于在边远地区投资数字经济的企业，政府可以给予一定的税收优惠，如降低企业所得税率、延长税收减免期限等，以吸引更多资本流入。减轻企业的税收负担，提高其投资积极性，鼓励更多的资本流入数字经济领域。为了吸引和留住数字经济领域的人才，政府可以对在偏远地区从事数字经济工作的个人给予个人所得税优惠，包括免征或降低个人所得税，以及提供其他形式的税收减免，如允许将部分收入用于再投资或研发等。此外，政府可以设立投资税收抵免政策，对在各地区投资数字经济的企业或个人给予一定比例的税收抵免，鼓励更多的投资者将资金投入到数字经济领域，推动各地区数字经济的发展。对于在偏远地区开展数字经济技术研发的企业或个人，政府可以给予研发税收激励，包括允许企业或个人将研发支出作为成本扣除，减少应纳税额，或者提供研发支出的税收抵免等，进而激发企业和个人的研发热情，推动数字经济的技术创新。政府可以制定针对传统产业数字化改造项目的税收政策，如给予税收优惠或提供财政补贴，以鼓励传统产业通过数字化改造提升生产效率和竞争力，推动边远地区数字经济的融合发展。

为了更好地支持边远地区数字经济的发展，税务部门可以优化税收征管服务，提高办税效率和便利性。例如，可以推行电子税务局、提供线上咨询和申报服务等，降低企业和个人的办税成本。同时，还应完善税收法律法规体系，明确数字经济中的税收征收范围、计税依据、税收减免等政策规定，为数字经济的发展提供法律保障。密切关注国际税收制度改革动态，结合各地区实际情况，及时调整和完善税收政策。建立跨部门、跨地区的信息共享机制，提高税收征管的协同性和效率。

二、人才培养与引进策略

在数字经济时代，随着技术的迅猛发展和广泛应用，对人力资本的要求也日益提高。政府应深刻认识到数字经济发展的重要性，并将其视为推动当地经济转型升级的关键力量。

（一）加大对边远地区基础教育的投入

基础教育是人才培养的基石，必须确保其质量和水平。政府可以通过引入先进的教学设备和技术，改造边远地区的中小学建设现代化的教育环境，培养学生的信息素养。此外，应鼓励并支持边远地区的中小学开设信息技术课程，将数字教育纳入常规教学体系，确保每个学生都能接受到数字教育的熏陶，为他们未来的职业发展打下坚实的基础。随着数字经济的蓬勃发展，数据科学、人工智能、电子商务等领域的人才需求日益增长。应积极推动高校和职业院校调整专业结构，增设与数字经济相关的专业和课程，以培养学生的专业技能和创新能力。可在高等院校和职业院校中，增设与数字经济相关的专业和课程。同时，还可以利用线上线下相结合的方式，提供灵活多样的培训课程和学习资源，满足不同层次和领域的人员需求。

除了增设专业和课程外，还可以引进先进的数字经济课程和研究资源，以提升各地区教育的整体水平。如通过与国内外知名企业和研究机构的合作，引进先进的数字经济课程、教材和教学方法，让边远地区的学生能够接触到最新的数字技术和商业模式。同时，还可以鼓励和支持高校和科研机构开展数字经济相关的研究工作，推动产学研深度融合，培养更多具备数字经济知识和技能的人才。

（二）优化人才引进方案

为吸引国内外优秀人才前来边远地区发展，应制订并实施针对数字经济领域的人才引进计划。根据边远地区数字经济发展的需求和规划，明确所需人才的专业领域、技能水平和经验要求，简化人才引进、落户、子女教育等相关手续，提供一站式服务，确保人才能够顺利融入边远地区的生活和工作。建立健全人才管理制度，加强对引进人才的日常管理和跟踪服务，及时解决他们遇到的困难和问题。提供具有竞争力的薪酬待遇、税收减免、住房补贴等优惠条件，降低人才的生活和工作成本，可以为引进人才提供现代化的办公设施、舒适的生活环境和便利的交通条件，确保其能够安心工作、享受生活。积极为优秀人才提供丰富的职业发展机会，如参与重大项目、担任关键职位、参与决策制定等，让他们能够充分发挥自己的才能和潜力。提供持续的职业培训和教育支持，帮助人才不断提升自己的技能水平和知识储备，以适应数字经济发展的需要。建立科学、公正、合理的人才评价体系，对引进的人才进行全面、客观、准确地评价，确保人才的价值得到充分认可。设立奖励制度，对在边远地区数字经济发展中作出突出贡献的人才给予表彰和奖励，激发他们的工作热情和创新能力。

三、创新创业环境的营造

为了全面推动边远地区数字经济的蓬勃发展，政府需要在多个方面发挥积极作用。政府应致力于完善与数字经济相关的法律法规体系，为创新创业提供坚实的法律保障，确保数字经济领域的创新创业活动在法治轨道上健康运行，减少法律纠纷，为创新创业者提供稳定的预期。在法律法规体系完善的同时，还应加强对数字经济领域知识产权的保护力度，使知识产权成为企业核心竞争力的重要组成部分。应鼓励创新创业者积极申请专利、商标等知识产权，并加大对这些知识产权的保护力度，打击侵权行为，维护创新创业者的合法权益。

为了降低创新创业者的融资成本和风险，政府应引导金融机构加大对边远地区数字经济领域的支持力度。政府可以通过设立数字经济专项贷款、提供创业担保贷款等多样化的金融服务产品，帮助创新创业者解决资金问题，推动创新创业者更好地投入数字经济领域。此外，政府还可以搭建数字经济领域的创新平台，汇聚各类创新资源，为创新创业者提供展示和交流的机会，促进创新创业者之间的合作与交流，推动创新成果的转化和应用。同时，政府还可以加强与国内外创新机构的合作与交流，引进先进的创新资源和成果，为边远地区数字经济的创新发展注入新的活力。为营造浓厚的创新氛围，政府可以通过举办数字经济创新创业大赛、数字经济论坛等活动，吸引更多的创新创业者参与，为他们提供与业界专家、投资者等交流的机会，促进创新创业成果的转化和应用。同时，政府还应加强对创新创业者的宣传和推广力度，提高社会对数字经济的认知度和参与度，形成全社会共同关注和支持数字经济发展的良好氛围。

同时，对于在边远地区开展数字经济技术研发的企业和个人，政府也应给予重点支持。对涉及人工智能、大数据、物联网等前沿技术的研发项目，政府可以根据项目的技术创新程度、研发难度以及对当地产业的推动作用，给予相应的财政补贴支持，激发企业和个人的研发热情，提升技术水平，增强项目的市场竞争力，打造良好的创新创业环境，为当地数字经济的长远发展提供有力支撑。对于具有创新性和市场潜力的创业项目，政府应根据其实际情况给予一定的财政补贴，帮助创业者解决资金问题，降低创业风险，提高创业成功率，进一步激发边远地区数字经济的创新活力，推动形成一批具有竞争力的数字经济企业。

第二节 加强区域发展数字基础设施建设的路径

一、信息网络基础设施的完善

在边远地区，网络基础设施的建设对于推动数字经济的发展至关重要。为了缩小城乡差距，应进一步加大投入，特别关注偏远地区和农村地区，确保这些地区能够享受到基本且稳定的网络服务，进而实现网络服务的普及化。

（一）因地制宜规划完善信息网络设施

针对边远地区的实际情况，制定科学合理的规划和设计方案。在规划过程中，要充分考虑地形、气候、文化等因素，确保信息网络基础设施的覆盖性和可靠性。同时，要注重与当地经济社会发展的需求相结合，提高信息网络基础设施的实用性和效益。要制订明确的网络覆盖计划，通过财政补贴、政策扶持等手段，鼓励电信运营商在这些地区建设基站，扩大网络覆盖范围，满足当地居民的基本通信需求，为当地企业提供必要的网络支持，促进当地经济的发展。

（二）以先进技术优化信息网络设施

随着技术的不断发展，网络设备和技术也需要不断更新换代。积极引进和推广先进的信息技术和设备，提高边远地区信息网络基础设施的技术水平。通过引进高速光纤传输技术、无线通信技术、云计算技术等，提升边远地区的信息传输速度和数据处理能力。提升宽带网络的速度和稳定性是提升网络服务质量的关键，应引导电信运营商加大投入，提升网络带宽，优化网络结构，减少网络故障，确保当地居民和企业能够享受到流畅、稳定的网络服务。鼓励和支持当地运营商积极引进和采用先进的技术手段，如5G、物联网等，进一步提升网络传输效率和稳定性。同时，还应加强设备维护和更新，确保信息网络基础设施的稳定运行。通过政策引导、资金支持等方式，推动运营商在边远地区开展新技术试点和应用推广。鼓励电信运营商推出更多适合边远地区特点的网络套餐和服务，满足不同用户的需求。

二、数据中心与云计算平台的建设

（一）数据中心的建设

数据中心作为数字经济的核心基础设施，对于推动边远地区数字经济的发展具有至关重要的作用。

1. 合理规划数据中心的建设布局

在边远地区，政府应高度重视数据中心的规划与建设，以助力数字经济实现跨越式发展。考虑到边远地区的地理、经济和社会特点，政府需要精准定位，选择适宜的地点进行数据中心的建设，优化资源配置，降低运营成本，确保数据中心的高效运行和稳定服务。同时，政府应推动数据中心向规模化、集约化、绿色化方向发展，以提高数据中心的运营效率，降低能耗，减少对环境的影响。

2. 加强数据中心之间的互联互通

为了全面优化和提升数据中心的运行效率，政府应当积极鼓励并支持各大通信运营商加大投入，强化网络基础设施的建设。通过持续优化网络架构，减少数据传输的延迟和丢包率，从而确保信息流通的畅通无阻，更要积极推动数据中心之间的深度合作，建立长期稳定的合作关系，共同制定和执行统一的数据传输和存储标准，以确保不同数据中心之间的数据可以高效、准确地互通有无。同时，也可以探索建立数据中心间的数据共享平台，实现资源的优化配置和高效利用，从而提高整个系统的数据处理和存储能力。

（二）云计算平台的建设

云计算平台作为数据中心的重要补充，能够为边远地区提供高效、便捷的计算和存储服务。

1. 分析云计算平台需求

在边远地区建设云计算平台之前，首要任务是深入分析并明确各个领域的信息化需求。确保云计算平台的建设能够真正符合各地区的实际发展需求，有效推动民族地区的信息化建设进程。积极支持边远地区企业搭建云计算平台，特别是在政务服务、教育、医疗等关键领域，进而有针对性地提高数据处理能力、降低 IT 成本、促进业务创新，以便为其提供更加精准的服务。

2. 完善云计算平台安全体系

加强云计算平台的安全管理和数据保护至关重要，应建立健全的网络安全体系，加强云计算平台的安全防护和监测，确保用户数据的安全性和隐私性。考虑云计算平台的可扩展性、安全性、稳定性等因素，确保平台能够满足各地区的长期需求。此外，还应加强数据保护法律法规的制定和执行，明确数据的使用和共享规则，防止数据泄露和滥用。

3. 推动云计算平台数据共享开放

数据是数字经济的重要生产要素，通过数据的流通和应用可以推动经济的增长和创新。应建设数据共享平台，实现政府、企业、社会之间的数据互通共享，打破数据孤岛，促进数据的流通和应用，为数字经济的发展提供有力支撑。

三、促进数字经济与区域经济社会发展深度融合的措施

政府应制定一系列全面而精准的政策措施，降低数字经济发展成本，增强创新动力，推动数字经济在边远地区的广泛应用和深入发展。

（一）推动边远地区特色数字化产业发展

在培育具有地方特色的数字经济产业体系方面，应结合边远地区的实际情况，通过制定产业发展规划、提供政策支持等方式，发展电子商务、数字旅游、智能制造等新兴产业，形成数字经济产业集群，带动各地区经济的快速增长。同时，还应加强传统产业数字化转型的推动工作，支持企业利用数字技术转型升级，提高生产效率和产品质量。利用数字化技术对传统产业进行改造升级，提高其生产效率和市场竞争力。

（二）优化营商环境

优化营商环境包括简化审批流程、提高审批效率、降低企业成本等方面。政府可以通过建立"一站式"服务窗口、推行"互联网＋政务服务"等模式，为企业提供便捷、高效的服务，吸引更多企业投资边远地区数字经济领域。同时，还应积极推动金融机构对数字经济领域的支持，为企业提供多样化的金融服务产品，降低融资成本和风险。

（三）推动边远地区数字技术应用

推动数字化服务在边远地区的应用普及，提高公共服务水平，这包括推广电子政务、在线教育、远程医疗等数字化服务，以方便居民生活。政府可以通过建设数字化服务平台、提供数字化服务设施等方式，推动数字化服务在各地区的广泛应用。同时，政府还应加强数字化服务设施的建设和维护，确保数字化服务的稳定性和可靠性，提高服务质量和效率。

（四）重视数字人才培育与引进

培养和引进人才是推动数字经济发展的关键。要重视数字经济人才的培养和引进工作，加强边远地区数字人才培养，通过加强教育培训、提供实习机会等方式，培养更多具备数字经济知识和技能的人才。同时，政府还应积极引进国内外优秀人才到各地区从事数字经济相关工作，为数字经济的发展提供智力支持，为边远地区的数字经济发展注入新的活力和动力，推动其实现跨越式发展。

第三节　数字经济在公共服务领域的应用

一、数字经济推动区域经济文化传承与创新

在数字化浪潮席卷全球的今天，数字经济正以前所未有的速度和广度渗透到社会各个领域，尤其是在边远地区，数字经济不仅改变了经济发展的方式和模式，更为边远地区的文化传承与创新提供了新的平台和动力。

（一）数字经济的传播力量助力传统文化普及

数字经济的一个重要特征是信息传播的高效性和广泛性。通过数字媒体，如互联网、社交媒体、移动应用等，传统文化可以迅速传播到世界的每一个角落。对于边远地区而言，这意味着原本受限于地域和文化背景的传统文化有了更多展示给世界的机会。通过数字媒体的传播，边远地区的传统文化可以走进更多人的生活，增加大众对民族文化的认识和了解，从而提高对传统文化的认同感和自豪感。

同时，数字媒体还可以通过图像、视频、音频等多种形式，生动形象地展示传统文化的魅力和内涵，这种直观、生动的展示方式，使得传统文化更加易于被大众接受和理解。通过数字媒体的传播，各地区的传统文化

得以更广泛地传播和普及，为文化的传承与创新奠定了坚实的基础。

（二）数字技术为传统文化注入新元素

数字经济中的数字技术为传统文化的创新提供了强大的支持。通过应用新技术，可以对传统文化进行深度挖掘和研究，找出其中的隐藏规律和价值。例如，人工智能技术和大数据分析技术可以分析传统文化的传播规律和受众喜好，为传统文化的创新提供理论支持和研究依据。此外，数字技术还可以为传统文化的创新提供新的手段和方式。通过数字技术和传统艺术的结合，可以创造具有时代感和表现力的作品，让传统文化焕发出新的生机和活力。例如，采用虚拟现实技术，让游客身临其境地体验各地区的传统文化，感受其独特的魅力和内涵。通过增强现实技术，将传统文化元素融入现代生活中，让传统文化与现代生活相融合，推动传统文化的创新和发展。

（三）数字经济推动文化产业创新发展

数字经济的发展正推动着文化产业的发展和创新。在边远地区，可以利用数字技术将传统文化元素与现代设计理念相结合，开发出具有浓郁地方特色的文化创意产品。在创意产品的开发过程中，从产品的设计、制作到展示，数字技术都提供了高效、便捷的工具和平台。如利用3D打印技术可以精确地复制和再现传统工艺品的精细纹理和造型，通过虚拟现实（VR）和增强现实（AR）技术，消费者可以亲身体验产品的使用场景，增强购买欲望。同时，数字平台为创意产品的推广和销售提供了广阔的舞台，可以利用数字平台上的数据分析功能能更好地了解消费者需求和市场趋势，为产品创新和营销策略提供有力支持，通过建立在线商城、社交媒体营销等渠道，将创意产品推送给全球的消费者。还可以将文化产业与旅游业紧密结合，利用民族服饰、音乐、舞蹈等传统文化元素打造独特的旅游体验，通过数字技术还原历史场景，让游客体验穿越时空感受民族文化的魅力。此外，还可以将文化产业与农业相结合，将传统手工艺品与现代包装设计相结合，为农产品增添文化内涵，通过讲述农产品的种植、采摘等背后的故事,增强消费者的购买欲望和认同感,提升农产品的附加值,推动农业产业的升级和转型。

(四)数字经济促进文化交流与互鉴

数字经济的发展不仅推动了边远地区文化的传承与创新,还促进了不同文化之间的交流与互鉴。通过数字媒体的传播和推广,不同文化之间的交流变得更加频繁和便捷,人们可以通过互联网了解不同民族的文化传统和风俗习惯,增进对不同文化的理解和尊重,推动文化的创新和发展,增进不同民族之间的友谊和团结。同时,数字经济还为人们提供了更多的文化交流平台,人们通过社交媒体、论坛等平台与他人分享自己对民族文化的见解和感受,以线上文化活动等方式与其他民族的文化爱好者进行交流和互动。

二、边远地区数字经济发展的未来趋势与挑战

在边远地区,数字经济的未来发展将呈现出欣欣向荣趋势,同时也面临着诸多挑战。

(一)边远地区数字经济发展的未来趋势

1. 数字经济深度融入各行各业

数字经济将深度融入边远地区的各行各业,推动产业升级和转型。在农业领域,通过引入物联网、大数据等技术,可以实现精准农业管理,提高农业生产效率和农产品质量。在工业领域,利用工业互联网、智能制造等技术,可以推动传统制造业向数字化、智能化转型,提升制造业的竞争力。在服务业领域,数字经济将推动服务模式的创新和服务效率的提升,为消费者提供更加便捷、高效的服务体验。

随着数字经济的不断发展,边远地区将加速产业升级和转型。一方面,传统产业将通过与数字经济的深度融合,实现技术升级和模式创新,焕发新的生机和活力。另一方面,新兴产业将借助数字经济的优势,迅速

崛起并成为各地区经济发展的新动力，电子商务、数字创意、智慧旅游等领域将成为各地区数字经济发展的重要方向。

2. 数据驱动的精准治理

（1）大数据和人工智能技术的应用。在公共服务领域，政府将基于大数据和人工智能技术，实现精准管理和服务。通过收集和分析大量数据，可以准确地了解民众的需求和诉求，提供更加精准的政策支持和服务保障。同时，人工智能技术的应用将进一步提升政府服务的智能化水平，提高服务效率和质量。

（2）精准治理模式的创新。随着大数据和人工智能技术的应用，政府可以探索新的精准治理模式。通过构建智慧城市平台，实现城市管理的数字化、智能化和精细化，推进电子政务建设，实现政务服务的在线化、便捷化和高效化。此外，还可以利用大数据技术开展社会风险评估和预警工作，为公共安全和社会稳定提供有力保障。

3. 平台经济的发展

（1）综合性平台和行业垂直平台的崛起。在数字经济时代，平台经济正日益成为推动经济增长的重要引擎。对于边远地区而言，平台经济的发展尤为重要，它们将形成更多的综合性平台和行业垂直平台，为资源优化配置和共享提供有力支持，进而推动各地区数字经济的快速发展。

综合性平台可以发挥强大的资源整合能力，将各种资源和服务进行有机整合，为民众提供一站式服务体验。通过综合性平台，可以汇聚各类商品和服务，提供便捷的支付、物流、售后等配套服务，提升消费者的购物体验和便利性，满足民众日益增长的美好生活需要。

同时，行业垂直平台也发挥着重要作用。行业垂直平台可以聚焦特定行业领域，深入研究行业特点和市场需求，提供更加专业和深入的服务。行业垂直平台的发展将有力推动边远地区相关产业的升级和转型，提高产业附加值和竞争力。

（2）平台经济的创新发展。随着平台经济的不断发展，边远地区将涌现出更多创新型的平台企业，可以利用数字技术推动商业模式创新和服务模式创新,打造具有地方特色的平台品牌。同时,平台企业还将加强与其他企业的合作与交流,推动产业链上下游的协同创新和发展,推动边远地区数字经济的持续繁荣。

(二) 边远地区数字经济发展面临的挑战

1. 新技术应用领域局限

在边远地区,新技术如人工智能、大数据、云计算等的应用主要集中在少数领域和行业,如电子商务、金融等,尚未普及农业、教育、医疗等关键领域。农业作为各地区的重要产业,其数字化、智能化水平相对较低。缺乏新技术如物联网、大数据等支持的农业生产方式仍然较为传统,无法充分释放其生产潜力,也无法满足市场对高品质农产品的需求。在教育领域,边远地区由于教育资源相对匮乏,新技术在教育领域的应用并不普遍。在线教育、虚拟教室等新技术手段在边远地区的普及程度较低,限制了学生的学习机会和视野,也影响了教育资源的均衡分配。在医疗领域,边远地区由于医疗设施和技术水平相对落后,新技术在医疗领域的应用也相对较少,人工智能、大数据等技术这些技术的应用仍然处于起步阶段,影响了医疗服务的效率和质量,也限制了边远地区医疗水平的提高。

2. 缺乏龙头企业引领

龙头企业在技术创新、市场开拓、品牌建设等方面具有强大的实力和经验,能够带动整个产业链的升级和发展。在边远地区,数字经济领域缺乏具有行业影响力的龙头企业,整个产业发展方向不够明确,缺乏统一的战略规划和引领,导致企业间竞争无序,资源难以有效整合,难以形成合力推动整个行业的快速发展。其次,龙头企业通常具备强大的研发能力和技术实力,能够引领新技术的发展和应用。但在边远地区缺少龙头企业,新技术往往难以得到及时的推广和应用,限制了其在推动经济转型升级中的作用。此外,缺乏具有行业影响力的龙头企业,使得边远地区在数字经济领域的品牌影响力较弱,这不利于吸引外部投资和人才,也难以在国际市场上树立竞争优势。

3. 数据共享和资源整合不足

由于历史、地理、经济等多方面原因，边远地区在数据共享和资源整合方面存在诸多挑战，导致了信息孤岛和资源浪费现象的出现。各地市之间尚未形成紧密的合作和联动机制，导致数据资源无法得到有效整合和利用，不同地区之间的数据资源往往各自为政，难以形成有效的数据共享和交换机制。边远地区的数据基础设施建设相对滞后，往往无法满足快速发展的数字经济需求，使得数据收集、存储、处理和分析等环节都面临困难，进一步限制了数据资源的有效利用。

三、新技术与新业态的涌现

随着数字经济的不断发展，新技术和新业态的涌现正在以前所未有的速度改变着我们的生活，特别是在公共服务领域。这些技术和业态的革新不仅推动了公共服务的数字化、智能化和个性化，还极大地提升了服务效率和用户体验，为公共服务领域注入了新的活力和动力。

（一）新技术在公共服务领域的应用

1. 大数据与人工智能：精准预测与智能推荐

在公共服务领域，大数据和人工智能技术的应用正逐渐深入。通过收集和分析海量的数据，政府和相关机构可以更加精准地了解民众的需求和诉求，从而提供更加符合民众期望的服务。在交通领域，利用大数据和人工智能技术可以预测交通流量和拥堵情况，为民众提供实时交通信息，帮助他们选择最优出行路线。在医疗领域，通过大数据分析可以预测疾病的流行趋势，为政府制定防控策略提供科学依据。

2. 云计算与物联网：远程监控与智能管理

云计算和物联网技术的发展，为公共服务的远程监控和智能管理提供了有力支持。通过云计算技术，政府和相关机构可以将各种公共服务资源整合到云端，实现资源的集中管理和高效利用。同时，物联网技术可以将各种设备和传感器连接起来，实现数据的实时采集和传输。例如，在城市管理领域，通过物联网技术可以实现对城市基础设施的远程监控和智能管理，提高城市管理的效率和水平。

3. 区块链技术：透明化与可信化

在公共服务领域，区块链技术的应用将有助于提高民众对政府的信任度和满意度，区块链技术以其去中心化、不可篡改的特性，为公共服务的透明化和可信化提供了可能。通过区块链技术，政府和相关机构可以建立一个公开、透明的服务平台，让民众更加清晰地了解公共服务的运作流程和资金使用情况。同时，区块链技术还可以确保数据的真实性和可信度，防止数据被篡改或伪造。

（二）新业态在公共服务领域的发展

1. 数字创意产业：提升公共服务品质

数字创意产业作为一种新兴的产业形态，正在为公共服务领域注入新的活力。通过运用数字技术和创意元素，数字创意产业可以打造具有地方特色的公共服务品牌，提升公共服务的品质和内涵。例如，在文化旅游领域，数字创意产业可以结合当地的自然和人文资源，开发具有地方特色的文化旅游产品和服务，吸引更多的游客前来体验和消费。在教育培训领域，数字创意产业可以开发具有互动性和趣味性的在线教育产品和服务，提高教育培训的吸引力和效果。

2. 智慧就业服务：促进就业创业

随着数字经济的发展，智慧就业服务作为一种新业态正在逐渐兴起。通过运用大数据、人工智能等技术手段，智慧就业服务可以为求职者提供更加精准、高效的就业服务。例如，通过大数据分析可以了解求职者的求职意愿和能力水平，为他们推荐更加合适的职位和企业。同时，智慧就业服务还可以为创业者提供创业指导和支持服务，帮助他们解决创业过程中遇到的问题和困难，这将有助于促进边远地区的就业创业工作，推动经济的持续发展。

3. 智慧医疗服务：提高医疗服务水平

智慧医疗服务作为一种新兴的服务形态，正在逐渐改变着传统的医疗服务模式。通过运用数字技术和医疗设备，智慧医疗服务可以实现远程医疗、智能诊断等功能，提高医疗服务的效率和质量。例如，在远程医疗领域，医生可以通过视频通话等方式与患者进行远程交流，为他们提供诊断和建议。在智能诊断领域，通过运用人工智能技术对医疗图像进行分析和处理，可以辅助医生进行更加准确的诊断，这将有助于缓解医疗资源紧张的问题，提高医疗服务的普及率和覆盖率。

（三）新技术与新业态发展面临的挑战与机遇

1. 新技术与新业态发展的挑战

第一，新技术和新业态在公共服务领域的应用，需要相应的政策和制度来规范和支持，这包括数据保护政策、网络安全法规、技术创新激励政策等。确保这些技术和业态的健康发展，需要政府和相关机构制定和完善相关政策，为新技术和新业态的推广和应用提供有力保障。

第二，新技术和新业态的广泛应用和发展，对人才和技术创新提出了更高的要求。我们需要加强人才培养，提高相关人员的专业素质和技能水平，以满足新技术和新业态的应用需求。同时，也需要加大技术创新力度，推动新技术和新业态的不断进步和发展。

2. 新技术与新业态发展的机遇

第一，能推动公共服务的数字化、智能化和个性化发展。通过运用大数据、云计算、人工智能等技术手段，可以实现公共服务的精准预测、智能推荐和远程监控等功能，提高公共服务的效率和质量。

第二，优化资源配置和提高效率。通过运用物联网、区块链等技术手段，可以实现资源的共享和协同利用，减少资源浪费和降低成本。

第三，可以推动新技术和新业态在公共服务领域的应用和发展，促进相关产业的发展和壮大，提高经济的竞争力和创新能力，推动社会治理的现代化和民主化进程，促进社会的和谐稳定和可持续发展。

四、数字经济安全与隐私保护的挑战

随着数字经济的深入发展，数据已经成为推动社会进步和经济发展的重要力量。然而，数据安全和隐私保护问题也日益凸显，特别是在公共服务领域。政府和企业作为公共服务的提供者，需要收集、存储和使用大量数据来提供高效、便捷的服务，但这些数据往往涉及个人隐私和公共利益。因此，如何保障数据安全和隐私保护，成为一个亟待解决的问题。

（一）数据安全和隐私保护的重要性

在数字经济时代，数据是最有价值的资源之一。政府和企业通过收集和分析数据，可以更加精准地了解民众的需求和诉求，提供更加符合民众期望的服务。然而，随着数据的不断增加和流动，数据泄露和滥用的风险也在不断增加。一旦个人隐私被泄露，将给其带来极大的损失和困扰；而公共数据的滥用，则可能对国家安全和社会稳定造成威胁。因此，保障数据安全和隐私保护，不仅是个人和企业的需求，更是国家和社会的共同责任。

（二）公共服务领域中的数据安全和隐私保护挑战

在公共服务领域，政府和企业需要收集、存储和使用大量数据来提供服务。这些数据包括个人的身份信息、健康状况、财务状况等敏感信息，以及公共交通、环境监测等公共数据，这些数据的收集和使用，为政府和企业提供了极大的便利，但也带来了数据安全和隐私保护的挑战。

第一，数据收集和存储过程中可能存在安全隐患。政府和企业需要建立庞大的数据库来存储数据，但数据库往往容易成为黑客攻击的目标，如果数据库的安全防护措施不到位，就会导致数据泄露和滥用。

第二，数据使用过程中可能存在隐私泄露的风险。政府和企业需要利用数据来进行分析和决策，以提供更加精准的服务，但在数据使用过程中，如果未能严格遵循隐私保护原则，会导致个人隐私的泄露。

第三，数据共享和交换过程中也可能存在安全风险。在公共服务领域，政府和企业之间需要进行数据共享和交换，以提高服务效率和质量，但在数据共享和交换过程中，如果未能采取有效的安全措施，就可能导致数据的泄露和滥用。

（三）建立完善的数据安全体系

1. 加强数据加密和防护技术

为了确保数据在存储和传输过程中的安全性，政府和企业必须采取一系列强有力的措施来加强数据加密和防护技术。政府和企业应当积极引入并应用国际先进的加密算法和技术，如对称加密、非对称加密以及哈希函数等，确保数据的机密性、完整性和可用性。此外，还应当部署高性能的防火墙设备，并定期更新防火墙规则，以应对不断变化的网络攻击手段。入侵检测系统（IDS）和入侵防御系统（IPS）也是必不可少的防护措施，以实时监控网络流量，检测并防御潜在的入侵行为，从而确保数据中心的稳定运行。政府和企业还可以考虑引入人工智能（AI）和机器学习（ML）技术，帮助分析大量的网络流量数据，识别出异常行为，并自动采取相应的防护措施，实现对潜在安全威胁的及时发现和快速响应，从而降低数据泄露和黑客攻击风险。

2. 建立健全的数据管理制度

政府和企业需要建立完善的数据管理制度，明确数据的收集、存储、使用、共享等环节的责任和要求。在数据的收集阶段需要明确数据的来源、范围和目的，确保数据的合法性和合规性。收集数据时，应遵循最小化和必要性原则，仅收集与业务目标直接相关的数据，并明确告知数据主体数据收集的目的和使用范围。在数据存储阶段，政府和企业应确保数据的完整性和安全性。通过采用合适的存储介质和技术，对数据进行备份和加密，防止数据丢失和未经授权的访问。当数据被使用时，政府和企业应确保数据的准确性和合规性。数据的使用应遵循业务需求和法律法规的要求，不得用于非法或未经授权的目的。在数据共享阶段，应确保数据在共享过程中得到妥善地保护，应对数据进行脱敏和去标识化处理，防止数据泄露和滥用。同时，还需要与数据接收方签订数据共享协议，明确双方的权利和义务，确保数据在共享过程中的安全性和合规性。

3. 加强数据伦理建设

为了确保数据的安全、合规和有效利用，政府和企业除了建立完善的数据管理制度外，还需高度重视数据伦理建设。数据伦理建设要求政府和企业对数据的收集、使用、存储和共享等环节进行严格的伦理审查。这意味着在数据使用之前，必须明确数据的目的、范围和使用方式，并经过相关伦理委员会的审批。通过这一环节，可以确保数据的使用符合社会价值观和法律法规的要求，避免数据被滥用或误用。个人隐私是每个人的基本权利，必须得到充分的保护。因此，在数据使用过程中，政府和企业需要尊重个人隐私权，必须确保数据的匿名化和去标识化，避免将个人数据与身份直接关联。同时，在收集和使用个人数据时，必须遵守相关法律法规，获得数据主体的明确同意，并告知数据使用的目的和范围。此外，政府和企业还需要平衡数据使用的商业利益与公共利益。在追求商业利益的同时，不能忽视公共利益和社会责任。因此，政府和企业需要制定明确的数据使用政策，确保数据的使用符合公共利益和社会价值观。

（四）加强数据管理和监控

政府和企业应根据数据的敏感性和重要性进行细致的分类管理。要求对数据进行深入评估，以确定其级别和保护需求。对于敏感数据，如个人隐私、商业秘密和国家机密等，应实施更加严格的安全保护措施，如加密存储、访问控制、定期审计等。通过分类管理，可以确保对不同级别的数据采取不同的安全策略，从而最大限度地减少数据泄露和滥用的风险。

政府和企业应建立健全的数据备份和恢复机制，确保在数据丢失或损坏时能够迅速恢复数据，包括定期备份数据，确保备份数据的完整性和可用性。同时，还需要制定应急恢复计划，以便在数据发生丢失或损坏时能够迅速启动恢复程序，减少业务中断时间和损失。加强对数据的审计和监控，确保数据的使用和共享过程符合相关法规和政策要求，包括对数据访问和使用进行严格的权限管理，确保只有授权人员才能访问和使用数据。并且需要对数据的访问和使用进行记录和分析，以便及时发现和处置数据泄露和滥用行为。此外，还可以利用先进的数据分析工具和技术，对数据进行深度挖掘和分析，以发现潜在的安全风险和违规行为。

参考文献

［1］李亮亮，邢云文. 数字经济赋能共同富裕：逻辑理路、问题指向与实践进路［J］. 经济问题，2024（01）：10－17.

［2］陈治，张少华. 数字经济、空间溢出与区域创新能力提升——基于中国274座城市数据的异质性研究［J］. 管理学刊，2023，36（01）：84－101.

［3］刘颖，黄朝椿，洪永淼等. 数字经济赋能中国式现代化建设［J］. 中国科学院院刊，2023，38（10）：1468－1474.

［4］赵放，徐熠. 以数字经济高质量发展助推中国式现代化建设：作用机理、现实困境与解决途径［J］. 马克思主义与现实，2023（05）：114－122.

［5］朱永明，朱雅杰，沈志锋. 数字经济推动全域高质量发展的机理研究——以中国式现代化为目标［J］. 郑州大学学报（哲学社会科学版），2023，56（02）：44－49.

［6］陈先兵. 数字经济、基本公共服务均等化与中国式农业农村现代化［J］. 西南民族大学学报（人文社会科学版），2023，44（10）：95－109.

［7］胡峰，马青山，彭甲超. 数字经济驱动中国式现代化的理论机理与实证检验［J］. 社会科学战线，2023（07）：250－256.

［8］陈胜利，万政. 数字经济对中国式现代化水平的影响效应及作用机制［J］. 统计与决策，2023，39（17）：101－106.

［9］任保平，王子月. 新质生产力推进中国式现代化的战略重点、任

务与路径 [J]. 西安财经大学学报，2024，37（01）：3 – 11.

[10] 任保平，李培伟. 以高质量发展推进中国式现代化的逻辑、机制和路径 [J]. 经济学家，2024（01）：14 – 24.

[11] 洪银兴. 论中国式现代化的经济学维度 [J]. 管理世界，2022，38（04）：1 – 15.

[12] 戎珂. 中国式现代化视阈下的数字中国建设 [J]. 人民论坛，2023（17）：12 – 16.

[13] 唐文进，李爽，陶云清. 数字普惠金融发展与产业结构升级——来自283个城市的经验证据 [J]. 广东财经大学学报，2019，34（06）：35 – 49.

[14] Hansen B E. Threshold effects in non-dynamic panels：Estimation，testing，and inference [J]. Journal of econometrics，1999，93（02）：345 – 368.

[15] James LeSage，Robert Kelley Pace. Introduction to Spatial Econometrics [M]. Taylor and Francis；CRC Press：2010 – 12 – 12.

[16] 马晓河，周婉冰. 中国式现代化：评价指标体系构建及统计测度 [J]. 贵州社会科学，2023（08）：105 – 115.

[17] 邹红，杨晗硕，喻曦. 中国式现代化的理论内涵与测度指标体系——基于生产发展、生活富裕和生态良好的协同发展研究 [J]. 经济学家，2023（10）：23 – 32.

[18] 王军，朱杰，罗茜. 中国数字经济发展水平及演变测度 [J]. 数量经济技术经济研究，2021，38（07）：26 – 42.

[19] 盛斌，刘宇英. 中国数字经济发展指数的测度与空间分异特征研究 [J]. 南京社会科学，2022（01）：43 – 54.

[20] 杨慧梅，江璐. 数字经济、空间效应与全要素生产率 [J]. 统计研究，2021，38（04）：3 – 15.

[21] 黄群慧，余泳泽，张松林. 互联网发展与制造业生产率提升：内在机制与中国经验 [J]. 中国工业经济，2019（08）：5 – 23.

[22] 戚聿东，杜博. 数字经济、高质量发展与推进中国式现代化

[J]．山东大学学报（哲学社会科学版），2024（01）：108 – 124.

[23] 舒季君，周建平，陈亦婷等．中国省域数字经济的空间演化特征及其城乡融合效应 [J]．经济地理，2022，42（08）：103 – 111.

[24] 习近平．高举中国特色社会主义伟大旗帜 为全面建设社会主义现代化国家而团结奋斗——在中国共产党第二十次全国代表大会上的报告 [M]．北京：人民出版社，2022.

[25] 习近平．决胜全面建成小康社会决战脱贫攻坚继续建设经济繁荣民族团结环境优美人民富裕的美丽新宁夏 [J]．思想政治工作研究，2020（07）：14 – 16.

[26] 习近平．以铸牢中华民族共同体意识为主线 推动新时代党的民族工作高质量发展 [N]．人民日报，2021 – 08 – 29（1）.

[27] 王鹏，陈蝶欣．数字中国、高质量发展与中国式现代化：逻辑关系、作用机制与创新路径 [J]．华南师范大学学报（社会科学版），2023（05）：189 – 203 + 245.

[28] 李亮亮，邢云文．数字经济赋能共同富裕：逻辑理路、问题指向与实践进路 [J]．经济问题，2024（01）：10 – 17.

[29] 夏杰长，刘诚．数字经济赋能共同富裕：作用路径与政策设计 [J]．经济与管理研究，2021，42（09）：3 – 13.

[30] 陈伟光，钟列炀，张建丽．数字经济时代的现代化治理与治理现代化 [J]．华南师范大学学报（社会科学版），2023（05）：151 – 165，244.

[31] 关爽．数字技术驱动社会治理共同体建构的逻辑机理与风险治理 [J]．浙江工商大学学报，2021（04）：153 – 161.

[32] 胡峰，马青山，彭甲超．数字经济驱动中国式现代化的理论机理与实证检验 [J]．社会科学战线，2023（07）：250 – 256.

[33] 戚聿东，杜博．数字经济、高质量发展与推进中国式现代化 [J]．山东大学学报（哲学社会科学版），2024（01）：108 – 124.

[34] 胡海洋，杨兰桥．数字经济赋能经济绿色发展的效应与机制研究 [J]．区域经济评论，2023（06）：84 – 93.

［35］杨刚强，王海森，范恒山等．数字经济的碳减排效应：理论分析与经验证据［J］．中国工业经济，2023（05）：80－98．

［36］邬彩霞，高媛．数字经济驱动低碳产业发展的机制与效应研究［J］．贵州社会科学，2020（11）：155－161．

［37］孙晓曦，苗领，王彦杰．传统产业数字化转型赋能"双碳"目标实现——传导机制、关键问题与路径优化［J］．技术经济与管理研究，2023（12）：97－101．

［38］李怡，柯杰升．三级数字鸿沟：农村数字经济的收入增长和收入分配效应［J］．农业技术经济，2021（08）：119－132．

［39］马东亮，吕昕．大数据时代数字鸿沟的新形态与民族地区的应对策略［J］．西北民族研究，2023（04）：145－155．

［40］吕新业，刘蓓．民族地区农村数字化的内涵、路径与趋势［J］．中央民族大学学报（哲学社会科学版），2023，50（05）：46－53．

［41］郑长德．在区域协调发展中推动民族地区共同现代化的政策支持研究［J］．西南民族大学学报（人文社会科学版），2023，44（09）：75－82．

［42］黄泰岩，詹筱媛．民族地区同步实现现代化的战略思考［J］．中央民族大学学报（哲学社会科学版），2021，48（03）：5－15．

［43］马成明，崔莉．中国式现代化背景下民族地区健康发展的"五位一体"与铸牢中华民族共同体意识［J］．民族学刊，2022，13（11）：9－17＋142．

［44］王岚，陈敏．推进各民族现代化与铸牢中华民族共同体意识的协同共进路径［J］．民族学刊，2023，14（02）：16－22＋152．

［45］陆九天，陈灿平．民族地区数字乡村建设：逻辑起点、潜在路径和政策建议［J］．西南民族大学学报（人文社会科学版），2021，42（05）：154－159．

［46］田鸽，张勋．数字经济、非农就业与社会分工［J］．管理世界，2022，38（05）：72－84．

［47］肖旭，戚聿东．产业数字化转型的价值维度与理论逻辑［J］．

改革，2019（08）：61 - 70.

[48] 唐建荣，郭士康. 产业集聚、人口规模与环境污染 [J]. 统计与决策，2021，37（24）：46 - 51.

[49] 刘美，刘亚芬. 数字经济与中国式产业现代化——基于门槛特征和空间效应的研究 [J]. 技术经济与管理研究，2023（12）：35 - 39.

[50] 刘颖，黄朝椿，洪永淼等. 数字经济赋能中国式现代化建设 [J]. 中国科学院院刊，2023，38（10）：1468 - 1474.

[51] 顾兴树，吕洪楼. 数字技术赋能民族地区乡村产业现代化：机理、困境与实践路径 [J]. 农业经济，2023（12）：7 - 10.

[52] 郑长德. 在区域协调发展中推动民族地区共同现代化的政策支持研究 [J]. 西南民族大学学报（人文社会科学版），2023，44（09）：75 - 82.

[53] 李琬，张国胜. 跨越"数字鸿沟"的数字基础设施建设供给政策研究 [J]. 当代经济管理，2022，44（11）：24 - 30.

[54] 郑国楠，李长治. 数字鸿沟影响了数字红利的均衡分配吗——基于中国省级城乡收入差距的实证检验 [J]. 宏观经济研究，2022（09）：33 - 50.

[55] 周慧珺，邹文博. 数字化转型背景下数字鸿沟的现状、影响与应对策略 [J]. 当代经济管理，2023，45（03）：60 - 67.

[56] 董志勇，何丝，李成明. 民族地区数字生活提升家庭幸福感了吗？[J]. 中央民族大学学报（哲学社会科学版），2023，50（05）：33 - 45.

[57] 李珍刚，古桂琴. 民族地区农村数字经济发展的公共服务供给研究 [J]. 广西民族研究，2019（06）：131 - 138.

[58] 陆九天，陈灿平. 民族地区数字乡村建设：逻辑起点、潜在路径和政策建议 [J]. 西南民族大学学报（人文社会科学版），2021，42（05）：154 - 159.

[59] 李萍，何瑞石，刘畅. 黑龙江省民族地区农业数字化转型路径研究 [J]. 黑龙江民族丛刊，2023（03）：84 - 90.

［60］戚聿东，杜博．数字经济、高质量发展与推进中国式现代化［J］．山东大学学报（哲学社会科学版），2024（01）：108－124.

［61］Baron R M，Kenny D A. The moderator-mediator variable distinction in social psychological research：conceptual，strategic，and statistical considerations．［J］．Journal of Personality and Social Psychology，1999，51（6）：1173－1182.

［62］刘兴远，蒋薇．中国式现代化评价指标体系构建与测度［J］．南京邮电大学学报（社会科学版），2024，26（01）：1－10.

［63］任保平，张倩．构建科学合理的中国式现代化的评价指标体系［J］．学术界，2022（06）：33－42.

［64］邹红，杨晗硕，喻曦．中国式现代化的理论内涵与测度指标体系——基于生产发展、生活富裕和生态良好的协同发展研究［J］．经济学家，2023（10）：23－32.

［65］王军，朱杰，罗茜．中国数字经济发展水平及演变测度［J］．数量经济技术经济研究，2021，38（07）：26－42.

［66］杨慧梅，江璐．数字经济、空间效应与全要素生产率［J］．统计研究，2021，38（04）：3－15.

［67］盛斌，刘宇英．中国数字经济发展指数的测度与空间分异特征研究［J］．南京社会科学，2022（01）：43－54.

［68］马黄龙，屈小娥．数字普惠金融对经济高质量发展的影响——基于农村人力资本和数字鸿沟视角的分析［J］．经济问题探索，2021（10）：173－190.

［69］樊轶侠，徐昊，马丽君．数字经济影响城乡居民收入差距的特征与机制［J］．中国软科学，2022（06）：181－192.

［70］赵涛，张智，梁上坤．数字经济、创业活跃度与高质量发展——来自中国城市的经验证据［J］．管理世界，2020，36（10）：65－76.

［71］Nunn N，Qian N. US food aid and civil conflict［J］．American economic review，2014，104（06）：1630－1666.

后　记

　　长期以来，数字经济与区域经济发展都是国家关注的热点问题。数字经济在推动现代化进程中发挥着关键作用，它不仅带来了新的经济增长点，创造了大量就业机会，促进了产业升级，也为实现区域均衡发展提供了重要支撑。深入理解和把握数字经济与区域经济的结合，对于推动全面建设社会主义现代化国家具有重要意义。

　　本书充分体现了近年来笔者所关注的领域。展望未来，在数字经济的推动下，区域经济将实现更加快速、可持续的发展，通过不断优化数字经济环境、提高数字技术应用水平，实现区域经济的均衡发展和全体人民的共同富裕。本书的顺利完成，凝聚了大家的心血与汗水，其间的感激之情，纵有千言万语也难以尽述，只能在此以最为简短却饱含真诚的话语，向每一位给予我帮助和支持的人表达最深的谢意。衷心感谢团队的学生们，在本书撰写过程中的全力配合与鼎力支持。特别是陈正涛、卫昱亨、杜倩慧、谭豪锴和陈安琪这几位同学，他们不仅展现了极高的学习热情和责任感，还主动投身于计量经济学的学习与建模实践中，迅速成长为能够独立进行实证研究的得力助手。在本书的实证研究部分，他们不辞辛劳，反复进行实证分析与数据校对，确保了研究结果的准确性和可靠性，为本书的顺利完成奠定了坚实的基础。

　　最后，要对学校和学院表达深切的感激之情。是学校为我们搭建了广阔的科研平台，提供了丰富的学术资源和优越的学习环境；是学院的不断努力，提升了综合科研实力，为我们开展高水平的科研工作创造了良好的条件。这些支持，是我们能够心无旁骛地投身于学术研究并最终完成本书的坚实后盾。

    总之，本书的完成，是团队智慧的结晶，是集体力量的体现。在此，再次向所有给予帮助和支持的人们表示最真挚的感谢，愿我们携手并进，共创更加辉煌的明天。